中等职业教育国家规划教材配套辅导用书

政府与非营利组织会计习题与实训

（第4版）

主　编　杨远震
副主编　袁春云

中国财经出版传媒集团
中国财政经济出版社

图书在版编目（CIP）数据

政府与非营利组织会计习题与实训/杨远震主编.—4版.—北京：中国财政经济出版社，2016.12

中等职业教育国家规划教材配套辅导用书

ISBN 978-7-5095-7137-8

Ⅰ.①政… Ⅱ.①杨… Ⅲ.①单位预算会计-中等专业学校-教学参考资料 Ⅳ.①F810.6

中国版本图书馆 CIP 数据核字（2016）第 300475 号

责任编辑：王 芳 田明晖　　　　责任校对：张 凡
封面设计：陈 瑶　　　　　　　　版式设计：董生平

中国财政经济出版社 出版

URL：http：//www.cfeph.cn
E-mail：cfeph @ cfeph.cn

（版权所有　翻印必究）

社址：北京市海淀区阜成路甲 28 号　邮政编码：100142
营销中心电话：88191537　北京财经书店电话：64033436　84041336
北京富生印刷厂印刷　各地新华书店经销
787×1092 毫米　16 开　25.5 印张　580 000 字
2017 年 2 月第 4 版　2021 年 1 月北京第 3 次印刷
定价：43.00 元
ISBN 978-7-5095-7137-8/F·5724
（图书出现印装问题，本社负责调换）
本社质量投诉电话：010-88190744
打击盗版举报热线：010-88191661，QQ：2242791300

第4版前言

为全面贯彻落实《国务院关于加快发展现代职业教育的决定》（国发[2014]19号）和《国家中长期教育改革和发展规划纲要（2010—2020年）》，我们依据教育部最新颁布的《中等职业学校会计专业教学标准（试行）》对中等职业教育国家规划教材配套辅导用书《政府与非营利组织会计习题与实训》进行了修订。

本书修订过程中，主要依据教育部最新颁布的《政府与非营利组织会计教学大纲》和财政部最新颁布的《政府收支分类科目》、《事业单位会计准则》、《事业单位会计制度》、《行政单位会计制度》，紧密联系我国中等职业教育教学和会计改革的实际，从中等职业教育会计专业人才的培养目标出发，着力培养学生的职业道德、职业技能和就业创业能力。本书突出了会计业务的实际操作，习题体现了改革的内容，紧扣教材，通过多种题型广泛覆盖教材内容，突出重点难点，能帮助学生巩固所学的知识，提高实际操作水平。

本习题集由原财政职业教育教学指导委员会副主任杨远震任主编、武汉市财政学校袁春云任副主编，杨超、方毅、熊斌、熊璇参加了修订工作。

由于作者水平有限，疏漏之处在所难免，敬请读者批评指正。

编　者

2016 年 11 月

目 录

上篇 习 题

第一章　概述练习题 …………………………………………………………（3）

第二章　政府与非营利组织会计的核算方法练习题 …………………………（6）

第三章　财政总预算资产和负债的核算练习题 ………………………………（9）

第四章　财政总预算收入、支出和净资产的核算练习题 ……………………（12）

第五章　财政总预算会计报表练习题 …………………………………………（17）

第六章　行政单位资产和负债的核算练习题 …………………………………（19）

第七章　行政单位收入、支出和净资产的核算练习题 ………………………（24）

第八章　行政单位会计报表练习题 ……………………………………………（28）

第九章　事业单位资产的核算练习题 …………………………………………（35）

第十章　事业单位负债的核算练习题 …………………………………………（40）

第十一章　事业单位收入的核算练习题 ………………………………………（43）

第十二章　事业单位支出的核算练习题 ………………………………………（45）

第十三章 事业单位净资产的核算练习题……………………………………（48）

第十四章 事业单位会计报表练习题…………………………………………（51）

第十五章 民间非营利组织资产和负债的核算练习题………………………（54）

第十六章 民间非营利组织收入、费用和净资产的核算练习题……………（58）

第十七章 民间非营利组织会计报表练习题…………………………………（62）

第十八章 医院会计核算练习题………………………………………………（63）

下篇 实 训

第一部分 行政单位会计实训…………………………………………………（69）

第二部分 事业单位会计实训…………………………………………………（191）

第三部分 民间非营利组织会计实训…………………………………………（319）

上 篇
习 题

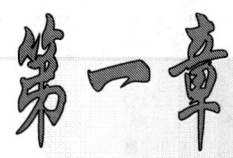

概述练习题

一、填空题

1. 根据国家预算组成体系，我国政府与非营利组织会计由_____和_____组成。政府会计又分为_____和_____。
2. 政府是_____，这里指_____和_____。
3. 非营利组织是指不直接进行_____的_____，主要以_____和_____的形式向社会提供服务的组织或单位。
4. 政府与非营利组织会计的对象是指政府与非营利组织会计_____、_____和_____的基本内容。
5. 政府与非营利组织会计的会计要素有_____、_____、_____、_____和_____五个。
6. 五个会计要素的基本关系可用会计等式表示为_____。
7. 根据国家机构建制和经费领拨关系，行政单位会计和非营利组织会计分为、_____和_____。

二、选择题

1. 政府与非营利组织会计是相对于_____的另一个会计分支。
   A. 金融会计　　　　B. 涉外会计　　　　C. 企业会计
2. 向主管会计单位领报经费，下面又有所属会计单位的为_____。
   A. 主管会计单位　　B. 二级会计单位　　C. 基层会计单位
3. 处理会计业务的方法和程序在不同的会计期间要保持前后一致，不能随便变更，以便对前后各期的会计资料进行纵向比较。此原则称为_____。
   A. 可比性原则　　　B. 一贯性原则　　　C. 相关性原则
4. _____原则是指会计处理的方法和指标口径，必须有利于前后会计期间以及相关行业之间的比较分析。

A. 相关性原则　　　　B. 一贯性原则　　　　C. 可比性原则

5. 国家或单位依法取得的非偿还性资金称_____。

A. 资产　　　　　　B. 净资产　　　　　　C. 收入

三、判断并改错

1. 政府与非营利组织会计是应用于各级政府机构和学校、医院、公共福利等非营利组织的会计体系。（　　）

2. 非营利组织不直接进行物质产品的生产和国家事务的管理，一般不以营利为目的，但可具有一定的经营性。（　　）

3. 行政单位会计的核算对象是各类非营利组织在单位预算（财务收支计划）执行过程中的各项收入、支出和结余，以及在非营利组织资金运动中所形成的资产、负债和净资产。（　　）

4. 中国人民银行的会计属于预算会计。（　　）

5. 向主管会计单位领报经费，下面又有所属会计单位的为三级会计单位。（　　）

6. 财政部门总预算会计、行政单位会计和非营利组织会计的具体对象有所不同是由于政府财政部门、行政单位和非营利组织的工作任务、业务活动的内容各不相同引起的。（　　）

7. 明晰性原则是指会计核算所提供的经济信息应当有助于信息使用者正确地作出经济决策，会计提供的信息要同经济决策相关联。（　　）

8. 配比原则是指对国家预算拨款和其他用途的资金，应当按规定的用途使用，不能擅自改变用途，挪作他用。（　　）

9. 会计核算的一般原则是对会计核算方法的基本要求，是处理具体会计业务的基本依据。（　　）

四、名词解释

1. 政府与非营利组织会计

2. 会计要素

五、简答题

1. 行政单位会计和公立非营利组织会计与财政总预算会计的联系表现在哪些方面？

2. 财政总预算会计的任务有哪些?

3. 行政单位会计和公立非营利组织会计的任务有哪些?

政府与非营利组织会计的核算方法练习题

一、填空题

1. 鉴于财政预算资金与单位资金具有不同的特点和运动规律,财政部分别制定了_____、_____、_____、_____会计科目。
2. 记账凭证是根据审核无误的_____,按照核算要求加以归类而填制的。它是用来确定_____,作为_____的一种凭证。
3. 会计账簿是以_____为依据,全面、系统、连续地记录_____资金和行政单位、非营利组织_____的簿籍。
4. 政府与非营利组织会计的账簿一般分为_____、_____和_____三种。
5. 总账是反映资金活动的总括情况的账簿,按_____设置。
6. 记账方法是运用一定的记账符号、记账规则来编制_____和登记_____的方法。

二、选择题

1. 资产和支出类账户,"借"表示_____。
   A. 增加　　　　　　B. 减少　　　　　　C. 支出
2. 负债、净资产和收入类账户,"贷"表示_____。
   A. 增加　　　　　　B. 减少　　　　　　C. 收入
3. 会计科目按会计要素分为五类,其中资产和支出合称为_____。
   A. 资产类　　　　　B. 支出类　　　　　C. 资产部类
4. 总账一般采用三栏式订本账簿,日记账一律使用_____。
   A. 订本账簿　　　　B. 活页账簿　　　　C. 卡片账簿
5. 资产和支出类账户,"贷"表示_____。

A. 增加 B. 减少 C. 收入

三、判断并改错

1. 会计账簿的使用，以一个月为限。每一账簿启用时，应填写"经管人员一览表"和"账簿目录"，附于账簿扉页上。（ ）
2. 手工记账必须使用蓝、黑色墨水书写，不得使用铅笔、圆珠笔，红色墨水除登记收入负数使用外，只能在划线、改错、冲账时使用。（ ）
3. 账簿必须按照编定的页数连续记载，不得隔页、跳行，如因工作疏忽发生跳行或隔页时，应当将空行、空页划线注销，并由记账人员签名或盖章。（ ）
4. 各种会计账簿应按年结账，结出合计数和累计数。（ ）
5. 库存现金日报表根据有关现金出纳的原始凭证和现金日记账编制。（ ）
6. 负债、净资产和收入类账户，"借"表示增加。（ ）
7. 总预算会计因为一般不直接办理预算收支，其原始凭证大部分是国库或单位报送的各种报表，而行政单位和公立非营利组织会计是直接办理预算支出的，其原始凭证大部分是外部的单据，如发货票、付款收据等。（ ）
8. 全国统一的政府与公立非营利组织会计制度由财政部门负责制定。（ ）

四、名词解释

1. 会计科目

2. 会计凭证

五、简答题

1. 财政总预算会计记账凭证日期的填列有何规定？

2. 简要说明政府与公立非营利组织会计账簿的作用。

财政总预算资产和负债的核算练习题

一、填空题

1. 财政性存款是财政部门代表_____所掌管的_____。包括_____和_____。
2. 财政性存款的支配权属于_____,并由总预算会计负责管理,统一收付。
3. 国库存款是指各级总预算会计在国库的_____和_____。
4. 其他财政存款是指未存入_____,根据国务院和财政部有关规定在指定的_____的各项财政性存款。
5. 各级财政只能用各项_____购买国家指定由地方各级政府购买的有价证券。
6. 核算决算清理期和库款报解整理期内发生的上下年度收入、支出业务应设置_____账户。
7. 国库单一账户体系由国库单一账户、_____、_____、_____等四类账户构成。
8. 按法定程序及核定的预算举借的债务,是指中央预算按_____批准的数额举借的国内和国外债务以及地方预算根据_____举借的债务。
9. 在国库集中收付的体制下,财政国库对各预算单位的支付方式分为_____和_____两种形式。

二、选择题

1. 为核算各级财政在国库的一般预算和基金预算存款,应设置的账户是_____。
   A. 国库存款 B. 其他财政存款 C. 银行存款
2. 核算财政周转金、未设国库的乡(镇)财政在专业银行的预算资金存款以及部分由财政部指定存入专业银行的专用基金存款,应设置的账户是_____。

A. 国库存款　　　　　　B. 其他财政存款　　　　C. 银行存款

3. 核算与下级财政的往来待结算款项应设置_____账户。

A. 与上级往来　　　　　B. 与下级往来　　　　　C. 在途款

4. 各级财政部门在预算执行过程中与各预算单位之间，由于某些特殊原因，临时发生的应付及暂收款项称_____。

A. 暂存款　　　　　　　B. 应付账款　　　　　　C. 预收账款

5. 为了核算各级财政举借的债务，财政总预算会计应设置_____账户。

A. 与上级往来　　　　　B. 借入款　　　　　　　C. 暂存款

三、判断并改错

1. 财政资产包括财政性存款、有价证券、应付及暂收款项、预拨款项、财政周转金放款、借出财政周转金、待处理财政周转金等。（　　）
2. 总预算会计的各种会计凭证只能用于转账结算，不得提取现金。（　　）
3. 年度预算执行中总预算会计用预算资金预拨出应在以后各期列支的款项以及会计年度终了前预拨给用款单位的下年度经费款，应作为经费拨款管理。（　　）
4. 债权是各级财政总预算执行过程中往来结算形成的暂存及应付款项。（　　）

四、业务核算题

（一）目的：练习各项财政资产和负债的核算。

（二）要求：根据某市财政局发生的下列经济业务，编制会计分录。

1. 1日，收到国库报来"预算收入日报表"及有关凭证，列示当日一般预算收入1 500 000元。

2. 1日，财政直接支付市体委服装购置费100 000元。

3. 2日，按有关规定拨付市粮食管理部门粮食风险基金600 000元。

4. 3日，预拨边远山区下年度一月份经费400 000元。

5. 4日，年初决算清理期内收到国库报来收入日报表及有关凭证，列示上年一般预算收入8 000 000元。

6. 7日，以前年度用预算结余购买的国库券2 000 000元到期，利息收入600 000元，本利均已兑换收回。

7. 9日，年初决算清理期内收回边远山区上年度非包干经费结余260 000元。

8. 12日，向省财政厅归还临时借款10 000 000元。

9. 14日，拨付市建设银行重点市政工程基本建设投资6 000 000元。

10. 16日，经领导同意，划付本市开发区临时借款1 000 000元，用于开发区建设。

11. 17日，所属某县因预算资金周转困难，申请借款4 000 000元，经领导同意后拨付。

财政总预算收入、支出和净资产的核算练习题

一、填空题

1. 财政收入是国家为实现其职能,根据法令和法规所取得的非偿还性资金,是一级财政的资金来源。包括_____、_____、_____、资金调拨收入等。
2. 一般预算收入是通过一定的形式和程序,有计划组织的,由_____支配,纳入预算管理的资金。
3. 预算收入的收纳是指缴款单位或缴款人把应缴预算收入缴入_____。
4. 预算收入的缴库方式有两种,即_____、_____。
5. 预算收入的缴库凭证是_____。我国的缴款书分为_____、_____、_____三种。
6. 按照现行"分税制"的财政预算管理体制的规定,预算收入可分为_____固定收入、_____固定收入、_____共享收入三大类。
7. 资金调拨收入是根据财政体制规定在_____之间进行资金调拨以及在_____之间的调剂所形成的收入。
8. 财政支出是一级政府为实现其职能,对财政资金的_____。
9. 转移性支出是指政府的_____以及_____之间的调拨支出。
10. _____是指财政部门在办理财政周转金借出或放款业务中收取的资金占用费收入和利息收入。
11. 补助收入是指上级财政_____或_____补助给本级财政的款项。
12. 调入资金是为了平衡_____收支,从_____调入_____的资金,以及按规定从其他渠道调入的资金。
13. 财政净资产是资产减去负债的差额,包括_____、_____及_____等。
14. 结余是财政收支执行的结果。包括_____、_____。

二、选择题

1. 下列机构属于预算收入征收机关的有_____。
   A. 财政机关　　　　　　B. 税务机关　　　　　　C. 海关
2. 办理预算收入的收纳、划分、留解和库款支拨的专门机构是_____。
   A. 财政　　　　　　　　B. 税务
   C. 国库　　　　　　　　D. 总预算会计
3. 一般预算收入一般以本年度缴入_____的数额为准。
   A. 中央国库　　　　　　B. 地方国库　　　　　　C. 基层国库
4. 下列收入属于资金调拨收入的有_____。
   A. 补助收入　　　　　　B. 一般预算收入　　　　C. 基金预算收入
5. _____是为了平衡一般预算收支而从基金预算的地方财政税费附加收入结余中调出，补充一般预算的资金。
   A. 调入资金　　　　　　B. 调出资金　　　　　　C. 专用基金
6. 按财政体制规定由本级财政上交给上级财政的款项称_____。
   A. 上解收入　　　　　　B. 上解支出　　　　　　C. 调出资金
7. 补助支出、上解支出、调出资金属于_____。
   A. 一般预算支出　　　　B. 基金预算支出　　　　C. 资金调拨支出
8. _____是指各级财政部门借给所属预算单位或其他单位临时急需的款项。
   A. 暂存款　　　　　　　B. 暂付款　　　　　　　C. 借出财政周转金

三、判断并改错

1. 预算周转金是为了调剂预算年度内季节性收支差额，保证及时用款而设置的周转资金。　　　　　　　　　　　　　　　　　　　　　　　　　　　　　　（　　）
2. 基层缴款单位和缴款人按征收机关规定的缴款期限直接向当地国库或国库经收处缴预算收入称自收汇缴。　　　　　　　　　　　　　　　　　　　　　（　　）
3. 预算周转金一般用年度预算结余资金设置、补充或由上级财政部门拨入。（　　）
4. 预算周转金只供周转使用，不能用于财政支出。　　　　　　　　　　（　　）
5. 预算周转金的规模不得随意调整，年终必须保持账面数额逐年结转。　（　　）
6. 预算周转金只供本级财政周转使用。　　　　　　　　　　　　　　　（　　）
7. 财政收入是国家为实现其职能，根据法令法规所取得的非偿还性资金，是一级财政的资金来源，包括一般预算收支、基金预算收支、专用基金预算收支、资金调拨收支等。　　　　　　　　　　　　　　　　　　　　　　　　　　　　　　（　　）
8. 由基层缴款单位将应缴预算收入通过银行汇解到上级主管部门，再由主管部门按征收机关规定的缴款期限汇总向国库或国库经收处缴纳的收入缴库方式称为自收汇缴。
　　　　　　　　　　　　　　　　　　　　　　　　　　　　　　　　　（　　）
9. 缴款单位向国库缴纳预算收入，可用现金缴纳，也可转账缴纳。　　　（　　）
10. 资金调拨收入包括补助收入、上解收入、调入资金、调出资金。　　（　　）
11. 财政支出包括一般预算支出、基金预算支出。　　　　　　　　　　（　　）

12. 财政部门按规定设置或取得的有规定用途，必须专款专用的各项基金为基金预算收入。（　　）

13. 根据财政部制定的《政府预算收支分类科目》的规定，一般预算收入主要包括税收收入、社会保险基金收入、非税收入、贷款转贷回收本金收入、债务收入、转移性收入等。（　　）

四、名词解释

1. 基金预算支出

2. 一般预算支出

五、简答题

1. 简述一般预算支出的列报口径。

2. 办理预算支出有哪些基本规定？

六、业务核算题

（一）目的：练习财政收入、财政支出和财政净资产的核算。

（二）要求：根据某市财政局发生的下列经济业务编制会计分录并计算各项结余。

1. 3日，收到国库报来"预算收入日报表"，列示当日本级一般预算收入7 000 000元。

2. 4日，收到国库报来"预算收入日报表"，列示当日本级一般预算收入3 700 000元。

3. 4日，收到国库报来"基金预算收入日报表"等有关凭证，列示当日城市公用事业附加收入300 000元。

4. 4日，年初决算清理期内，收到国库报来"预算收入日报表"，列示上年本级一般预算收入20 000 000元。

5. 5日，接到银行收款通知，列示收到粮食风险基金200 000元。

6. 5日，收到国库报来报表等有关凭证，列示当日本级一般预算收入为负数300 000元（因退库原因）。

7. 6日，接到国库收款通知，省财政厅拨来救灾专项补助款4 000 000元。

8. 6日，年初决算清理期内，收到国库报来"预算收入日报表"，列示本级财政上年度一般预算收入3 000 000元。

9. 7日，为市文化局直接支付工资250 000元。

10. 8日，直接支付市重点中学基本建设投资款2 000 000元。

11. 8日，经批准，拨付所属县救灾专项补助款，其中甲县2 000 000元，乙县1 000 000元，丙县500 000元。

12. 8日，市城建局报来基金预算资金使用清单，经审核，直接支付城市维护费400 000元。

13. 9日，根据有关文件批准，将市开发区原技术改造项目临时借款1 000 000元转为拨款，将原临时借款转账。

14. 9日，按规定拨付市粮食局粮食风险基金500 000元。

15. 9日，直接支付市人大办公大楼建设工程款9 000 000元。

16. 10日，将上年末预拨市环卫局今年一月份经费400 000元转为本月份经费。

17. 11日，市科委专项购置项目完成，实际开支设备购置和安装费用520 000元，结余80 000元已缴入国库。

18. 13日，经年终结算，市财政尚需补缴省财政体制结算款2 000 000元。

19. 18日，为平衡一般预算收支，经市领导批准，从基金预算资金中调入10 000 000元。

20. 18日，经年终结算，应退还所属甲县预算资金超解款800 000元，丙县尚需补缴体制结算款300 000元。

21. 19日，经批准，从本市财政预算结余中补充预算周转金1 000 000元。

22. 20日，根据下列有关账户年终余额进行转账：一般预算收入1 050 000 000元，补助收入——一般预算补助50 000 000元，上解收入220 000 000元，调入资金10 000 000元；一般预算支出265 000 000元，补助支出——一般预算补助28 000 000元，上解支出1 030 000 000元。

23. 根据下列有关账户年终余额进行转账：基金预算收入50 000 000元；基金预算支出28 200 000元，补助支出——基金预算补助5 000 000元，调出资金10 000 000元。

24. 根据下列有关账户年终余额进行转账：专用基金收入22 000 000元，专用基金支出20 600 000元。

财政总预算会计报表练习题

一、填空题

1. 各级总预算会计报表要做到数字正确，_____，_____。
2. 总预算会计报表按报送的时期可分为_____、_____、年报三种。
3. 按月编制报送的报表主要有_____、资产负债表、_____。
4. 会计报表的审核可从两方面进行，即_____审核，_____审核。
5. 对总预算会计报表的分析主要是对_____情况的分析，_____的分析。
6. 总预算会计年报编制的步骤有_____、_____、_____和编制年报。

二、选择题

1. 下列项目属于年终清理事项的有_____。
   A. 年终转账　　　　　B. 核对年度预算数　　　　　C. 清理本年预算收支
2. 下列属于年终结账工作步骤的有_____。
   A. 年终转账　　　　　B. 结清旧账　　　　　C. 记入新账
3. 编制年报要做好一系列准备工作，其中最基础的工作是_____。
   A. 年终清理　　　　　B. 年终结算　　　　　C. 年终结账
4. 财政总预算会计的各项拨款，一般截至_____为止。
   A. 12月31日　　　　　B. 12月25日　　　　　C. 12月30日
5. 年度终了前，按照国库制度的规定，支库应设置_____天的库款报解整理期。
   A. 10天　　　　　　　B. 20天　　　　　　　C. 15天
6. 各经收处_____前所收款项均应在"库款报解整理期"内报达支库，列入当年决算。
   A. 12月31日　　　　　B. 12月25日　　　　　C. 12月30日

三、业务核算题

（一）目的：练习总预算会计报表——资产负债表（年报）的编制。

（二）要求：根据某县财政局 12 月份年终结账前的"资产负债表"（见表 1-5-1）（该表中的补助收入、补助支出均为一般预算补助），编制年终转账的会计分录，并编制年终决算的资产负债表。

表 1-5-1　　　　　　　　　　　　　　资 产 负 债 表

编报单位：××县财政局　　　　　　　×××年12月　　　　　　　　　金额单位：万元

资　产　部　类			负　债　部　类		
科目名称	年初数	期末数	科目名称	年初数	期末数
资产：			负债：		
国库存款	750	650	暂存款		
其他财政存款	250	310	与上级往来	200	360
有价证券	50	50	借入款		
在途款			借入财政周转金		
暂付款			负债合计	200	360
与下级往来	100	200	净资产：		
预拨经费	80	100	预算结余	300	300
基建拨款	70	150	基金预结余	400	400
财政周转金放款			专用基金结余	100	100
借出财政周转金			预算周转金	300	300
待处理财政周转金			财政周转金		
资产合计	1 300	1 460	净资产合计	1 100	1 100
支出：			收入：		
一般预算支出		15 500	一般预算收入		16 000
基金预算支出		2 000	基金预算收入		2 100
专用基金支出		400	专用基金收入		500
补助支出		1 300	补助收入		1 200
上解支出		1 400	上解收入		800
调出资金		200	调入资金		200
财政周转金支出			财政周转金收入		
支出合计		20 800	收入合计		20 800
资产部类总计	1 300	22 260	负债部类总计	1 300	22 260

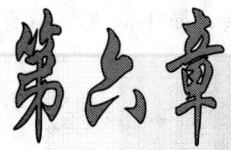

第六章

行政单位资产和负债的核算练习题

一、填空题

1. 流动资产是指可以在_____内变现或者耗用的资产。
2. 在国库集中支付制度下,各行政单位的经费预算经财政部门审查、同级人民代表大会批准后,资金由财政部门以两种方式供应:一部分由_____,一部分由_____。
3. _____是指预算单位按照部门预算和用款计划确定的资金用途,提出支付申请,经财政国库执行机构审核后开出支付令,送代理银行,通过国库单一账户体系中的财政零余额账户或预算外资金支付专户,直接将财政性资金支付到_____。
4. _____主要用于预算单位工资支出、大型购买支出和转移支出等。
5. _____是指预算单位按照部门预算和用款计划确定资金用途,根据财政部门授权,_____送代理银行,通过国库单一账户体系中的单位零余额账户或特设专户,将财政性资金支付到收款人或用款单位账户。
6. 财政授权用款额度是在国库集中收付制度下,各行政预算单位根据批准的部门预算和用款计划向财政部门申请,财政部门下达给_____的_____。
7. 单位零余额账户是财政部门为_____在_____开设的零余额账户,用于反映_____的下达和使用情况,不是实存资金账户。
8. 行政预算单位支用财政授权支付的资金时,应在财政授权用款额度以内,填写_____,送交代理银行在单位零余额账户中办理_____手续或_____。
9. 年末,根据代理银行提供的对账单,将已下达但未使用的额度注销,借记"_____"科目,贷记"_____"科目。
10. 核对库存现金时如发现有待查明原因的现金短缺或溢余,先通过"_____"科目核算,待查明原因后再作处理。
11. 现金短缺,属于应由责任人赔偿或向有关人员追回的部分,记入"_____";

无法查明原因，经批准核销的，列为"＿＿＿＿"。如为现金溢余，属于应支付给有关人员或单位的，记入"＿＿＿＿"；无法查明原因，经批准后，作"＿＿＿＿"处理。

12. 行政单位的固定资产按用途和自然属性可分为房屋及构筑物；＿＿＿＿；专用设备；＿＿＿＿；图书、档案；＿＿＿＿。

二、选择题

1. 银行存款除设置总账进行核算外，还应按开户银行、存款种类等分别设置＿＿＿＿，进行明细分类核算。

   A. 银行存款日记账　　　B. 银行日记账　　　C. 存款日记账

2. 行政单位的一般设备，单价在＿＿＿＿元以上，使用年限在一年以上的，作为固定资产核算。

   A. 800　　　　　　　　B. 500　　　　　　　C. 1 000

3. 下列属于应缴预算款的有＿＿＿＿。

   A. 行政性收费　　　　B. 纳入国家预算管理的政府性基金　　　C. 罚没收入

4. ＿＿＿＿指行政单位因购买物资或服务、工程建设等而应付的偿还期限在1年以内（含1年）的款项。

   A. 应付账款　　　　　B. 应收账款　　　　　C. 其他应付款

5. 行政单位按照购货、服务合同规定，预先支付给供应单位（或个人）的款项，应通过＿＿＿＿科目核算，在已支付款项且尚未收到物资或服务时确认。

   A. 其他应收款　　　　B. 应收账款　　　　　C. 预付账款

6. 发生当年预付账款退回时，会计分录为＿＿＿＿。

   A. 借：资产基金——预付款项
      贷：预付账款

   B. 借：银行存款
      贷：预付账款

   C. 借：财政拨款收入（零余额账户用款额度）（银行存款）
      贷：经费支出

7. 职工预借的差旅费、拨付给内部有关部门的备用金、应向职工收取的各种垫付款项等应通过＿＿＿＿科目核算。

   A. 其他应收款　　　　B. 其他应付款　　　　C. 预付账款

8. 固定资产出售、置换换出、报损、报废，须按规定报经批准后处理，处理过程中收到的变价款（或补价或残值收入）、发生的处理费用，通过＿＿＿＿科目核算。

   A. 待处理财产损溢——待处理财政价值
   B. 待处理财产损溢——处理净收入
   C. 其他应付款

三、判断并改错

1. 行政单位承担的能以货币计量，需要以资产和劳务偿付的债务称为行政单位的负债。（　　）

2. 购入存货成本包括购买价款、相关税费、运输费、装卸费、保险费以及其他使得存货达到目前场所和状态所发生的支出。（　　）

3. 固定资产报废、毁损、出售时发生的有关费用支出，作为经费支出处理。（　　）

4. 为增加固定资产使用效能或延长其使用寿命而发生的改建、扩建或修缮等后续支出，应当计入固定资产成本，为维护固定资产正常使用而发生的日常修理等后续支出，应当计入当期支出但不计入固定资产成本。（　　）

5. 在原有固定资产基础上进行改建、扩建、修缮的固定资产，其成本按照原固定资产的账面价值（"固定资产"科目账面余额减去"累计折旧"科目账面余额后的净值）加上改建、扩建、修缮发生的支出，再扣除固定资产拆除部分账面价值后的金额确定。（　　）

6. 接受捐赠、无偿调入的固定资产，其成本按照有关凭据注明的金额加上相关税费、运输费等确定；没有相关凭据可供取得，但依法经过资产评估的，其成本应当按照评估价值加上相关税费、运输费等确定；没有相关凭据可供取得、也未经评估的，其成本比照同类或类似固定资产的市场价格加上相关税费、运输费等确定；没有相关凭据也未经评估，其同类或类似固定资产的市场价格无法可靠取得，所取得的固定资产应当按照名义金额入账。
（　　）

7. 购入需要安装的固定资产，应当先通过"在建工程"科目核算，安装完毕交付使用时再转入固定资产核算。（　　）

8. 固定资产中专用设备的单位要求达到2 000元。（　　）

9. 单价未达到规定标准，但使用时间在一年以上的大批同类物资，应作为存货核算。
（　　）

10. 行政单位一般应当采用年限平均法或工作量法计提固定资产折旧，计提折旧金额不考虑预计净残值。（　　）

11. 当月增加的固定资产，当月提折旧；当月减少的固定资产，当月不提折旧。（　　）

12. 提足折旧后，无论资产能否继续使用，均不再计提折旧；提前报废的固定资产，也不再补提折旧；已提足折旧的固定资产，可以继续使用的，应当继续使用，规范管理。
（　　）

13. 存货是行政单位在开展业务活动及其他活动中为耗用而储存的各种物资，包括材料、燃料、包装物和低值易耗品及未达到固定资产标准的家具、用具、装具等，在其到达存放地点并验收时确认。（　　）

14. 自行开发并按法律程序申请取得的专利权等无形资产，按照依法取得时发生的注册费、聘请律师费等费用确定成本。研究开发支出，于发生时直接计入当期支出。（　　）

15. 公共基础设施指由行政单位占有并直接负责维护管理，供社会公众使用的工程性公共基础设施资产，包括城市交通设施、公共照明设施、环保设施、防灾设施、健身设施、广场及公共构筑物等其他公共设施。（　　）

四、业务核算题

练　习　一

（一）目的：练习行政单位资产的核算。

(二) 要求：根据下列经济业务编制会计分录（一次性购入办公用品金额在 3 000 元以上的须通过"库存材料"科目核算）。

1. 1 日，开出财政授权支付凭证，提现 7 000 元备用。

2. 1 日，收到同级财政下达的本月份基本支出预算指标 300 000 元。

3. 2 日，职工刘枫外出学习，借差旅费及学习费 6 000 元。

4. 3 日，开出财政授权支付凭证，购买办公用品 500 元（基本支出），验收后交付使用。

5. 4 日，开出财政授权支付凭证购入办公用品 5 000 元（基本支出），验收入库。

6. 5 日，开出财政授权支付凭证，支付水费 1 000 元（基本支出）。

7. 6 日，李想退回差旅费欠款现金 520 元。

8. 7 日，刘枫出差回来，报销差旅费 3 210 元、培训费 2 000 元（基本支出），余款退回。

9. 8 日，清查库存现金，发现短少 20 元，原因待查。

10. 9 日，上述短款经批准列作支出处理（基本支出）。

11. 10 日，购入材料一批用于修建简易车棚，货款 100 000 元，税金 17 000 元，运杂费 500 元。材料验收入库，款项由财政直接支付（项目支出）。

12. 11 日，维修房屋领用材料 15 000 元（基本支出）。

13. 12 日，开出授权支付凭证购入办公材料 6 000 元（基本支出），验收入库。

14. 13 日，领用维修材料 100 000 元，修建自行车棚。

15. 13 日，开出财政授权支付凭证提现 3 000 元，支付修建自行车棚临时工工资。

16. 14 日，王飞出差，借差旅费 5 000 元，开出财政授权支付凭证，提现支付。

17. 18 日，王飞出差回来，经批准报销差旅费 6 000 元（基本支出），以现金补给差额。

18. 20 日，为购置专用设备，按合同规定预付货款 160 000 元，由财政直接支付（项目支出）。

19. 24 日，前预付货款 160 000 的专用设备到货，验收后交付使用，实际货款为 260 000 元，差额由财政直接支付。

20. 24 日，经批准报废小汽车一辆，原价 210 000 元，已提折旧 200 000 元，残值收入 2 000 元存入银行。

21. 25 日，简易车棚修建完成，材料费 80 000 元，人工费 3 000 元（两项均已入账）。车棚交付使用，予以转账。

22. 27 日，将复印机一台无偿调给所属 A 单位，账面价值 5 000 元，已提折旧 1 000 元。

23. 28 日，上级移交新办公楼，交付使用，造价 3 400 000 元。

练 习 二

（一）目的：练习行政单位负债的核算。
（二）要求：根据某行政单位发生的下列经济业务（该单位取消了收入过渡户，非税收入直接缴入财政专户）编制会计分录。

1. 2 日，收到罚没款 50 000 元。

2. 3 日，收到业务培训收入 1 230 元。

3. 4 日，将无人认领的自行车变价出售，收入 3 000 元。

4. 7 日，购进办公用材料一批，共计 8 000 元，材料已验收入库，款未付。

5. 11 日，开出财政授权支付凭证，支付材料款 8 000 元（基本支出）。

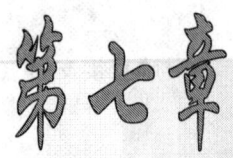

行政单位收入、支出和净资产的核算练习题

一、填空题

1. 收入是行政单位依法取得的非偿还性资金，包括_____和_____。
2. 财政拨款收入是指行政单位从_____取得的财政预算资金。
3. 在国库集中支付制度下，财政拨款收入以_____和_____两种方式实现资金使用，在具体用途上分为_____和_____两部分。
4. 基本经费是行政单位保障其机构_____所必需的资金。
5. 项目经费是行政单位在基本支出外为完成_____所需要的资金。
6. 其他收入指行政单位取得的除财政拨款收入以外的其他各项收入，如从_____部门、_____部门等取得的用于完成的_____资金、库存现金溢余等。

二、选择题

1. 行政单位从同级财政部门取得的财政预算资金，称_____。
   A. 拨入经费　　　　　　B. 财政拨款收入　　　　　C. 其他收入

2. _____是行政单位在基本经费支出以外，为完成特定的行政任务或特殊需要由财政部门供给的资金。如大型修缮、大型购置、大型会议等。项目经费应专项申请，专项使用、专项列报、专项核算。
   A. 项目支出拨款　　　　B. 财政拨款收入　　　　　C. 项目支出

3. 若行政单位的年度预算指标没用完，在行政单位、财政部门、国库收付执行机构、零余额账户代理银行等多方核对一致的基础上，根据本年度财政直接支付预算指标数与财政直接支付实际支出数的差额，以及财政授权支付预算指标数大于财政授权支付额度下达数的差额，将未用指标注销，转入"_____"，下年度由行政单位申请使用。

A. 财政拨款结转　　　　B. 财政应返还额度　　　　C. 财政拨款结余

4. 按照部门预算管理的要求，行政单位的经费支出可分为_____。

A. 财政拨款资金支出和其他资金支出

B. 基本支出拨款的项目支出拨款

C. 基本支出和项目支出

5. _____是指行政单位当年预算已执行但尚未完成，或因故未执行，下一年度需要按照原用途继续使用的财政拨款滚存资金。

A. 其他资金结转结余　　B. 财政拨款结余　　　　C. 财政拨款结转

6. 行政单位向所属单位拨出的纳入单位预算管理的非同级财政拨款资金，应通过_____账户核算。

A. 拨出经费　　　　　　B. 经费支出　　　　　　C. 财政拨款支出

三、判断并改错

1. 行政单位的支出是指行政单位为保障机构正常运转和完成工作任务所发生的资金耗费和损失。主要有经费支出、拨出经费。　　　　　　　　　　　　　　　（　　）

2. 行政单位用款计划中的财政直接支付部分，由财政部门国库集中支付执行机构根据行政单位用款申请，开出《财政直接支付凭证》通知代理银行付款给商品、劳务供应商或收款人，实现财政拨款收入，即在财政直接支付方式下，是在资金已经使用时确认财政拨款收入。　　　　　　　　　　　　　　　　　　　　　　　　　　　　　　（　　）

3. 行政单位用款计划中的财政授权支付部分，由财政部门每月根据批准的预算单位分月用款计划，向国库、代理银行并转行政单位下达财政授权支付用款额度，实现财政拨款收入，即在财政授权支付方式下，是在财政下达授权支付额度时确认财政拨款收入。行政单位在用款额度内自行开出《财政授权支付凭证》使用资金。　　　　　　　　　　（　　）

4. 财政拨款结转是指行政单位当年预算工作目标已完成，或因故终止，剩余的财政拨款滚存资金。　　　　　　　　　　　　　　　　　　　　　　　　　　　　（　　）

5. 年末，转入财政拨款结余账户的是已完成项目的剩余资金。　　　　（　　）

6. 年末，行政单位财政拨款收支分别转入财政拨款结转账户。　　　　（　　）

四、业务核算题

练　习　一

（一）目的：练习行政单位支出的核算。

（二）要求：根据某行政单位发生的下列经济业务，编制会计分录。

1. 1日，收到财政下达本月份基本经费额度300 000元。

2. 4日，以基本经费购材料200公斤，价款10 400元，验收后交后勤部门维修房屋，款项从零余额账户中支付。

3. 5日，暖气管道维修完成，验收合格，由财政直接支付维修工程款200 000元（项目支出）。

4. 8日，开出财政授权支付凭证，付电费4 000元（基本支出）。

5. 13日，职工报销学习进修费用1 800元，其中公务卡支付金额1 500元，开出支付凭证偿还到刷卡人账户，另300元以现金支付给出差人。

6. 15日，发放本月工资，应付基本工资62 000元，津贴53 000元，退休人员费用16 000元，长休人员工资400元，应付工资合计为131 400元。代扣职工社会保险3 200元，代扣住房公积金3 750元，代扣个人所得税2 200元，实发工资122 250元。工资由财政直接支付。

7. 计算并由财政直接支付单位为职工缴纳的社会保险4 000元，住房公积金3 750元。

8. 16日，购办公用品500元，验收后交付使用，款项未付。

9. 17日，购置打印机一台，价款1 400元，开出财政授权支付凭证付款（基本支出）。

10. 18日，开出财政授权支付凭证，支付电话费2 300元。

11. 23日，开出财政授权支付凭证，支付16日办公用品款500元。

12. 24日，购进管理软件1套，价款95 000元，软件已安装验收，按合同规定付款70%（项目支出），由财政直接支付，另30%试用3个月后支付。

13. 25日，财政直接支付本月物业管理费10 000元（基本支出）。

14. 从零余额账户中支付公务用车保险费12 000元（基本支出）。

练 习 二

（一）目的：练习行政单位净资产的核算。

（二）要求：根据表1-7-1提供的资料，编制年终转账的会计分录，核算结转结余。

表 1-7-1   单位：元

科　　目	金　额	科　　目	金　额
财政拨款收入——基本支出拨款	800 000	经费支出——财政拨款支出（基本支出）	720 000
——项目支出拨款	600 000	——财政拨款支出（项目支出）	520 000
其他收入——××项目	20 000	经费支出——其他资金支出（项目支出）	20 000
合　　计	1 420 000	合　　计	1 260 000

注：所有项目支出预算均已完成。

行政单位会计报表练习题

一、填空题

1. 行政单位的财务报表是反映行政单位_____和_____等的书面文件,由会计报表及其附注构成。
2. 行政单位的会计报表,按所反映的内容的不同,分为资产负债表、_____及_____等。
3. 行政单位会计报表的编制应做到数字真实、_____、_____。
4. 年报编制应做好_____和_____等年报编制的准备工作。
5. 年终结账工作,一般分为三个步骤:即_____、_____和记入新账。

二、选择题

1. _____是反映行政单位某一特定日期财务状况的报表。
   A. 资产负债表　　　　　　B. 收入支出表　　　　　　C. 财政拨款收入支出表
2. 资产负债表的"应付账款"项目,反映行政单位期末尚未支付的偿还期限在_____的应付账款的金额。本项目应当根据"应付账款"科目的期末余额填列。
   A. 1年　　　　　　　　　B. 1年以内(含1年)　　　C. 1年以内(不含1年)
3. 月度资产负债表应在资产部分"银行存款"项目下增加"_____"项目。
   A. 财政应返还额度　　　　B. 应收账款　　　　　　　C. 零余额账户用款额度
4. 月度资产负债表"_____"项目,应当根据"财政拨款结转"科目的期末余额,加上"财政拨款收入"科目本年累计发生额,减去"经费支出——财政拨款支出"科目本年累计发生额后的余额填列。
   A. 财政拨款结转　　　　　B. 财政拨款收入　　　　　C. 财政拨款结余
5. 月度资产负债表"_____"项目,应当根据"其他资金结转结余"科目的期末余额,加上"其他收入"科目本年累计发生额,减去"经费支出——其他资金支出"科目本年累计发生额,再减去"拨出经费"科目本年累计发生额后的余额填列。

A. 财政拨款结转结余 B. 其他资金结转 C. 其他资金结转结余

6. _____是反映行政单位在某一会计期间全部预算收支执行结果的报表。

A. 资产负债表 B. 收入支出表 C. 财政拨款收入支出表

三、判断并改错

1. 行政单位会计报表按编报的时间划分，可分为旬报、月报、年报。（ ）
2. 年终转账的程序是先计算出各账户的借方和贷方的12月份合计数和本年累计数，结出12月末的余额，然后编制结账前的资产负债表，并试算平衡，在此基础上再按年终转账办法填制12月31日的记账凭证，办理年终转账业务，并记入有关账户。（ ）
3. 年终转账后无余额的账户，结出本年累计数，然后在下面划双红线，表示本账户全部结清。对年终转账后有余额的账户，在"本年累计数"下行的"摘要"栏内注明"结转下年"字样，将余额转入其相反方向，再在下面划双红线，表示年终余额转入新账，结束旧账。（ ）
4. 财政拨款收入支出表是反映行政单位在某一会计期间财政收入、支出、结转及结余情况的报表。（ ）
5. 年终清理的主要工作是清理核对账目，它是影响报表质量的重要环节。（ ）

四、业务核算题

（一）目的：练习行政单位会计报表的编制。

（二）要求：根据某行政单位20××年12月末各有关总账科目及有关明细科目余额（表1-8-1），编制资产负债表（表1-8-2）、收入支出表月报（表1-8-3）；办理年末转账；编制年报（表1-8-4、表1-8-5、表1-8-6）。

表1-8-1　　　　　　20××年12月31日总账科目余额表　　　　　　单位：元

会计科目	借方余额	贷方余额
库存现金	1 350	
银行存款	79 900	
零余额账户用款额度	260 000	
预付账款	201 000	
存货	228 000	
固定资产	2 591 000	
应付账款		20 250
财政拨款收入——基本经费拨款		10 100 000
——项目经费拨款		324 500
其他收入——项目资金		100 000
经费支出——财政拨款支出（基本支出）	9 455 000	
——财政拨款支出（项目支出）	324 500	
资产基金——固定资产		2 591 000

表 1-8-2　　　　　　　　　　　资产负债表（月报）

会行政 01 表

编制单位：　　　　　　　　　　　　年　月　日　　　　　　　　　　　　单位：元

资产	年初余额	期末余额	负债和净资产	年初余额	期末余额
流动资产：			流动负债：		
库存现金			应缴财政款		
银行存款			应缴税费		
零余额账户用款额度			应付职工薪酬		
财政应返还额度			应付账款		
应收账款			应付政府补贴款		
预付账款			其他应付款		
其他应收款			一年内到期的非流动负债		
存货			流动负债合计		
流动资产合计			非流动负债：		
固定资产			长期应付款		
固定资产原价			受托代理负债		
减：固定资产累计折旧			负债合计		
在建工程					
无形资产					
无形资产原价					
减：累计摊销					
待处理财产损溢			财政拨款结转		
政府储备物资			财政拨款结余		
公共基础设施			其他资金结转结余		
公共基础设施原价			其中：项目结转		
减：公共基础设施累计折旧			资产基金		
公共基础设施在建工程			待偿债净资产		
受托代理资产			净资产合计		
资产总计			负债和净资产总计		

表 1-8-3　　　　　　　　　　　收入支出表（月报）

编制单位：　　　　　　　　　　20××年12月

会行政02表　单位：元

项　目	本月数	本年累计数
一、年初各项资金结转结余		
（一）年初财政拨款结转结余		
1. 财政拨款结转		
2. 财政拨款结余		
（二）年初其他资金结转结余		
二、各项资金结转结余调整及变动		
（一）财政拨款结转结余调整及变动		
（二）其他资金结转结余调整及变动		
三、收入合计		
（一）财政拨款收入		
1. 基本支出拨款		
2. 项目支出拨款		
（二）其他资金收入		
1. 非项目收入		
2. 项目收入		
四、支出合计		
（一）财政拨款支出		
1. 基本支出		
2. 项目支出		
（二）其他资金支出		
1. 非项目支出		
2. 项目支出		
五、本期收支差额		
（一）财政拨款收支差额		
（二）其他资金收支差额		
六、年末各项资金结转结余		
（一）年末财政拨款结转结余		
1. 财政拨款结转		
2. 财政拨款结余		
（二）年末其他资金结转结余		

年末转账分录:

表 1-8-4 资产负债表（年报）

会行政 01 表

编制单位：　　　　　　　　　　　20××年12月31日　　　　　　　　　　　单位：元

资产	年初余额	期末余额	负债和净资产	年初余额	期末余额
流动资产：			流动负债：		
库存现金			应缴财政款		
银行存款			应缴税费		
财政应返还额度			应付职工薪酬		
应收账款			应付账款		
预付账款			应付政府补贴款		
其他应收款			其他应付款		
存货			一年内到期的非流动负债		
流动资产合计			流动负债合计		
固定资产			非流动负债：		
固定资产原价			长期应付款		
减：固定资产累计折旧			受托代理负债		
在建工程			负债合计		
无形资产					
无形资产原价					
减：累计摊销					
待处理财产损溢			财政拨款结转		
政府储备物资			财政拨款结余		
公共基础设施			其他资金结转结余		
公共基础设施原价			其中：项目结转		
减：公共基础设施累计折旧			资产基金		
公共基础设施在建工程			待偿债净资产		
受托代理资产			净资产合计		
资产总计			负债和净资产总计		

表 1-8-5　　　　　　　　　收入支出表（年报）

会行政 02 表

编制单位：　　　　　　　　　20××年

项　目	上年数	本年数
一、年初各项资金结转结余		
（一）年初财政拨款结转结余		
1. 财政拨款结转		
2. 财政拨款结余		
（二）年初其他资金结转结余		
二、各项资金结转结余调整及变动		
（一）财政拨款结转结余调整及变动		
（二）其他资金结转结余调整及变动		
三、收入合计		
（一）财政拨款收入		
1. 基本支出拨款		
2. 项目支出拨款		
（二）其他资金收入		
1. 非项目收入		
2. 项目收入		
四、支出合计		
（一）财政拨款支出		
1. 基本支出		
2. 项目支出		
（二）其他资金支出		
1. 非项目支出		
2. 项目支出		
五、本期收支差额		
（一）财政拨款收支差额		
（二）其他资金收支差额		
六、年末各项资金结转结余		
（一）年末财政拨款结转结余		
1. 财政拨款结转		
2. 财政拨款结余		
（二）年末其他资金结转结余		

表 1-8-6　　　　　　　　　　　财政拨款收入支出表

会行政 03 表

编制单位：　　　　　　　　　　　　20××年度　　　　　　　　　　　　单位：元

项　目	年初财政拨款结转结余		调整年初财政拨款结转结余	归集调入或上缴	单位内部调剂		本年财政拨款收入	本年财政拨款支出	年末财政拨款结转结余	
	结转	结余			结转	结余			结转	结余
一、公共财政预算资金										
（一）基本支出										
1. 人员经费										
2. 日常公用经费										
（二）项目支出										
1. 办公设备购置										
2. 监控设备购置										
………										
二、政府性基金预算资金										
（一）基本支出										
1. 人员经费										
2. 日常公用经费										
（二）项目支出										
1. ××项目										
2. ××项目										
………										
总计										

第九章

事业单位资产的核算练习题

一、填空题

1. 在有现金折扣的情况下,应收账款入账金额的确定有两种方法:_____法和_____法,我国会计实务中采用的是_____法。
2. 应收票据是事业单位在采用_____结算方式下,因从事经营活动销售商品而持有的、尚未到期兑现的_____。
3. _____是指事业单位因购买商品或劳务预先支付给供应单位的货款。
4. 采购成本包括_____、_____、_____、_____、_____。
5. 材料出库可根据实际情况选择先进先出法、_____和个别计价法确定其实际成本。
6. 无形资产是指不具有实物形态但能为事业单位提供某种权利的资产,包括_____、_____、_____、非专利技术、著作权等。
7. _____是指事业单位依法取得的,持有时间超过1年(不含1年)的各种股权和债权性投资。
8. _____是指已经发生必要支出,但尚未达到交付使用状态的建设工程。
9. 事业单位建立的固定资产折旧制度,为了核算单位固定资产计提的折旧,应当设置_____账户。

二、选择题

1. 下列项目属于事业单位存货的有_____。
   A. 原材料   B. 低值易耗品   C. 燃料
2. 事业单位的存货应定期清查盘点,对出现的盘盈、盘亏情况,应编制盘盈盘亏报告表,其中,对于盘亏的存货,经领导批准后作_____处理。
   A. 其他支出   B. 经营支出   C. 成本费用
3. 应收票据到期时不能收回票款的,应将"应收票据"的票面金额_____。

A. 继续保留在"应收票据"账户
B. 转入"应收账款"账户
C. 转入"坏账准备"账户

4. 应收账款、应收票据、其他应收款和预付账款等属于事业单位的_____。
A. 流动资产　　　　　B. 非流动资产　　　　　C. 固定资产

5. 事业单位的无形资产在取得时,应当按照其实际成本入账。下列不正确的有_____。
A. 外购的无形资产,其成本包括购买价款、相关税费以及可归属于该项资产达到预定用途所发生的其他支出
B. 委托软件公司开发软件视同外购无形资产进行处理
C. 自行开发并按法律程序申请取得的无形资产,由单位酌情商定成本价入账

6. 事业单位取得短期投资时,入账成本包括_____。
A. 税金　　　　　　　B. 手续费　　　　　　　C. 购买价款

三、判断并改错

1. 按《中华人民共和国增值税暂行条例》规定属于一般纳税人的事业单位,其购进存货的自用部分,以含税购价加运费确定其价值;非自用部分,以不含税购价加运费确定其价值。（　　）

2. 采用全月一次加权平均法确定发出存货成本的单位,平时领料时,不计单价和金额,由材料管理人员在材料明细账上登记材料的发出数量,月末在平均单价计算出来后一次登记发出金额,全月作一笔发出材料的账务处理。（　　）

3. 将面值为100 000元,票面利率为2%,期限为三个月的银行承兑汇票提前一个月到银行申请贴现,若贴现率为6%,则贴现净额为99 997.50元。（　　）

4. 应收票据一般按面值入账。（　　）

5. 在计算应收票据贴现息时,要考虑贴现期的长短,贴现期是指票据签发日至到期日的整个时期。（　　）

6. 事业单位其他应收款是指除财政应返还额度、应收账款、应收票据、预付账款以外的其他应收、暂付款项,如借出款、备用金、租入固定资产的租金、应向职工收取的各种垫付款项等。（　　）

7. 按规定,事业单位固定资产的报废和转让,一般经本单位负责人批准后核销;大型、精密、贵重的设备仪器报废和转让,应当经过有关部门鉴定,报主管部门或者国有资产管理部门、财政部门批准,具体审批权限由财政部门会同国有资产管理部门规定。（　　）

8. 事业单位购入的无形资产,按照实际成本计价,包括买价、支付的手续费、聘请律师费以及其他因受让无形资产而支付的相关费用。（　　）

9. 自行开发的无形资产,按照依法取得时发生的注册费、聘请律师费以及其他相关支出计价。（　　）

10. 财政应返还额度是指事业单位年终注销的、需要在次年恢复的年度未实现的用款额度。（　　）

四、业务核算题

练 习 一

（一）目的：练习事业单位流动资产的核算。

（二）要求：根据某事业单位发生的下列经济业务（该单位为一般纳税人），编制会计分录。

1. 1日，开出现金财政授权支付凭证，提现5 000元备用。

2. 1日，王涛出差，借差旅费3 000元。

3. 5日，非独立核算的附属工厂，销售产品一批，获收入20 000元，销项税额为3 400元，收到票面金额为23 400元，期限三个月的银行承兑汇票一张。

4. 8日，向炼钢厂提供技改及咨询服务完成，获收入300 000元，款未收。按合同规定，这笔款应在本月25日前收取。

5. 8日，图书馆购买一批专业书籍，预付货款5 000元，开出财政授权支付凭证付款。

6. 14日，王涛出差回来，报销差旅费2 832元，余款退回。

7. 16日，购入1406期国债10 000元，1年期，票面利率3%，以银行存款购入款项，无相关税费。

8. 20日，收到炼钢厂按合同规定支付的款项300 000元，款项已存入银行。

9. 20日，前已预付货款的书籍到货，发票上反映该批书款合计为5 300元，开出财政授权支付凭证补付差额。

10. 20日，将本月5日收到的票面金额为23 400元的银行承兑汇票向银行申请贴现，贴现率为6%，贴现实收金额为23 107.62元。

11. 22日，总务部门报销购置办公用品费用600元（前借800元），余款退回。

12. 23日，购入生产经营用甲材料100公斤，增值税专用发票上列示的货款为18 000元，税额3 060元，用银行存款支付；购入一般消耗性办公材料200公斤，增值税专用发票上列示的货款为16 000元，税额2 720元，款已授权支付。材料均已验收入库。

13. 30日，仓库传来"发出材料汇总表"，列示：生产领用甲材料80公斤（该材料期初结存50公斤，账面成本10 600元）；办公领用一般消耗性材料60公斤（该材料期初结存10公斤，账面成本1 000元）。该单位采用加权平均法对发出材料进行核算。该单位本月购进甲材料和一般消耗性办公材料一次，见本练习第12小题。

14. 30日，购入自用丙材料500公斤，单价20元，税额1 700元，款已授权支付，材料验收入库。

15. 30日，月末盘点，发现库存现金多余2元，属于应付给有关人员的部分；生产用甲材料盘盈50元，办公用材料盘亏48元，盘亏部分先转入待处置资产，后经批准核销。

练 习 二

（一）目的：练习事业单位非流动资产的核算。
（二）要求：根据某事业单位发生的下列经济业务，编制会计分录。

1. 2日，以专用设备一台向联营单位进行一项长期投资，设备账面原价为80 000元，双方协商价为60 000元。

2. 3日，以前年度购买的国库券到期，购入成本为700 000元，兑付收进款项721 000元，款项存入银行。

3. 5日，为生产经营购入专利技术一项，价款总计400 000元，以银行存款支付。

4. 7日，开出财政授权支付凭证，购入办公用空调器一台，价款8 000元。已验收交付使用。

5. 8日，以融资租赁方式租入经营用设备一台，双方协商设备的租金为150 000元，分三年付清，每年付1/3。租入设备时发生的运输费、安装费为1 300元。当年的租赁费及租入时发生的费用以银行存款支付。

6. 10日，经批准报废小汽车一辆，账面原价230 000元，已计提折旧226 000元，残值变价收入为5 000元。

7. 15日，购入10台需要安装的专业检测设备，设备价款400 000元，款项通过财政直接支付方式支付。

8. 15日，原造价为2万元的简易教室改建完成，新发生的支出如下：材料费50 000元，工资20 000元，水电费6 000元。以上费用通过直接支付方式支付。

9. 16日，开出财政授权支付凭证，购入教学用微机3台，价款34 000元，增值税5 780元。

10. 22日，A课题研究完成，在研究过程前期发生的支出共计23 200元，已在发生时列入了当期事业支出。申请专利时，支付专利注册费、律师费3 000元，专利已获准，通过零余额账户支付。

11. 24日，自行建造的办公楼项目修建完成，造价2 000 000元，验收合格。

12. 30日，计提上述A课题研究无形资产摊销50元。

13. 30日，将专利（B课题）所有权无偿调拨给其他单位，该无形资产账面价值10 000元，已计提摊销5 000元，调出时无相关税费发生。

14. 30日，计提本月固定资产折旧10 000元。

事业单位负债的核算练习题

一、填空题

1. _____是指事业单位借入的期限在1年内（含1年）的各种借款。
2. _____是指事业单位对外发生债务时，由付款人或收款人开出、由承兑人承兑的商业汇票。
3. 应付账款是指因_____等而发生的债务。
4. 预收账款是指事业单位按照合同规定_____的款项。
5. 增值税是对在我国境内_____以及进口货物的单位和个人征收的一种流转税。

二、选择题

1. 应付职工薪酬是事业单位按有关规定应付给职工及为职工支付的各种薪酬，包括_____等。

    A. 基本工资、绩效工资

    B. 国家统一规定的津贴补贴

    C. 社会保险费、住房公积金

2. 下列不通过应缴税费核算的是_____。

    A. 印花税　　　　　　B. 企业所得税　　　　　　C. 代扣代缴的个人所得税

3. 事业单位按规定计算出应交的房产税时，记_____。

    A. 借：销售税金
       贷：应缴税费——应缴房产税

    B. 借：结余分配
       贷：应缴税费——应缴房产税

    C. 借：事业支出（经营支出）
       贷：应缴税费——应缴房产税

三、判断并改错

1. 事业单位借款的利息，应根据借款的用途区别处理。借款用于非经营性业务的，其利息支出列"经营支出"账户；借款用于产品生产或商品经营等经营性业务的，其利息支出列"事业支出"账户。（   ）

2. 在商业汇票结算方式下，"应收票据"和"应付票据"反映的是一个事件的两个方面，其中，债权单位使用"应付票据"账户，债务单位使用"应收票据"账户。（   ）

3. 应付票据和应付账款虽然都是由交易而引起的负债，但两者对债务方的约束力有所不同，应付票据的约束力强于应付账款。（   ）

4. 其他应付款是指事业单位除应缴税费、应缴国库款、应缴财政专户款、应付职工薪酬、应付票据、应付账款、预收账款之外的其他各项偿还期限在1年内（含1年）的应付及暂收款项，如存入保证金等。（   ）

5. 事业单位应缴的各项税费都通过"应缴税费"科目核算。（   ）

6. 应缴国库款是指事业单位在业务活动中按规定取得的应缴入国库的预算款项（应缴税费除外）。应缴国库款的内容主要包括纳入预算管理的政府性基金、行政事业性收费、没收财物变价款、无主财物变价款、赃物或赃物变价款、其他按预算管理规定应上缴预算的款项。（   ）

7. 应缴财政专户款是指事业单位按规定收取的应上缴财政专户的各种款项。事业单位代行政府职能，依国家法律、法规而收取、提取和安排使用的各项资金，按规定应纳入财政专户管理。（   ）

8. 长期应付款是指事业单位发生的偿还期限超过1年（不含1年）的应付款项，如以融资租赁租入固定资产的租赁费、跨年度分期付款购入固定资产的价款等。（   ）

9. 长期借款是指事业单位借入的偿还期限超过1年（不含1年）的各种借款。（   ）

四、业务核算题

（一）目的：练习事业单位短期借款、应付及预收账款等的核算。

（二）要求：根据下列经济业务，编制会计分录。

1. 2日，向银行借入短期经营用款600 000元，期限20天，利率3.6%。

2. 5日，购入生产用材料100 000元，进项税额17 000元，款未付，材料已验收入库。

3. 8日，接受加工订单一份，按合同规定预收款项33 000元，款项存入银行。

4. 14日，购入无须安装生产设备一台，价款总计为240 000元，分两次付款，第一次付200 000元，以银行存款支付，设备已验收交付使用。

5. 15日，上述订单加工按期完成，货物发出，实际款项总额（含税）66 000元，该货物的增值税率为17%，差额未收。10天后收到对方单位签发的转账支票补付差额。

6. 19日，计算本月应付职工薪酬，应付工资168 000元，应付地方（或部门）津贴补贴98 000元，应付其他个人收入12 000元，应付社会保险费58 800元（个人承担部分），应付住房公积金26 600元（个人承担部分）。

7. 21日，非独立核算的招待所购入被服用品一批，其中床单20条，每条20元，被套20床，每床30元，棉絮20床，每床40元，共1 800元，款未付。

8. 22日，向银行归还短期经营借款，本息共计601 200元。

9. 25日，以银行存款支付上述招待所被服款1 800元。

10. 26日，向江西百花商场购入非经营用材料一批，计价20 000元，增值税3 400元，支付包装物押金500元，共计23 900元，款项通过财政直接支付方式支付。

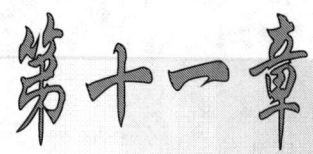

事业单位收入的核算练习题

一、填空题

1. 事业收入是事业单位通过开展_____取得的收入。
2. 事业单位从政府部门或上级单位取得的能够增加资产或减少负债的资金流入叫_____，主要包括财政补助收入和_____。
3. 事业单位的收入有：事业收入、_____、_____、_____、_____、其他收入等。
4. 附属单位上缴收入是指事业单位附属的_____单位按规定标准或比例缴纳的各项收入。
5. 经营收入是事业单位在专业业务活动及辅助活动之外开展_____取得的收入。

二、判断并改错

1. 事业单位在取得收入时要依法纳税。（   ）
2. 为加强预算资金的管理，使资金的使用做到有计划性，各会计单位应编制季度分月用款计划，报财政部门审批，经批准的季度分月用款计划，就是各单位请领经费的依据，不能随意变动。（   ）
3. 事业单位在使用财政补助收入时，应按计划控制用款，不得随意改变资金用途。（   ）
4. 经营收入和附属单位上缴收入都是事业单位附属的经营单位组织的收入，其区别在于"经营收入"是非独立核算的经营单位取得的毛收入，而"附属单位缴款"是独立核算的经营单位上缴的纯收入。（   ）
5. 其他收入主要包括投资收益、固定资产出租收入、外单位捐赠未限定用途的财物、其他单位对本单位的补助以及其他零星杂项收入等。（   ）

三、业务核算题

（一）目的：练习事业单位各项收入的核算。

（二）要求：根据某研究所发生的下列经济业务编制会计分录。

1. 1日，收到财政部门下达的本月份用款额度600 000元。

2. 8日，将账面余额200 000元的一项专利技术转让，该无形资产已计提累计摊销40 000元，取得收入180 000元，款已收讫，增值税税率6%。

3. 11日，研究所附属的独立核算的科技培训中心上交承包费80 000元。

4. 22日，设备出租，取得租金收入4 800元，增值税税率17%。

5. 24日，将面额为100 000元，账面价值为112 000元的长期债券在二级市场上转让，转让价为124 000元，扣除有关税费计380元，净收入123 620元。

第十二章

事业单位支出的核算练习题

一、填空题

1. 事业单位的支出是事业单位（事业单位）开展业务活动，完成事业计划，发生各种资金耗费和损失包括_____、_____、对附属单位补助支出、上缴上级支出和_____等。
2. 事业单位开展各项专业业务活动及其辅助活动发生的支出称为_____。
3. 核算事业单位附属的独立核算从事经营活动的单位按规定的标准或比例上缴上级单位的款项，应设置_____账户。

二、判断并改错

1. 经营支出是事业单位在专业业务活动及辅助活动之外开展独立核算经营活动发生的支出。（　　）
2. 发放给个人的工资、津贴、补贴和抚恤救济费等，应根据实有人数和实发金额，取得本人签收的凭证后列报支出。（　　）
3. 购入办公用品可直接列报支出。（　　）
4. 社会保障费、职工福利费和管理部门支付的工会经费，按规定标准和实有人数每月计算提取，直接列报支出。（　　）
5. 有经营活动的事业单位应正确划分事业支出和经营支出的界限。对于能分清的支出，要合理归集；对不能分清的支出，应按一定标准进行分配，不得将应列入经营支出的项目列入事业支出，也不得将应列入事业支出的项目列入经营支出。（　　）
6. "经营支出"账户的年终借方余额全数转入经营结余，以便准确计算各项结余。（　　）
7. "对附属单位补助支出"与"上级补助收入"、"附属单位上缴收入"与"上缴上级支出"，这是两对有联系的账户，在发生补助和上缴款项业务时，分别由上下级单位使用。（　　）

三、业务核算题

练 习 一

（一）目的：练习事业单位事业支出的核算。

（二）要求：根据下列经济业务编制会计分录。

1. 1日，收到财政部门批准的用款额度320 000元。

2. 7日，发放本月工资，"工资汇总表"中有关资料如下：应付基本工资80 000元，津贴16 000元，奖金6 000元，退休人员工资8 800元，住房公积金5 160元应付工资总计115 960元。款项由财政直接支付。

3. 11日，购置专用设备，买价140 000元，增值税23 800元，运输费300元，安装费2 000元，设备验收后投入使用。款项由财政直接支付。

4. 13日，业务部门向仓库领用耗材2 400元。

5. 15日，职工报销业务培训费1 000元，以现金付讫。

6. 16日，开出财政授权支付凭证，支付电话费2 800元，水费2 400元。

7. 18日，开出财政授权支付凭证，支付办公楼修理费3 000元。

8. 23日，开出财政授权支付凭证，支付专业设备修理费12 000元。

9. 24日，王红报销差旅费680元，以现金支付。

10. 25日，开出财政授权支付凭证，支付物业管理费12 000元。

11. 27日，开出财政授权支付凭证，支付车辆市内路桥费7 000元。

练 习 二

（一）目的：练习事业单位经营支出、拨出专款、对附属单位补助等的核算。

（二）要求：根据某事业单位（增值税一般纳税人），20××年×月份发生的经济业务编制会计分录。

1. 6日，对外开展非独立核算的有偿服务活动，取得收入34 000元。

2. 7日，非独立核算的生产车间（实行内部成本核算）对外销售产品200件单位售价500元（不含税），单位成本350元，增值税税率17%。

3. 9日，非独立核算的车间对生产设备进行技术改造（不符合资本化条件），费用80 000元，由财政从财政专户中直接支付。

4. 19日，为开展有偿服务，租用外单位场地，用银行存款支付租金2 000元。

第十三章

事业单位净资产的核算练习题

一、填空题

1. 净资产是资产减去负债的差额。事业单位的净资产包括事业基金、_____、专用基金、财政补助结转、_____、非财政补助结转、_____、_____、和非财政补助结余分配等。

2. 专用基金是事业单位按规定提取、设置的有专门用途的资金。主要包括_____和_____等。

3. 事业单位结余分配的要求主要有两点：一是正确计算结余，二是_____。

二、选择题

1. _____是指事业单位拥有的非限定用途的净资产。
   A. 事业基金　　　　　　B. 事业结余　　　　　　C. 非流动资产基金

2. 修购基金按_____的一定比例提取。
   A. 事业收入　　　　　　B. 经营收入　　　　　　C. 事业收入和经营收入

3. 结余分配的对象是_____。
   A. 事业结余和财政补助结余
   B. 经营结余和财政补助结余
   C. 事业结余和经营结余

4. 为核算事业收支的结果，应设置的账户是_____。
   A. 事业结余　　　　　　B. 经营结余　　　　　　C. 非财政补助结余分配

5. 为核算经营收支的结果，应设置的账户是_____。
   A. 事业结余　　　　　　B. 经营结余　　　　　　C. 非财政补助结余分配

6. 核算专用基金增减变动设置的账户是_____。
   A. 专用基金　　　　　　B. 专用基金收入和专用基金支出
   C. 专用基金收入

三、判断并改错

1. 期末"事业结余"账户的余额全额转入"非财政补助结余分配"账户。（　）
2. 期末"经营结余"账户的余额全额转入"非财政补助结余分配"账户。（　）
3. 单位年终结账后发生的以前年度会计事项的调整或变更，涉及以前年度非财政补助结余的，凡国家有规定的，从其规定；没有规定的，应直接通过"事业基金"账户进行核算，并在会计报表上加以说明。（　）
4. 作为计算职工福利基金基础的结余是指转入"非财政补助结余分配"账户的数额扣除"应交所得税"（有所得税缴纳业务的单位）后的数额（　）
5. 事业单位的福利资金来源有两个渠道：一是按编制人数定额提取的国家工作人员福利费，用于单位职工基本福利支出；二是从结余中提取的福利基金，主要满足不同单位的特殊福利支出。（　）
6. 年终转入"事业结余"账户贷方的收入有：财政补助收入、上级补助收入、事业收入、附属单位上缴收入、其他收入；转入其借方的支出有：事业支出、上缴上级支出、对附属单位补助支出、其他支出、销售税金。（　）
7. 年终转入"经营结余"账户贷方的收入有：经营收入；转入其借方的支出有：经营支出。（　）

四、业务练习题

练 习 一

（一）目的：练习事业单位基金的核算。
（二）要求：根据下列经济业务编制会计分录。

1. 以账面余额 130 000 元的设备对外投资，该设备已提折旧 2 000 元，评估价为 112 000 元。

2. 以账面余额 100 000 元的无形资产对外投资，该无形资产已摊销 4 000 元，评估价 120 000 元。

3. 将账面原价为 4 000 元的一批科技图书无偿捐给某贫困县图书馆。

4. 原价为 40 000 元的一台设备，经批准有偿调出，收到变价款 22 000 元，发生清理费 1 400 元，以财政专户资金授权支付。

5. 年末，按规定标准提取职工福利费 900 元。

6. 开出财政授权支付凭证，购买节日物资 10 000 元用于职工福利，验收后发放。

练 习 二

（一）目的：练习事业单位结余的核算。

（二）要求：

1. 根据表 1-13-1 所列资料，编制年终转账的会计分录。

2. 将结余进行分配，经营结余按规定应缴纳所得税（25%），职工福利基金按 40% 提取。（假定项目全部完成）

表 1-13-1

科目名称	发生额	科目名称	发生额
事业支出（财政补助支出）	300 000.00	财政补助收入	220 000.00
事业支出（非财政补助支出）（专项支出）	200 000.00	事业收入（专项收入）	400 000.00
事业支出（非财政补助支出）（非专项支出）	78 000.00	事业收入（非专项收入）	520 000.00
经营支出	600 000.00	附属单位上缴收入（专项收入）	60 000.00
		附属单位上缴收入（非专项收入）	40 000.00
		经营收入	800 000.00
		其他收入（专项收入）	20 000.00
		其他收入（非专项收入）	40 000.00
合计	1 178 000.00	合计	2 100 000.00

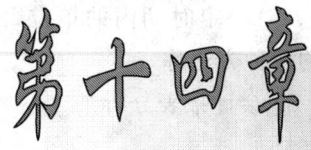

事业单位会计报表练习题

一、填空题

1. 事业单位的财务会计报告是反映事业单位某一特定日期的_____和某一会计期间的_____、_____等会计信息的文件。
2. 财务报表由_____及其_____构成。
3. 按报表反映的内容分，可分为_____、_____和附注等。
4. 收入支出表，是综合反映事业单位在一定期间的_____及_____情况的报表。
5. 资产负债表按照_____的平衡公式设置，左方为_____，右方为_____和_____，左右两方总计数相等。
6. 财务分析的指标包括_____、人员支出与公用支出分别占事业支出的比率、人均基本支出、_____等。

二、选择题

1. 衡量事业单位收入和支出总预算及分项预算完成的程度是指标是_____。
   A. 预算收入和支出完成率
   B. 人员支出、公用支出占事业支出的比率
   C. 资产负债率
2. 是衡量事业单位事业支出结构的指标是_____。
   A. 预算收入和支出完成率
   B. 人员支出、公用支出占事业支出的比率
   C. 资产负债率
3. _____主要是审核会计报表中反映的数字是否正确，表内有关项目是否完整，有无漏报和错报的情况，会计报表的报送是否及时等。
   A. 政策性审核　　　　　B. 技术性审核　　　　　C. 其他审核

4. 运用事业计划、会计报表、统计数据和其他有关资料，对一定时期内的单位财务活动进程进行比较、分析和研究，并进行总结，作出正确评价的一种方法称_____。

A. 事业计划分析　　　　B. 比较分析法　　　　C. 会计报表分析

三、判断并改错

1. 各级会计单位在汇总会计报表时，应将所属单位，包括本年新划进的单位的会计报表，全部汇编在内；对本年度划出的单位会计报表，不予汇总。汇总会计报表的种类、格式、内容与基层会计报表相同。（　　）

2. 主管会计单位和二级会计单位在编汇总会计报表时，应将本级报表上的"对附属单位补助支出"、"附属单位上缴收入"等科目的数字，与所属单位报表上的"财政补助收入"、"上级补助收入"、"上缴上级支出"科目的数字进行核对，它们期末余额方向相反，数字应相互抵销，以免重计算。其他科目的数字，应将本级报表和所属单位会计报表上的数字相加填列。（　　）

3. 通过资产负债表，可以判断事业单位的业务经营成果，评价业绩，预测未来事业发展趋向。（　　）

4. 通过收入支出表的分析，可以掌握事业单位的经济资源及这些资源的分布和结构，了解事业单位的资产情况和负债状况；了解事业单位的财务实力、短期偿债能力和支付能力。（　　）

四、业务核算题

（一）目的：练习年终转账的账务处理和资产负债表的编制。

（二）资料：某事业单位20××年12月31日各账户期末余额见表1-14-1。

表1-14-1　　　　　　　　　　科　目　余　额　表

制表单位：××单位　　　　　20××年12月31日　　　　　　　　单位：元

科目名称	金额	科目名称	金额
库存现金	2 000.00	应付账款	20 000.00
银行存款	222 300.00	应付票据	40 000.00
应收票据	11 700.00	非流动资产基金	8 200 000.00
应收账款	30 000.00	专用基金	380 000.00
预付账款	60 000.00	事业基金	350 000.00
其他应收款	2 000.00		
存货	162 000.00		
短期投资	300 000.00		
固定资产	8 200 000.00		
资产合计	8 990 000.00	负债和净资产合计	8 990 000.00

续表

科目名称	金额	科目名称	金额
事业支出（财政补助支出）	1 800 000.00	财政补助收入	2 000 000.00
事业支出（非财政补助支出）（专项支出）	1 600 000.00	事业收入（专项收入）	2 000 000.00
事业支出（非财政补助支出）（非专项支出）	800 000.00	事业收入（非专项收入）	2 000 000.00
上缴上级支出	645 000.00	上级补助收入（专项收入）	276 000.00
对附属单位补助支出	23 000.00	附属单位上缴收入（专项收入）	60 000.00
经营支出	90 300.00	附属单位上缴收入（非专项收入）	40 000.00
		经营收入	140 000.00
		其他收入（专项收入）	30 000.00
		其他收入（非专项收入）	15 000.00
支出合计	4 958 300.00	收入合计	6 561 000.00

补充资料：

（1）经营结余应纳所得税的税率为25%。

（2）职工福利基金的计提比例为40%。

（3）专项工程完工，收支结余留归本单位使用。

（三）要求：

1. 编制年终转账的会计分录，并结转结余。

2. 编制年末资产负债表。

3. 编制年度收入支出表。

第十五章

民间非营利组织资产和负债的核算练习题

一、填空题

1. 民间非营利组织的资产按其流动性分为流动资产、长期投资、_____、_____、_____等。
2. 其他货币资金指的是民间非营利组织的_____、银行汇票存款、银行本票存款、_____、信用证保证金存款和存出投资款（或者存入其他金融机构）等各种其他货币资金。
3. 存货是民间非营利组织在日常业务活动中持有以备_____的，或者为了出售或捐赠仍处在生产过程中的，或者_____的材料、物资、_____等，包括材料、库存商品、委托加工材料，以及达不到固定资产标准的工具、器具等。
4. 民间非营利组织接受捐赠的存货，如果捐赠方提供了有关凭证（如发票、报关单、有关协议等），应当以_____金额作为受赠资产的成本；如果凭证上标明的价值与公允价值相差较大，应该以_____为准。
5. 其他应收款是指除应收票据、应收账款以外的其他各项应收、暂付款项，包括_____、应收利息、应向职工收取的各种垫付款项、_____、应收保险公司赔款等。
6. 民间非营利组织应按开户银行和其他金融机构、存款种类等，分别设置"银行存款日记账"，由_____根据收付款凭证，按照业务发生顺序逐笔登记，每日终了应结出余额。
7. "银行存款日记账"应定期与"银行对账单"核对，至少每月核对一次。如有差额，应查明原因，并按月编制_____调节相符。
8. 贴现的商业承兑汇票到期，若承兑人的银行存款余额不足支付票款，贴现银行要向_____收回票款。

9. 民间非营利组织在持有被投资单位的长期股权投资期间，按照是否对被投资单位具有控制、共同控制或重大影响等标准，分别采用_____或者_____进行损益核算。

10. _____是指用于展览、教育或研究等目的的历史文物、艺术品以及其他具有文化或者历史价值并作长期或者永久保存的典藏等。

二、判断并改错

1. 持未到期的应收票据向银行贴现，应当根据银行盖章退回的贴现凭证第四联"收账通知"，按实际收到的金额（即减去贴现息后的净额），借记"银行存款"账户，按照应收票据的账面余额，贷记"应收票据"账户，按照差额，借（或贷）记"筹资费用"账户。
（　　）

2. 贴现的商业承兑汇票到期，若承兑人的银行存款余额不足支付票款，贴现银行要向贴现申请人收回票款。贴现申请人收到贴现银行退回的应收票据、支款通知和拒绝付款理由书或付款人未付票款通知书时，应将应收票据票面金额支付给贴现银行。（　　）

3. 存货是民间非营利组织在日常业务活动中持有以备出售，或者为了出售仍处在生产过程中的，或者将在生产、提供服务或日常管理过程中耗用的材料、物资、商品等，包括材料、库存商品、委托加工材料，以及达不到固定资产标准的工具、器具等。（　　）

4. 外购存货，一般按实际支付的采购价格、相关税费、运输费、装卸费、保险费以及其他可直接归属于存货采购的费用确定其成本。（　　）

5. 接受捐赠的存货，如果捐赠方提供了有关凭证（如发票、报关单、有关协议等），应当以凭证上标明的金额作为受赠资产的成本；如果凭证上标明的价值与公允价值相差较大，应该以公允价值为准。（　　）

6. 接受捐赠的存货，如果捐赠方没有提供有关凭证，又确实无法确定其公允价值的，非营利组织可以不计量该资产的价值，但需要在会计报表附注中披露，同时，设置辅助账簿登记该资产的名称、数量、来源和用途等。在以后会计期间，如果该项资产的公允价值能够可靠计量，应在能够可靠计量的会计期间予以确认，并以公允价值计量。（　　）

7. 民间非营利组织对被投资单位具有控制、共同控制或重大影响时，长期股权投资应当采用成本法进行核算。（　　）

8. 处置长期股权投资主要是指将持有的股票转让。（　　）

9. 长期债券投资持有期间的收益主要来源于债券利息。（　　）

10. 民间非营利组织一般应当按月对固定资产提取折旧。当月增加的固定资产，当月不提折旧，从下月起计提折旧；当月减少的固定资产，当月照提折旧，从下月起不提折旧。
（　　）

11. 固定资产提足折旧后，无论能否继续使用，均不再提取折旧；提前报废的固定资产，也不再补提折旧。所谓提足折旧，是指已经提足该固定资产应当提取的折旧总额，其中应当提取的折旧总额为固定资产原价。（　　）

12. 民间非营利组织的业务活动中有一类特殊的业务，即受托代理业务。在受托代理过程中，民间非营利组织本身只起到中介作用，只是帮助捐赠人将款项或其他资产转赠给其他单位或个人，无权改变受托代理资产的用途或者变更受益人，对受托资产没有控制权，也不

是受托代理资产的最终受益人，只是代受益人保管这些资产。（ ）

13. 民间非营利组织接受了附条件的捐赠或政府补助后，因无法满足捐赠所附条件或政府补助所附条件，存在必须将全部或部分捐赠（或补助）资产退还给捐赠人（或政府）的现时义务时，按照需要偿还的金额，借记"管理费用"账户，贷记"其他应付款"账户。
（ ）

14. 预计负债是指民间非营利组织对因或有事项所产生的现时义务而确认的负债。比较常见的或有事项主要有对外提供担保、商业承兑票据贴现、未决诉讼、未决仲裁等。
（ ）

15. 民间非营利组织从事受托代理业务，在确认一项受托代理资产时，应当同时确认一项受托代理负债。（ ）

三、业务核算题

（一）目的：练习民间非营利组织资产和负债的核算。

（二）要求：根据下列经济业务编制会计分录。

1. 华夏基金会收到单位会员华丰集团交来12月份会费20 000元，开出收款收据。

2. 华夏基金会收到王凡、李雪、张旭、赵爽等个人会员交来会费（现金）共计8 000元，开出收据，并填现金交款单将现金送存银行。

3. 华夏基金会收到李明先生的捐款（财政授权支付凭证）500 000元，用于红安县红苗小学建设，按协议规定开给捐赠票据。

4. 华夏基金会收到新世纪公司捐赠的60台电脑（附购货发票），货款为180 000元。

5. 华夏基金会收到黎康公司捐赠的办公用品一批（附购货发票），货款为25 700元。

6. 华夏基金会将黎康公司捐赠的办公用品进行义卖，万达公司购买了5 690元产品，收进财政授权支付凭证，填进账单交开户银行收款。款已收妥。

7. 华夏基金会将黎康公司捐赠的办公用品进行义卖，刘飞、丁莉、周慧分别购买了打印机、墨盒，收进现金764元，当即填现金缴款单送存银行。

8. 华夏基金会收到饶辉先生个人捐款现金10 000元，当即填现金缴款单送存银行。

9. 华夏基金会购进办公设备一台，价值20 000元，开出财政授权支付凭证付款。

10. 华夏基金会采用平均年限法计提当月固定资产折旧，金额为3 000元。

11. 方达集团委托华夏基金会将价值为500 000元的食品、帐篷等救灾物资捐给灾区，华夏基金会已收到救灾物资。

第十六章

民间非营利组织收入、费用和净资产的核算练习题

一、填空题

1. _____ 是指民间非营利组织开展业务活动取得的、导致本期净资产增加的经济利益或者服务潜力的流入。

2. 根据收入来源的不同，民间非营利组织的收入可分为捐赠收入、会费收入、_____、_____、_____、投资收益和其他收入等。

3. _____ 是销货方为了促进销售而给购货方提供的一种价格上的优惠，即按照商品标明的价格扣除一定的数额后销售。

4. _____ 是指在采用赊销方式销售商品时，为了鼓励购货方在一定期限内尽早偿付货款，而规定一个短于规定期限的折扣，是销货方发生的理财费用。

5. _____ 是销货方出售给购货方的商品存在质量、规格等问题，销货方给与购货方的价格折让。

6. _____ 是民间非营利组织为开展业务活动所发生的、导致本期净资产减少的经济利益或服务潜能的流出。

7. 按照费用的 _____ 的不同，民间非营利组织的费用可分为业务活动成本、管理费用、筹资费用和其他费用。

8. 民间非营利组织的 _____ 有商品销售活动、对外捐赠活动、服务活动、研究活动以及教育活动等。

9. 核算民间非营利组织开展业务活动或提供服务所发生的费用，应设置 _____ 账户。

二、判断并改错

1. 如果民间非营利组织在捐赠活动中只是起中介作用，即只是接受委托方（捐赠人）

的委托将资产转给指定的组织或个人,或按规定将资产转交给指定的其他组织或个人,并未获得捐赠也未做出捐赠,那么此时的捐赠属于受托代理捐赠,按受托代理业务处理,不能确认为捐赠收入。( )

2. 受托代理、捐赠承诺与劳务捐赠不确认为捐赠收入。( )

3. 商业折扣不体现在最终的售价中,或者说购货发票价格与实际价格是一致的,所以会计核算不必进行反映。( )

4. 销售退回是售出的商品存在质量、品种不符合要求等原因而发生的退货。销售退回应当区分具体情况分别处理:未确认收入的已发出商品的退回,不需要进行会计处理;已确认收入的销售商品退回,一般情况下直接冲减退回当月的商品销售收入、商品销售成本等。
( )

5. 捐赠项目成本核算对外捐出的款项和物资等的实际成本。( )

6. 会员服务成本是获取会费收入所发生的成本,通常核算那些直接向会员提供服务的员工工资及福利费,免费提供给会员的商品的实际成本,免费向会员提供咨询、培训等服务活动的实际成本以及免费向会员提供的杂志成本等。此外,还应包括分摊给会员服务成本项目负担的共同费用。( )

7. 专项补助成本核算民间非营利组织为取得政府专项资金补助所发生的全部费用。
( )

8. 筹资费用是民间非营利组织为筹集业务活动所需资金而发生的费用,包括:为获得捐赠资产而发生的费用;借款费用;汇兑损失等。( )

9. 民间非营利组织的净资产代表的是资源提供者享有要求权的资产。( )

10. 民间非营利组织的资源提供者不享有组织的所有权,也不从组织取得回报,因而不存在所有者权益和对所有者的分配问题。( )

11. 资产或资产所产生的经济利益(如资产的投资收益和利息等)的使用受到资产提供者或国家有关法律、行政法规所设置的时间限制或用途限制,由此形成的净资产为限定性净资产。( )

三、业务核算题

练 习 一

(一)目的:练习民间非营利组织收入、费用和净资产的核算。
(二)要求:根据××基金会发生的下列经济业务编制会计分录。

1. 收到单位会员长城烟草集团交来12月份会费30 000元。

2. 收到个人会员会费800元。

3. 收到个人会员会费600元。

4. 收到鹏达公司捐款800 000元,用于陕西贫困地区"希望小学"建设。

5. 将鹏达公司捐款 800 000 元捐给赵庄希望小学。

6. 收到科技大学捐赠的图书,用于贫困地区小学图书室建设,其提供的发票显示该批图书的价值为 24 600 元,验收入库。

7. 收到社会个人捐赠 1 000 元,送存银行。

8. 向赵庄希望小学捐赠图书 1 200 册,价值 10 053 元。

9. 向华云希望小学捐赠图书 1 500 册,价值 10 541 元。

10. 收到斐雯捐款 5 000 元,送存银行。

11. 收到银行转来水务局开出的特约委托收款凭证和水费收据,付水费 674 元。

12. 开展环境保护宣传活动,支付午餐费 310 元。

13. 报销募款宣传费 500 元,提现支付。

14. 收到银行转来供电公司开出的特约委托收款凭证和电费收据,支付电费 1 348 元。

15. 基金会将受赠的电脑 30 台捐赠给广西壮族自治区百色市田阳县巴别乡中心学校,电脑成本 90 000 元,发生运费等 360 元,货物已如期安全到达。

16. 基金会开展业务活动发费用 500 元,提现支付。

17. 经仔细考核,基金会决定用社会捐款对高波等一批品学兼优的学生发放奖学金,共计 150 000 元,同时为举行颁奖仪式发生宣传费 700 元,提现支付。

18. 向贫困大学生捐款 160 000 元,提现支付。

19. 支付募款宣传资料印刷费 1 200 元,资料验收入库。

20. 为募款领用宣传资料 1 000 份,成本 600 元,发生餐费 100.00 元,提现支付。

练 习 二

(一)目的:练习年终业务的处理。
(二)资料:××基金会×年各收入、费用账户资料见表 1-16-1。

表 1-16-1　　　　　　　　　　　　　　　　　　　　　　　　　　　　　　　　　　　单位：元

项　目	本 年 累 计 数		
	非限定性	限定性	合　计
一、收入			
其中：捐赠收入	1 065 700	500 000	1 565 700
会费收入	368 000		368 000
提供服务收入			
商品销售收入	166 454		166 454
政府补助收入			
投资收益			
其他收入			
收入合计	1 600 154	500 000	2 100 154
二、费用			
（一）业务活动成本	1 301 560		1 301 560
其中：			
（二）管理费用	121 348		121 348
（三）筹资费用	130 700		130 700
（四）其他费用			
费用合计	1 553 608		1 553 608
三、限定性净资产转为非限定性净资产			
四、净资产变动额（若为净资产减少额，以"-"号填列）	46 546	500 000	546 546

（三）要求：核算限定性净资产和非限定性净资产。

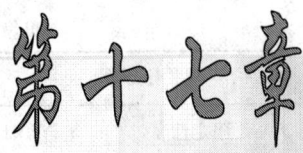

民间非营利组织会计报表练习题

一、填空题

1. _____ 是反映民间非营利组织某一会计期末全部资产、负债和净资产的情况的报表。该表应于每_____报出。
2. "货币资金"项目,反映民间非营利组织期末库存现金、存放银行的各类款项以及其他货币资金的合计数。本项目应当根据_____账户的期末余额合计填列。
3. "应收款项"项目应当根据_____账户的期末余额合计,减去_____账户的期末余额后的金额填列。

二、判断并改错

1. 业务活动表是反映民间非营利组织在某一会计期间内开展业务活动的实际情况的报表,也被称为业绩表,该表按收入减费用等于净余额的原理设计。（ ）
2. 资产负债表反映民间非营利组织资金的来源及使用情况。（ ）
3. 现金流量表的编制基础为现金和现金等价物。现金包括库存现金、可以随时用于支付的银行存款和其他货币资金;现金等价物是指民间非营利组织持有的期限短、流动性较强、易于转换为已知金额现金、价值变动风险很小的投资(除特别指明外,以下所指的现金均包含现金等价物)。（ ）

第十八章

医院会计核算练习题

一、业务核算题

（一）目的：练习公立医院会计的核算。
（二）要求：根据某医院发生的下列经济业务编制会计分录。

1. 根据银行转来的委托收款凭证的付款通知，支付上月水费7 000元。其中，医疗业务5 000元，管理费用2 000元。

2. 开出转账支票一张，使用医院自有资金购买西药一批验收入库，含增值税额的采购价格为5 850元。

3. 医院购买保洁服务需要100 000元。经财政部门审定，财政直接支付保洁公司。

4. 按照部门预算和用款计划，根据财政部门授权支付骨外科专家教学劳务费6 000元。

5. 年末，某公立三甲医院计提的坏账金额。应收医疗款的余额为300万元，其他应收款的余额为400万元，本年核销坏账5万元，收回以前核销的坏账1万元，上年年末应收医疗款和其他应收款的余额均为200万元，该医院计提坏账准备的比例为4%。

6. 使用财政补助招标购买中成药一批价税合计990 000元，验收入库，财政直接支付。

7. 急诊外科领用使用财政补助购入小型医疗器械一批价值6 000元。

8. 假设某医院生产车间甲药品生产工时为56 000小时，乙药品生产工时为32 000小时，本月发生间接费用36 080元。其中6 000元为累计折旧，10 000元为应负担的工资，其余是以银行存款直接支付的间接费,按照生产工时进行分配甲药品、乙药品应负担的间接费用。

9. 某医院生产车间领用某种库存西药试剂 2 106 千克,单价 20 元,成本 42 120 元,生产甲药品 400 件,乙药品 300 件。假设按照消耗定额来进行分配,甲药品消耗定额 1.2 千克,乙药品消耗定额 1.1 千克。分配甲乙药品应负担的试剂成本费用。

10. 医院用财政补助资金购入一台 CT 设备,价税合计 500 000 元。财政直接支付。

11. 计提当月固定资产折旧。其中,使用财政资金购置设备应计提折旧 20 000 元,使用科研项目经费购置设备应计提折旧 3 000 元。其余设备均为自有资金购置,行政管理后勤用固定资产计提折旧 550 000 元,医疗服务用及辅助活动固定资产折旧 600 000 元。经营出租固定资产折旧 8 000 元。

12. 计算摊销本期无形资产价值 8 000 元。

13. 缴纳本月个人所得税 35 600 元、车船使用税 3 350 元、印花税 50 元。

14. 收到外科住院病人王芳预交金 5 000 元。

15. 外科病人王芳在住院诊疗期间,发生床位费 200 元、检查费 3 000 元、护理费 300 元、手术费 5 500 元、西药费 2 000 元。

16. 外科手术室从药房领用纱布 20 元,消毒棉球酒精 10 元,西药 1 000 元。

17. 外科护士室从药房领用消毒棉球酒精 5 元,西药 800 元。

18. 外科住院病人王芳办理出院手续,结算医疗费 11 500 元。其中列入医保 6 000 元,自负 5 500 元,已预交 5 000 元,再补收现金 500 元。

19. 同医疗保险机构结算应收王芳医疗款,××区医疗保险结算中心通过银行支付 6 000元。

20. 门诊内科病人李丽,发生挂号 3 元、诊察 1.5 元、检查费 300 元、化验费 10 元、中草药费 250 元、西药费 500 元、药事服务费 50 元。列入医保 560 元,其余交现金自负。

21. 门诊药房从库房领取中草药 200 元西药 450 元。

22. 门诊药房售出药品一批,其成本价中草药 200 元,西药 450 元。这批零售价草药费

250 元、西药费 500 元。

23. 财政部门拨入的符合国家规定的离退休人员经费 50 000 元，直接划入离退休人员个人账户。

24. 医院为支持重点学科微创手术外科发展用财政补助资金购入微创手术设备一台 600 000 元，使用期限为 10 年。财政直接支付。

25. 收到医科研究院联合神经外科诊疗项目科研经费 50 000 元，存入银行。

26. 收到某医学院学生实习经费 100 000 元，存入银行。

27. 收到门面租金收入现金 200 元。

28. 假设本财政补助统发医院在编人员 60% 的薪酬。其中医疗业务部门 450 000 元，药品部门 300 000 元，行政后勤管理部门 150 000 元。财政直接支付到职工账户。

29. 分配应付职工薪酬。医院自筹行政后勤管理部门合同制职工工资 100 000 元。自筹在编人员 40% 的工资薪酬 700 000 元，其中：医疗业务部门 300 000 元，药品部门 200 000 元，行政后勤管理部门 100 000 元。

30. 本月实发工资 49 580 元。同时代扣代缴合同制职工基本养老保险费 8 000 元，全体职工医疗保险费 32 000 元，失业保险费 3 200 元，住房公积金 160 000 元，个人所得税 1 000 元。

31. 医院根据所在城市规定按照职工工资总额的 2.5% 提取福利费。职工工资总额统计：医疗业务部门 750 000 元，药品部门 500 000 元，行政后勤管理部门 350 000 元。

32. 计算确定应由医院负担社会保险费、住房公积金。单位承担部分的缴费比例合同制职工养老保险 20%，全体职工医疗保险 10%，工伤保险 1%、失业保险 1%、生育保险 0.8%，住房公积金 10%。职工工资总额：医疗业务部门 750 000 元，药品部门 500 000 元，行政后勤管理部门在编职工 250 000 元，行政后勤管理部门合同制职工工资 100 000 元。

33. 申报缴纳社会保险、住房公积金。基本养老保险 28 000 元，医疗保险 192 000 元，工伤保险 16 000 元，失业保险 19 200 元，生育保险 12 800 元，住房公积金 320 000 元。（假定全为本医院银行支付）

34. 开出支票支付内科医生护护士培训费 3 000 元。

35. 按预算和用款计划收到代理银行盖章的"授权支付到账通知书"月授权额度为 1 400元，设备购置项目支出 1 400 元。

36. 以财政项目补助款为皮肤科购置红外理疗仪一台，价值 1 200 元。财政授权支付方式下，使用零余额账户用款额度支付。

37. 医院使用科教资金购入某医学院学生实习教学用卫生材料一批含税价 800 元，运费 20 元办理入库手续。开出支票付款。

38. 开出支票支付物业管理费 60 000 元，经计算分配：内科 20 000 元，外科 30 000 元，行政后勤管理部门 10 000 元。

39. 按照有关规定提取医疗风险基金 80 000 元。

40. 开出支票购买医疗风险保险 40 000 元。

41. 发生的医疗事故，认定赔偿金 10 000 元，保险公司支付医疗风险保险 6 000 元。医院实际支付医疗事故赔偿金现金 4 000 元。

42. 按照有关规定提取职工福利基金 7 000 元。

43. 期末，将本期财政项目补助收入 3 090 000 元结转入财政补助结转（余）。

44. 期末，将本期财政项目补助支出 3 091 200 元结转入财政补助结转（余）。

45. 期末，结转本期科教项目收入的本期发生额结转入科教项目结转（余）。

46. 期末，结转本期科教项目支出的本期发生额结转入科教项目结转（余）。

47. 期末，应将除财政项目补助收支、科教项目收支以外的其他各收入类科目的本期发生额结转入本期结余。

48. 期末，应将除财政项目补助收支、科教项目收支以外的其他各费用类科目的本期发生额结转入本期结余。

下 篇
实 训

第一部分

行政单位会计实训

第一节　行政单位会计业务分类实例

一、收入业务实例

收入是行政单位依法取得的非偿还性资金,包括财政拨款收入和其他收入。

(一) 业务简介

行政单位的收入业务,根据会计制度及有关的规定,主要有两种:

1. 财政拨款收入

这是行政单位完成公务活动的主要资金来源,由财政拨款供应。行政单位要取得这部分款项,应按部门预算编制的要求认真编制本单位年度预算(年度用款计划),报财政部门审批;年度预算批准后,由各用款单位在批准的预算范围内,根据财政性资金拨付管理规定,结合本单位的实际工作需要,按月向财政部门报送财政性资金分月用款计划(预算内)。分月用款计划是财政部门办理财政性资金支付的依据,没有编报财政性资金分月用款计划的单位和项目,原则上不供应资金。分月用款计划应列明当月用款的项目及各项目对应的资金来源(预算资金或其他资金)、支付方式(直接支付或授权支付)等。

批准的分月用款计划数,财政以直接支付和授权支付两种方式供应。行政单位收到财政部门以直接支付方式拨入的资金时,借记"经费支出"科目,贷记"财政拨款收入"科目;收到财政下达的授权支付额度时,借记"零余额账户用款额度"科目,贷记"财政拨款收入"科目。年终,将财政拨款收入全年贷方累计发生额转入"财政拨款结转"账户,借记"财政拨款收入"科目,贷记"财政拨款结转"科目。

2. 其他收入

其他收入指行政单位取得的除财政拨款收入以外的其他各项收入,如从非同级财政部门、上级主管部门等取得的用于完成项目或专项任务的资金、库存现金溢余等。其他收入由预算单位收取并存入往来资金财政专户。预算单位收到其他收入时，借记"银行存款"科目，贷记"其他收入"科目。年终，将其他收入全年贷方累计发生额转入"其他资金结转结余"账户，借记"其他收入"科目，贷记"其他资金结转结余"科目。

实例中的业务来源于丰源市公安局，其零余额账户开在中国银行丰源市分行，账号为7415698258963，往来资金财政专户也开在中国银行丰源市分行，账号为001225478003；财政零余额账户开在丰源市商业银行高雄支行，账号为785318001004000008950。

各账户的期初数在账簿中直接给出，年初数在报表中直接给出。

（二）实例

业务一

1. 原始凭证（1张），见表2-1-1。

表2-1-1　　　　　　　授权支付额度到账通知书
2014年3月1日

丰源市公安局（预算单位）
单位零余额账号：7415698258963
你单位3月份的授权支付额度已经市财政局批准，特予通知。
资金性质：财政补助

编号：H022013-RSL-0052
第1页／共1页
金额单位：元

预算科目						财政授权支付额度	备注
科目编号			科目名称	项目（目级）编码	项目（目级）名称		
类	款	项					
204	02	01	公共安全	公安	行政运行	574 500.00	
			本页小计			￥574 500.00	
合计金额（大写）伍拾柒万肆仟伍佰元整				合计金额（小写）		￥574 500.00	

银行（盖章）： 中国银行丰源市分行会计业务公章　复核（盖章）： 赵勇　经办人（盖章）： 陈明利

注：本通知一式两联。第一联：预算单位作记账凭证；第二联：代理银行存档备查。

2. 业务内容

上述凭证表示：2014年3月1日丰源市公安局接到其代理银行通知，本月财政下达的授权支付额度为574 500.00元（基本支出）。

3. 账务处理

（1）根据财政授权支付额度到账通知书填制记账凭证，将上述原始凭证附在记账凭证后，注明张数，见表2-1-2。

表 2-1-2　　　　　　　　　　记　账　凭　证
2014 年 3 月 1 日　　　　　　　　　　　　　第 1 号

摘要	科目		借方金额	贷方金额	附原始凭证 1 张
	总账科目	明细科目	千百十万千百十元角分	千百十万千百十元角分	
收到财政授权	零余额账户用款额度		5 7 4 5 0 0 0 0		
支付额度	财政拨款收入	基本支出拨款		5 7 4 5 0 0 0 0	
合　　　计			¥ 5 7 4 5 0 0 0 0	¥ 5 7 4 5 0 0 0 0	

会计主管：　　　　记账：　　　　出纳：　　　　复核：　　　　制单：刘萌

（2）根据记账凭证登记有关总账，见表 2-1-3、表 2-1-4。

表 2-1-3　　　　　　　　　　**零余额账户用款额度**

2014 年		凭证号	摘要	借方金额	贷方金额	借或贷	余　额
月	日			千百十万千百十元角分	千百十万千百十元角分		千百十万千百十元角分
2	28		本月止累计	1 5 1 0 0 0 0 0	1 2 1 4 5 6 0 0	借	2 9 5 4 4 0 0
3	1	1	收到财政下达的授权支付额度	5 7 4 5 0 0 0 0		借	8 6 9 9 4 0 0 0

表 2-1-4　　　　　　　　　　**财政拨款收入**

2014 年		凭证号	摘要	借方金额	贷方金额	借或贷	余　额
月	日			千百十万千百十元角分	千百十万千百十元角分		千百十万千百十元角分
2	28		本月止累计		4 5 1 1 0 0 0 0 0	贷	4 5 1 1 0 0 0 0 0
3	1	1	收到预算内授权支付额度		5 7 4 5 0 0 0 0	贷	5 0 8 5 5 0 0 0 0

业 务 二

1. 原始凭证（2张），见表2-1-5、表2-1-6。

表 2-1-5　　　　　　　　　　　保 险 业 专 用 发 票
INSURANCE TRADE INVOICE

发 票 联　　　　　　　　　开票日期：2014/4/01

付款人：	
Payer	丰源市公安局
承保险种：	
Coverage	一般机动车辆保险
保险单号：	批单号：PDAA3968563214000564
Policy No. PDAA3968563214000564	End. No.
保险费金额（大写）：	（小写）：
Premium Amount (In Words) 壹万贰仟壹佰伍拾元整	(In Figures) RMB 12 150.00
附注：	
Remarks 业务员：李黎	

经手人： 张景　　复核： 罗兰　　保险公司盖章：中国人民财产保险股份有限公司丰源分司发票专用章
Handle　　　　　　Checked By　　　　Stamped By Insurance Company
地址：　　　　　　　　　　　　　电话：
Add.　　　　　　　　　　　　　　Tel.

第二联：发票联

表 2-1-6　　　　　　　　　财政直接支付入账通知书

资金性质：财政补助　　　　2014年月3月1日　　　　编号：H200205-90001-30821

付款人	全　称	商业银行财政零余额账户	收款人	全　称	中国人民财产保险股份有限公司丰源分公司
	账　号	78531800100400000895		账　号	12000548791258630093
	开户行	商业银行高雄支行		开户行	建行上海路办事处
一级预算单位		丰源市公安局	功能分类	类	204 公共安全
基层预算单位		丰源市公安局		款	02 公安
归口处室		行财处		项	01 行政运行
结算方式		转账	经济分类		30239 其他交通费用
支付金额人民币（大写）		壹万贰仟壹佰伍拾元整	亿 千 百 十 万 千 百 十 元 角 分		¥ 1 2 1 5 0 0 0
用　途		一般机动车辆保险			

会计分录

借：

　　　　　　　　　　　　　　　对方科目

复核员：　　　　　　记账员：　　　　　　年　　月　　日

商业银行
转(25679)讫
高雄支行

第六联：预算单位作入账通知书

2. 业务内容

上述凭证表示：丰源市公安局向中国人民财产保险股份有限公司丰源分公司购买一般机动车辆保险，保险费 12 150.00 元（基本支出），由财政直接支付。

3. 账务处理

（1）根据上述原始凭证填制记账凭证，并将其附在记账凭证后，注明张数，见表 2-1-7。

表 2-1-7

记 账 凭 证

2014 年 3 月 1 日　　　　　　　　　　　　　　　　第 2 号

摘　要	科　目		借方金额	贷方金额
	总账科目	明细科目	千百十万千百十元角分	千百十万千百十元角分
购买一般机动车辆保险	经费支出	财政拨款支出（基本支出）（其他交通费用）	1 2 1 5 0 0 0	
	财政拨款收入	基本支出拨款		1 2 1 5 0 0 0
	合　计		￥　　1 2 1 5 0 0 0	￥　　1 2 1 5 0 0 0

会计主管：　　　　　记账：　　　　　出纳：　　　　　复核：　　　　　制单：刘萌

附原始凭证2张

（2）根据记账凭证登记有关总账，见表 2-1-8、表 2-1-9。

表 2-1-8　　　　　　　　　　　　　　　　**经 费 支 出**

2014 年		凭证号	摘　要	借方金额	贷方金额	借或贷	余　额
月	日			千百十万千百十元角分	千百十万千百十元角分		千百十万千百十元角分
2	28		本月止累计	4 2 1 0 0 0 0 0		借	4 2 1 0 0 0 0 0
3	1	2	购买一般机动车保险	1 2 1 5 0 0 0		借	4 2 2 2 1 5 0 0 0

表 2-1-9　　　　　　　　　财政拨款收入

2014年		凭证号	摘要	借方金额 千百十万千百十元角分	贷方金额 千百十万千百十元角分	借或贷	余额 千百十万千百十元角分
月	日						
2	28		本月止累计		4 5 1 1 0 0 0 0 0	贷	4 5 1 1 0 0 0 0 0
3	1	1	收到预算内授权支付额度		5 7 4 5 0 0 0 0	贷	5 0 8 5 5 0 0 0 0
	1	2	购买一般机动车保险		1 2 1 5 0 0 0	贷	5 0 9 7 6 5 0 0 0

业　务　三

1. 原始凭证（2张），见表 2-1-10、表 2-1-11。

表 2-1-10　　　　　　　××省行政事业单位收款收据

2014年3月3日　　　　　　　　　　　　9015386

今收到　刘明　　　　　　系付　门面租金

人民币（大写）壹仟元整　　　　¥1 000.00

收款单位（公章）　丰源市公安局财务专用章　　会计（章）　　收款人（章）李敏

第三联：记账凭证

说明：本收据用于行政事业单位之间、系统内部及单位与个人之间非经营性往来款项的结算。

本收据禁止用于收取行政事业性收费、政府性基金。

表 2-1-11　　　　　　　　　　　中国银行现金交款单

账别：　　　　　　　　　　　　　2014 年 3 月 3 日　　　　　　　　　　　No 5900963

交款单位	刘明		收款单位	丰源市公安局											
款项来源	门面租金		账号	001225478003		开户银行			中国银行						
大写金额	（币种）人民币壹仟元整					十亿	千	百	十万	千	百	十	元	角	分
									￥	1	0	0	0	0	0
券别	壹佰元	伍拾元	贰拾元	拾元	伍元	贰元	壹元	伍角	贰角	壹角	伍分	贰分	壹分	合计金额	
整把券														收款银行盖章	
零张券														年 月 日	

第一联：银行盖章后退收款单位

客户须知　1. 提交本凭证前，请客户确认填写内容完整、无误。

　　　　　2. 客户保证所交款项来源合法。

复核：　　　　经办：

2. 业务内容

上述凭证表示：3 月 3 日，丰源市公安局收到刘明交来的门面租金（现金）1 000.00 元，当即填现金交款单存入单位往来收入账户。

3. 账务处理

（1）根据上述原始凭证填制记账凭证，并将其附在记账凭证后，注明张数，见表 2-1-12。

表 2-1-12　　　　　　　　　　　　记　账　凭　证

　　　　　　　　　　　　　　　　2014 年 3 月 3 日　　　　　　　　　　　第 3 号

摘　要	科　　　目		借方金额	贷方金额
	总账科目	明细科目	千百十万千百十元角分	千百十万千百十元角分
收到门面租金	银行存款		1 0 0 0 0 0	
收入	其他应付款			1 0 0 0 0 0
合　　计			￥ 1 0 0 0 0 0	￥ 1 0 0 0 0 0

附原始凭证 2 张

会计主管：　　　　记账：　　　　出纳：　　　　复核：　　　　制单：刘萌

（2）根据记账凭证登记有关总账，见表2-1-13、表2-1-14。

表2-1-13　　　　　　　　　　　　银　行　存　款

2014年		凭证号	摘要	借方金额 千百十万千百十元角分	贷方金额 千百十万千百十元角分	借或贷	余额 千百十万千百十元角分
月	日						
2	28		本月止累计	7 8 0 0 0 0 0		借	7 8 0 0 0 0 0
3	3	3	收到门面租金	1 0 0 0 0 0		借	7 9 0 0 0 0 0

表2-1-14　　　　　　　　　　　　其 他 应 付 款

2014年		凭证号	摘要	借方金额 千百十万千百十元角分	贷方金额 千百十万千百十元角分	借或贷	余额 千百十万千百十元角分
月	日						
2	28		本月止累计		7 8 0 0 0 0 0	贷	7 8 0 0 0 0 0
3	3	3	收到门面租金		1 0 0 0 0 0	贷	7 9 0 0 0 0 0

业 务 四

1. 原始凭证（1张），见表2-1-15。

表2-1-15　　　　　××省非税收入一般缴款书（回单）　　　　No 100061215

执行单位名称：丰源市公安局　　　2014年3月4日　　　　组织机构代码：

付款人	全　称	丰源市公安局	收款人	全　称	丰源市财政非税收入专户
	账　号	001225478003		账　号	897400012540008
	开户行	中国银行		开户行	建设银行梨园区支行

金额人民币（大写）：壹仟元整　　　　　　　　（小写）：¥1 000.00

收入项目编码	收入项目名称	单位	数量	收费标准	金　额
103070601	行政单位国有资产出租、出借收入				1 000.00

单位主管　　会计　　记账　　复核

上列款项已划转收款单位账户
　　　　　　银行盖章
复核员　　记账员　　出纳员　　【中国银行 转（65492）丰源市分行】　　月　日

代理银行收款签章后由缴款人或代理银行退执收单位

2. 业务内容

上述凭证表示：3月4日，丰源市公安局将租金1 000.00元缴入市级财政非税收入专户。

3. 账务处理

（1）根据上述原始凭证填制记账凭证，并将其附在记账凭证后，注明张数，见表2-1-16。

表2-1-16　　　　　　　　　　记　账　凭　证

2014年3月4日　　　　　　　　　　　　　　　　　　　　　　第4号

摘　要	科　目		借方金额	贷方金额
	总账科目	明细科目	千百十万千百十元角分	千百十万千百十元角分
将租金收入划入市级财政非税收入专户	其他应付款		1 0 0 0 0 0	
	银行存款			1 0 0 0 0 0
合　计			¥1 0 0 0 0 0	¥1 0 0 0 0 0

会计主管：　　　记账：　　　出纳：　　　复核：　　　制单：刘萌

附原始凭证1张

(2) 根据记账凭证登记有关总账，见表 2-1-17、表 2-1-18。

表 2-1-17　　　　　　　　　　银　行　存　款

2014年		凭证号	摘要	借方金额 千百十万千百十元角分	贷方金额 千百十万千百十元角分	借或贷	余额 千百十万千百十元角分
月	日						
2	28		本月止累计	7 8 0 0 0 0 0		借	7 8 0 0 0 0 0
3	3	3	收到门面租金	1 0 0 0 0 0		借	7 9 0 0 0 0 0
3	4	4	将门面租金缴入财政非税收入户		1 0 0 0 0 0	平	7 8 0 0 0 0 0

表 2-1-18　　　　　　　　　　其 他 应 付 款

2014年		凭证号	摘要	借方金额 千百十万千百十元角分	贷方金额 千百十万千百十元角分	借或贷	余额 千百十万千百十元角分
月	日						
2	28		本月止累计		7 8 0 0 0 0 0	贷	7 8 0 0 0 0 0
3	3	3	收到门面租金		1 0 0 0 0 0	贷	7 9 0 0 0 0 0
3	4	4	将门面租金缴入财政非税收入户	1 0 0 0 0 0		贷	7 8 0 0 0 0 0

二、支出业务实例

行政单位的支出是指行政单位为了完成业务活动所发生的各项资金耗费及损失,主要有经费支出。

(一) 业务简介

经费支出是指行政单位为完成业务活动所发生的支出。经费支出是行政单位对财政拨款收入、其他收入综合安排使用的结果,是行政单位最主要的支出,是行政单位会计核算的主要对象。

为全面反映行政单位各项经费支出的内容和结构,便于分析考核各项经费支出的实际发生情况及效果,从而有针对性地加强和改善对支出的管理,有必要对经费支出按一定要求进行分类。

1. 按经济用途分类

按经济用途分类,即是按《政府收支分类科目》中的"支出经济分类科目"分类。《政府收支分类科目》中的"支出经济分类科目"分设类、项两级科目,两级科目在内容上逐渐细化。按《政府收支分类科目》,行政单位的经费支出分为工资福利支出、商品和服务支出、对个人和家庭的补助支出、基本建设支出、其他资本性支出等。

2. 按部门预算要求分类

按照部门预算管理的要求,行政单位的经费支出可分为基本支出和项目支出。

基本支出是行政单位保障其机构正常运转、完成日常工作任务所必需的资金耗费。如行政单位工作人员的工资支出、办公费支出、水电费支出等。基本支出是行政单位的基本资金耗费,是行政单位维持日常正常运转的基本资金保证,具有常规性、稳定性的特点。按照部门预算的要求,行政单位的基本支出可再分为人员经费支出和日常公用经费支出两大类。其中人员经费支出包括《政府收支分类科目》中的"工资福利支出"和"对个人和家庭的补助支出"两个科目;日常公用经费支出具体包括《政府收支分类科目》中的"商品和服务支出","基本建设支出"和"其他资本性支出"中的"办公设备购置""专用设备购置""交通工具购置"。

项目支出是行政单位在基本支出外为完成专项工作或特定任务而发生的支出。包括专项业务项目、大型修缮、大型购置、大型会议和其他项目。与基本支出相比,项目支出具有非常规性、不稳定性的特点。

3. 按经费性质分类

按经费性质,可将经费支出分为财政拨款资金支出和其他资金支出。

财政拨款资金支出指行政单位使用财政拨款资金发生的支出;其他资金支出指行政单位用财政拨款以外资金发生的支出。

行政单位的经费支出应当按照"财政拨款支出"和"其他资金支出"、"基本支出"和"项目支出"等分类进行明细核算;并按照《政府收支分类科目》中"支出功能分类科目"的项级科目进行明细核算;"基本支出"和"项目支出"明细科目下应当按照《政府收支分类科目》中"支出经济分类科目"的款级科目进行明细核算。同时在"项目支出"明细科目下按照具体项目进行明细核算。

行政单位发生各项支出时,借记"经费支出"科目,贷记有关科目。

(二) 实例

业务一

1. 原始凭证（2张），见表2-1-19、表2-1-20。

表2-1-19　　　　　　　　　　　财政授权支付凭证

付款人	全称	丰源市公安局	收款人	全称	丰源市公安局										
	账号	7415698258963		账号	7415698258963										
	开户行	中国银行丰源市分行		开户行	中国银行丰源市分行										
一级预算单位		丰源市公安局	功能分类	类	204 公共安全										
基层预算单位		丰源市公安局		款	02 公安										
归口处室		行财处		项	01 行政运行										
结算方式		现付	经济分类		30239 公务用车运行维护费										
支付金额人民币（大写）		叁仟元整			亿	千	百	十	万	千	百	十	元	角	分
									¥	3	0	0	0	0	0
用途		报销公务用车过路达桥费													
		上述款项已办理			备　　注										
银行盖章：		中国银行 转(745816)讫 丰源市分行	经办人：		耕耘										
		年　月　日													
资金性质：财政补助			2014年3月4日		编号：050GQ-000001										

表2-1-20　　　　　　　　　　　**中国银行**
现金支票存根

$\dfrac{EH}{02}$ 22478033

科　　目 _____
对方科目 _____
出票日期 2014年3月4日

收款人：丰源市公安局
金额：3 000.00
用途：报销公务用车过路过桥费

2. 业务内容

上述凭证表示：3月4日，丰源市公安局开出财政授权支付凭证，提取现金3 000.00元，准备报销公务用车过路过桥费。

3. 账务处理

（1）根据上述原始凭证填制记账凭证，并将原始凭证附在记账凭证后面，并注明张数，见表2-1-21。

表 2-1-21

记 账 凭 证

2014 年 3 月 4 日　　　　　　　　　　　　　　　第 5 号

摘 要	科 目		借方金额	贷方金额
	总账科目	明细科目	千百十万千百十元角分	千百十万千百十元角分
提现	库存现金		3 0 0 0 0 0	
	零余额账户用款额度			3 0 0 0 0 0
	合　　　　　　计		¥　　3 0 0 0 0 0	¥　　3 0 0 0 0 0

附原始凭证 2 张

会计主管：　　　　记账：　　　　出纳：　　　　复核：　　　　制单：刘萌

（2）根据记账凭证登记有关总账，见表 2-1-22、表 2-1-23。

表 2-1-22　　　　　　　　　　零余额账户用款额度

2014 年		凭证号	摘　要	借方金额	贷方金额	借或贷	余　额
月	日			千百十万千百十元角分	千百十万千百十元角分		千百十万千百十元角分
2	28		本月止累计	1 5 1 0 0 0 0 0	1 2 1 4 5 6 0 0	借	2 9 5 4 4 0 0
3	1	1	收到财政下达的授权支付额度	5 7 4 5 0 0 0 0		借	8 6 9 9 4 0 0 0
	4	5	提现		3 0 0 0 0 0	借	8 6 6 9 4 0 0 0

表 2-1-23　　　　　　　　　　库 存 现 金

2014 年		凭证号	摘　要	借方金额	贷方金额	借或贷	余　额
月	日			千百十万千百十元角分	千百十万千百十元角分		千百十万千百十元角分
2	28		本月止累计	8 8 5 3 0 0 0	8 8 3 0 0 0 0	借	2 3 0 0 0
3	4	5	提现	3 0 0 0 0 0		借	3 2 3 0 0 0

业 务 二

1. 原始凭证（1张），见表 2-1-24。

表 2-1-24　　　　　　　　经费支出报销单
2014 年 3 月 5 日

支出科目	摘要	金额							缺乏正式单据之原因
		万	千	百	十	元	角	分	
	司机报销路桥费		3	1	9	0	0	0	
									付 讫
合计人民币（大写）	叁仟壹佰玖拾零元零角零分	￥3 190.00							

附原始单据 10 张

核准：汪莘　　　复核：　　　证明：毛红　　　经手：赵刚

2. 业务内容

上述凭证表示：3 月 5 日，司机报销市外过路过桥费 3 190.00 元（基本支出），经费支出报销单后附路桥费收费专用发票 10 张，经审核予以报销，以现金付讫。

3. 账务处理

（1）根据上述原始凭证填制记账凭证，将原始凭证附于记账凭证后，并注明张数，见表 2-1-25。

表 2-1-25　　　　　　　　记 账 凭 证
2014 年 3 月 5 日　　　　　　　　　　　　　　第 6 号

摘要	科目		借方金额									贷方金额								
	总账科目	明细科目	千	百	十	万	千	百	十	元	角	分	千	百	十	万	千	百	十	元	角	分
司机报销市外路桥费	经费支出	财政拨款支出（基本支出）（公务用车运行维护费）				3	1	9	0	0	0									
	库存现金														3	1	9	0	0	0
合　计					￥	3	1	9	0	0	0			￥	3	1	9	0	0	0

附件 1 张

会计主管：　　　记账：　　　出纳：　　　复核：　　　制单：刘萌

（2）根据记账凭证登记有关总账，见表 2-1-26、表 2-1-27。

表 2 - 1 - 26　　　　　　　库 存 现 金

2014年 月	2014年 日	凭证号	摘要	借方金额 千	百	十	万	千	百	十	元	角	分	贷方金额 千	百	十	万	千	百	十	元	角	分	借或贷	余额 千	百	十	万	千	百	十	元	角	分
2	28		本月止累计					8	8	5	3	0	0	0					8	8	3	0	0	0	借							2	3	0	0	0
3	4	5	提现						3	0	0	0	0	0											借						3	2	3	0	0	0
	5	6	司机报销路桥费																	3	1	9	0	0	借								4	0	0	0

表 2 - 1 - 27　　　　　　　经 费 支 出

2014年 月	2014年 日	凭证号	摘要	借方金额 千	百	十	万	千	百	十	元	角	分	贷方金额 千	百	十	万	千	百	十	元	角	分	借或贷	余额 千	百	十	万	千	百	十	元	角	分
2	28		本月止累计				4	2	1	0	0	0	0	0											借				4	2	1	0	0	0	0	0
3	1	2	购买一般机动车保险					1	2	1	5	0	0	0											借				4	2	2	2	1	5	0	0
	5	6	司机报销路桥费						3	1	9	0	0	0											借				4	2	2	5	3	4	0	0

业务 三

1. 原始凭证（2 张），见表 2-1-28

表 2-1-28　　　　　　　××省工业企业统一发票　　　　×国税 A（2004）

发　票　联　　　　　　　　　　　　　　　No 1320023

购货单位名称：丰源市公安局　　　　　　　　　　　2014 年 3 月 5 日

经营项目	规格	单位	数量	单价	金　　　额							
					十	万	千	百	十	元	角	分
办公设备					1	7	8	7	1	6	2	4
税 17%						3	0	3	8	1	7	6
		（丰源市办公用品定点采购专用章）										
		（丰源市政府采购中心）										
					2	0	9	0	9	8	0	0

金额（大写）贰拾万玖仟零玖拾捌元整

企业名称	（加盖发票专用章）	开户银行	省建行	结算方式	
		账号	0331-087400525	电话	88812547

开票单位盖章：康佳办公设备有限公司　发票专用章　　　收款人：　　开票人：金永三

② 客户收执

表 2-1-29　　　　　　　　　**财 政 直 接 支 付 凭 证**

资金性质：财政补助　　　　　　2014 年 3 月 5 日　　　　编号：H020132-90001-34072

付款人	全　称	商业银行财政零余额账户	收款人	全　称	康佳办公设备有限公司
	账　号	78531800100400000895		账　号	01124-3368
	开户行	商业银行高雄支行		开户行	建设银行
一级预算单位		丰源市公安局	功能分类	类	204 公共安全
基层预算单位		丰源市公安局		款	02 公安
归口处室		行财处		项	01 行政运行
结算方式		转账	经济分类		31001 办公设备购置费

支付金额人民币（大写）	贰拾万玖仟零佰玖拾捌元整	亿	千	百	十	万	千	百	十	元	角	分
					￥	2	0	9	0	9	8	0	0

用　途：购办公设备

商业银行　转（25679）讫　高雄支行

会计分录

借：

　　　　　　　　　　　　　　　　　　对方科目

复核员：　　　　　　记账员：　　　　　　　　　　　年　月　日

第六联：预算单位作入账通知书

2. 业务内容

上述凭证表示：3月5日，丰源市公安局通过政府采购中心向康佳办公设备有限公司购买办公设备一批，价款总计 209 098.00 元（项目支出）。

3. 账务处理

（1）根据上述原始凭证填制记账凭证，将原始凭证附于记账凭证后，并注明张数，见表2-1-30、表2-1-31。

表2-1-30

记 账 凭 证

2014年3月6日　　　　　　　　　　　　　　　　　　　　　　　第 7 $\frac{1}{2}$ 号

摘 要	科 目		借方金额 千 百 十 万 千 百 十 元 角 分	贷方金额 千 百 十 万 千 百 十 元 角 分	
	总账科目	明细科目			
购入办公设备	经费支出	财政拨款支出（项目支出）（办公设备购置费）	2 0 9 0 9 8 0 0		附原始凭证2张
	财政拨款收入	项目支出拨款		2 0 9 0 9 8 0 0	
合　　计			￥ 2 0 9 0 9 8 0 0	￥ 2 0 9 0 9 8 0 0	

会计主管：　　　　记账：　　　　出纳：　　　　复核：　　　　制单：刘萌

表2-1-31

记 账 凭 证

2014年3月6日　　　　　　　　　　　　　　　　　　　　　　　第 7 $\frac{2}{2}$ 号

摘 要	科 目		借方金额 千 百 十 万 千 百 十 元 角 分	贷方金额 千 百 十 万 千 百 十 元 角 分	
	总账科目	明细科目			
购入办公设备	固定资产	固定资产	2 0 9 0 9 8 0 0		附原始凭证2张
	资产基金	固定资产		2 0 9 0 9 8 0 0	
合　　计			￥ 2 0 9 0 9 8 0 0	￥ 2 0 9 0 9 8 0 0	

会计主管：　　　　记账：　　　　出纳：　　　　复核：　　　　制单：刘萌

（2）根据记账凭证登记有关总账，见表 2-1-32 至表 2-1-35。

表 2-1-32　　　　　　　　　　　　　经 费 支 出

2014年		凭证号	摘要	借方金额 千百十万千百十元角分	贷方金额 千百十万千百十元角分	借或贷	余额 千百十万千百十元角分
月	日						
2	28		本月止累计	4 2 1 0 0 0 0 0		借	4 2 1 0 0 0 0 0
3	1	2	购买一般机动车保险	1 2 1 5 0 0 0		借	4 2 2 2 1 5 0 0 0
	5	6	司机报销路桥费	3 1 9 0 0 0		借	4 2 2 5 3 4 0 0 0
	6	7	购办公设备	2 0 9 0 9 8 0 0		借	4 4 3 4 4 3 8 0 0

表 2-1-33　　　　　　　　　　　　　财政拨款收入

2014年		凭证号	摘要	借方金额 千百十万千百十元角分	贷方金额 千百十万千百十元角分	借或贷	余额 千百十万千百十元角分
月	日						
2	28		本月止累计		4 5 1 1 0 0 0 0 0	贷	4 5 1 1 0 0 0 0 0
3	1	1	收到预算内授权支付额度		5 7 4 5 0 0 0 0	贷	5 0 8 5 5 0 0 0 0
	1	2	购买一般机动车保险		1 2 1 5 0 0 0	贷	5 0 9 7 6 5 0 0 0
	6	7	购办公设备		2 0 9 0 9 8 0 0	贷	5 3 0 6 7 4 8 0 0

表 2-1-34　　　　　　　　　　　　　固 定 资 产

2014年		凭证号	摘要	借方金额 千百十万千百十元角分	贷方金额 千百十万千百十元角分	借或贷	余额 千百十万千百十元角分
月	日						
2	28		本月止累计	6 3 0 0 0 0 0 0 0		借	6 3 0 0 0 0 0 0 0
3	6	7	购办公设备	2 0 9 0 9 8 0 0		借	6 3 2 0 9 0 9 8 0 0

表 2-1-35　　　　　　　　　　　　资 产 基 金

2014年		凭证号	摘要	借方金额										贷方金额										借或贷	余额									
月	日			千	百	十	万	千	百	十	元	角	分	千	百	十	万	千	百	十	元	角	分		千	百	十	万	千	百	十	元	角	分
2	28		本月止累计													6	3	0	0	0	0	0	0	0	贷			6	3	0	0	0	0	0	0	0
3	6	7	购办公设备													2	0	9	0	9	8	0	0	贷			6	3	2	0	9	0	9	8	0	0

业 务 四

1. 原始凭证（3张），见表2-1-36至表2-1-38。

表 2-1-36　　　　　　　　　××省增值税普通发票　　　　　　　（普三）142010523101
　　　　　　　　　　　　　　　　　发 票 联　　　　　　　　　　　　　　No02246907
　　　　　　　　　　　　　　　　　　　　　　　　　　　　　　　　　　　2014年3月6日

品名及规格	货款或劳务	单位	数量	单价	金　　额
见清单					9 282.00

金额合计（大写）玖仟贰佰捌拾贰元零角零分　　　￥9 282.00

备注：

单位盖章：　　云鹤建材商店　　复核人：　　收款人：李梦　　开票人：钱壮飞
　　　　　　　发票专用章

②付款方报销凭证

表 2-1-37　　　　　　　　　　　　销货计数单　　　　　　　　　　　第1页
柜别：　　　　　　　　　　　　　　2014年3月6日　　　　　　　　　共1页

货号及品名	单位	数量	单价	金　　额						收款人盖章
				万	千	百	十	元	角	分	
水泥	包	50	20		1	0	0	0	0	0	
木芯板	张	30	85		2	5	5	0	0	0	
油漆	桶	40	52		2	0	8	0	0	0	
略	略	略	略								
总　计				￥	9	2	8	2	0	0	

表 2 - 1 - 38　　　　　　　　　　财 政 授 权 支 付 凭 证

资金性质：财政补助　　　　　　　　2014 年 3 月 6 日　　　　　　　　编号：050GQ - 000002

付款人	全称	丰源市公安局	收款人	全称	云鹤建材商店	
	账号	7415698258963		账号	885 - 1024 - 133	
	开户行	中国银行丰源分行		开户行	建行云鹤路办事处	
一级预算单位		丰源市公安局	功能分类	类	204 公共安全	
基层预算单位		丰源市公安局		款	01 公安	
归口处室		行财处		项	02 行政运行	
结算方式		转账	经济分类		30213 维修费	

支付金额人民币（大写）	玖仟贰佰捌拾贰元整	亿	千	百	十	万	千	百	十	元	角	分
						¥	9	2	8	2	0	0

用途：维修

上述款项已办理
银行盖章：中国银行 转（745816）讫 丰源市分行
经办人：刘念
年　月　日

备注：

第二联：退预算单位作回单

2. 业务内容

上述凭证表示：3 月 6 日，因维修办公楼门窗，丰源市公安局开出财政授权支付凭证，从单位零余额账户中支付 5 382.00 元（基本支出），向云鹤建材商店购维修材料，验收后当即交付使用。

3. 账务处理

（1）根据上述原始凭证填制记账凭证，将原始凭证附于记账凭证后，并注明张数，见表 2 - 1 - 39。

表 2 - 1 - 39　　　　　　　　　　记 账 凭 证

2014 年 3 月 6 日　　　　　　　　　　　　　　　　　　　第 8 号

摘要	科目		借方金额	贷方金额
	总账科目	明细科目	千百十万千百十元角分	千百十万千百十元角分
购维修材料，	经费支出	财政拨款支出（基本支出）（维修费）	9 2 8 2 0 0	
验收后交付使用	零余额账户用款额度			9 2 8 2 0 0
	合计		¥9 2 8 2 0 0	¥9 2 8 2 0 0

会计主管：　　　记账：　　　出纳：　　　复核：　　　制单：刘萌

附原始凭证 3 张

(2) 根据记账凭证登记有关总账，见表2-1-40、表2-1-41。

表2-1-40　　　　　　　　　　　　经　费　支　出

2014年		凭证号	摘要	借方金额	贷方金额	借或贷	余额
月	日			千百十万千百十元角分	千百十万千百十元角分		千百十万千百十元角分
2	28		本月止累计	4 2 1 0 0 0 0 0		借	4 2 1 0 0 0 0 0
3	1	2	购买一般机动车保险	1 2 1 5 0 0 0		借	4 2 2 2 1 5 0 0 0
	5	6	司机报销路桥费	3 1 9 0 0 0		借	4 2 2 5 3 4 0 0 0
	6	7	购办公设备	2 0 9 0 9 8 0 0		借	4 4 3 4 4 3 8 0 0
	6	8	购维修材料，验收后交付使用	9 2 8 2 0 0		借	4 4 4 3 7 2 0 0 0

表2-1-41　　　　　　　　　　　零余额账户用款额度

2014年		凭证号	摘要	借方金额	贷方金额	借或贷	余额
月	日			千百十万千百十元角分	千百十万千百十元角分		千百十万千百十元角分
2	28		本月止累计	1 5 1 0 0 0 0 0	1 2 1 4 5 6 0 0 0	借	2 9 5 4 4 0 0 0
3	1	1	收到财政下达的授权支付额度	5 7 4 5 0 0 0 0		借	8 6 9 9 4 0 0 0
	4	5	提现		3 0 0 0 0 0	借	8 6 6 9 4 0 0 0
	6	8	购维修材料，验收后交付使用		9 2 8 2 0 0	借	8 5 7 6 5 8 0 0

业　务　五

1. 原始凭证（2张），见表2-1-42、表2-1-43。

表2-1-42　　　　　　　　　2014年3月工资汇总表

财政直接支付（应发数）		各　种　扣　款		实发数
项目	金额	项目	金额	
基本工资	181 031.00	医疗保险	5 270.00	
津贴	155 069.00	住房公积金	33 610.00	
离休费	12 300.00	个人所得税	5 689.00	
退休费	21 200.00			
合计	369 600.00	合计	44 569.00	325 031.00

表 2-1-43　　　　　　　　　　　财　政　直　接　支　付　凭　证

资金性质：财政补助　　　　　　　　　2014 年 3 月 8 日　　　　　　　　编号：H020520-90001-32810

付款人	全称	商业银行财政零余额账户	收款人	全称	工资统发财政零余额账户
	账号	78531800100400000895		账号	78531800100400000895-12
	开户行	商业银行高雄支行		开户行	商业银行高雄支行
一级预算单位		丰源市公安局	功能分类	类	204 公共安全
基层预算单位		丰源市公安局		款	02 公安
归口处室		行财处		项	01 行政运行
结算方式		转账	经济分类		30101 基本工资 30102 津贴 30301 离休费 30302 退休费

支付金额人民币（大写）	叁拾贰万伍仟零叁拾壹元整	亿	千	百	十	万	千	百	十	元	角	分
				¥	3	2	5	0	3	1	0	0

用途	工资	
会计分录	付款行转款或付款日期 　　　　年　　月　　日 记账员： 出纳员：	上述款项已进账，如有错误，请持此联来面洽。此致（收款单位） 转（25679）讫 商业银行 高雄支行
借		

2. 业务内容

上述凭证表示：3 月 8 日，丰源市公安局计算本月工资，并向丰源市财政局提供了工资支付信息，财政局接到信息后，将实发工资 325 031.00 元从财政零余额账户划付到财政工资统发零余额账户，然后由代理银行（财政工资统发零余额账户）划入职工个人工资账户（基本支出）。

3. 账务处理

（1）根据上述原始凭证填制记账凭证，将原始凭证附于记账凭证后，并注明张数，见表 2-1-44 至表 2-1-46。

表 2-1-44　　　　　　　　　　　　记　账　凭　证

2014 年 3 月 8 日　　　　　　　　　　　　　　　　　　　　　　　第 9 $\frac{1}{3}$ 号

摘要	科目		借方金额	贷方金额	
	总账科目	明细科目	千百十万千百十元角分	千百十万千百十元角分	
发工资	经费支出	财政拨款支出（基本支出）（基本工资）	1 8 1 0 3 1 0 0		附原始凭证2张
		财政拨款支出（基本支出）（津贴补贴）	1 5 5 0 6 9 0 0		
		财政拨款支出（对个人和家庭的补助支出）（离休费）	1 2 3 0 0 0 0		
		财政拨款支出（对个人和家庭的补助支出）（退休费）	2 1 2 0 0 0 0		
	应付职工薪酬			3 6 9 6 0 0 0 0	
合　　计			¥ 3 6 9 6 0 0 0 0	¥ 3 6 9 6 0 0 0 0	

会计主管：　　　记账：　　　出纳：　　　复核：　　　制单：刘萌

表 2-1-45　　　　　　　　　　记 账 凭 证

2014 年 3 月 8 日　　　　　　　　　　第 9 $\frac{2}{3}$ 号

摘　要	科　目		借方金额	贷方金额
	总账科目	明细科目	千百十万千百十元角分	千百十万千百十元角分
发工资	应付职工薪酬	基本工资	1 3 6 4 6 2 0 0	
		津贴补贴	1 5 5 0 6 9 0 0	
		离休费	1 2 3 0 0 0 0	
		退休费	2 1 2 0 0 0 0	
	财政拨款收入	基本支出拨款		3 2 5 0 3 1 0 0
	合　　计		¥　3 2 5 0 3 1 0 0	¥　3 2 5 0 3 1 0 0

附原始凭证　张

会计主管：　　　记账：　　　出纳：　　　复核：　　　制单：刘萌

表 2-1-46　　　　　　　　　　记 账 凭 证

2014 年 3 月 8 日　　　　　　　　　　第 9 $\frac{3}{3}$ 号

摘　要	科　目		借方金额	贷方金额
	总账科目	明细科目	千百十万千百十元角分	千百十万千百十元角分
发工资	应付职工薪酬	基本工资	4 4 5 6 9 0 0	
	其他应付款	医疗保险		5 2 7 0 0 0
		住房公积金		3 3 6 1 0 0 0
	应缴税费	个人所得税		5 6 8 9 0 0
	合　　计		¥　　4 4 5 6 9 0 0	¥　　4 4 5 6 9 0 0

附原始凭证　张

会计主管：　　　记账：　　　出纳：　　　复核：　　　制单：刘萌

（2）根据记账凭证登记有关总账，见表 2-1-47 至表 2-1-51。

表 2-1-47　　　　　　　　　　经 费 支 出

2014 年		凭证号	摘　要	借方金额	贷方金额	借或贷	余　额
月	日			千百十万千百十元角分	千百十万千百十元角分		千百十万千百十元角分
2	28		本月止累计	4 2 1 0 0 0 0 0		借	4 2 1 0 0 0 0 0
3	1	2	购买一般机动车保险	1 2 1 5 0 0 0		借	4 2 2 1 5 0 0 0
	5	6	司机报销路桥费	3 1 9 0 0 0		借	4 2 2 5 3 4 0 0 0
	6	7	购办公设备	2 0 9 0 9 8 0 0		借	4 4 3 4 4 3 8 0 0
	6	8	购维修材料，验收后交付使用	9 2 8 2 0 0		借	4 4 4 3 7 2 0 0 0
	8	9	发工资	3 6 9 6 0 0 0 0		借	4 8 1 3 3 2 0 0 0

表 2-1-48　　　　　　　　　应付职工薪酬

2014年		凭证号	摘要	借方金额 千百十万千百十元角分	贷方金额 千百十万千百十元角分	借或贷	余额 千百十万千百十元角分
月	日						
3	8	9	计提工资		3 6 9 6 0 0 0 0	贷	3 6 9 6 0 0 0 0
			发放工资	3 6 9 6 0 0 0 0		平	0 0 0

表 2-1-49　　　　　　　　　财政拨款收入

2014年		凭证号	摘要	借方金额 千百十万千百十元角分	贷方金额 千百十万千百十元角分	借或贷	余额 千百十万千百十元角分
月	日						
2	28		本月止累计		4 5 1 1 0 0 0 0 0	贷	4 5 1 1 0 0 0 0 0
3	1	1	收到预算内授权支付额度		5 7 4 5 0 0 0 0	贷	5 0 8 5 5 0 0 0 0
	1	2	购买一般机动车保险	1 2 1 5 0 0 0		贷	5 0 9 7 6 5 0 0 0
	6	7	购办公设备	2 0 9 0 9 8 0 0		贷	5 3 0 6 7 4 8 0 0
	8	9	发工资	3 2 5 0 3 1 0 0		贷	5 6 3 1 7 7 9 0 0

表 2-1-50　　　　　　　　　应缴税费

2014年		凭证号	摘要	借方金额 千百十万千百十元角分	贷方金额 千百十万千百十元角分	借或贷	余额 千百十万千百十元角分
月	日						
3	8	9	从工资中代扣个人所得税		5 6 8 9 0 0	贷	5 6 8 9 0 0

第一部分 行政单位会计实训

表 2-1-51   **其 他 应 付 款**

2014年		凭证号	摘要	借方金额 千百十万千百十元角分	贷方金额 千百十万千百十元角分	借或贷	余额 千百十万千百十元角分
月	日						
2	28		本月止累计		7 8 0 0 0 0 0	贷	7 8 0 0 0 0 0
3	3	3	收到门面租金		1 0 0 0 0 0	贷	7 9 0 0 0 0 0
	4	4	将门面租金缴入财政非税收入户	1 0 0 0 0 0		贷	7 8 0 0 0 0 0
	8	9	从工资中代扣医保、公积金		3 8 8 8 0 0 0	贷	1 1 6 8 8 0 0 0

业 务 六

1. 原始凭证（2张），见表 2-1-52、表 2-1-53。

表 2-1-52   **财 政 直 接 支 付 凭 证**

资金性质：财政补助　　　　　　　　　　2014 年 3 月 8 日　　　　　编号：H020520-90001-32811

付款人	全 称	商业银行财政零余额账户	收款人	全 称	个人所得税（香山金库）									
	账 号	78531800100400000895		账 号	336-524-789									
	开户行	商业银行高雄支行		开户行	香山金库									
一级预算单位		丰源市公安局	功能分类	类	204 公共安全									
基层预算单位		丰源市公安局		款	02 公安									
归口处室		行财处		项	01 行政运行									
结算方式		转账	经济分类		30101 基本工资									
支付金额人民币（大写）		伍仟陆佰捌拾玖元整			亿	千	百	十	万	千	百	十	元	角	分
									¥	5	6	8	9	0	0
用 途		缴纳3月份代扣的个人所得税												
会计分录														
借：								商业银行 转(25679)讫 高雄支行						
		对方科目												
记账员：		复核员：			年　月　日									

表 2-1-53

中华人民共和国税收通用缴款书

34351669 号

隶属关系：市　　　　　　　　　　　　　　　　　　　　（20132）丰地缴电
注册类型：其他类型　　　　　填发日期 2014 年 3 月 8 日　　征收机关：丰源征收局

缴款单位	代码	0689245		预算科目	编码	2083　（20133）　20957659										
	全称	丰源市公安局			名称	其他个人所得税										
	账号	7415698258963			级次	中 60%　省 15%　市 12.5%　区 12.5%										
	开户行	中国银行丰源分行			收款国库	香山金库										

税款所属时期 2014-3-01 至 2014-3-31　　　税款限缴日期 2014 年 3 月 23 日

品目名称	课税数量	计税金额或销售收入	税率或单位税额	应缴税额	已缴或扣除额	实缴金额								
						千	百	十	万	千	百	十	元	角	分
工资薪金所得				5 689.00						5	6	8	9	0	0
税　款　小　计															
教育费附加															
堤防费				中国银行转（745816）讫丰源市分行											
平抑副食品价格基金															
金额合计（大写）伍仟陆佰捌拾玖元零角零分					￥					5	6	8	9	0	0

缴款单位（人）（盖章）经办人（章）	填票人　张巧经办人　吴惠香山所-04	（丰源市地方税务局征收专用章）	上列款项已收妥并划转收款单位账户　（香山支库收（35128）讫）国库（银行）盖章　年　月　日	备注正常一般认定申报

逾期不缴按税法规定加收滞纳金

2. 业务内容

上述凭证表示：根据丰源市公安局的申请，丰源市财政局开出直接支付凭证（接业务六），将丰源市公安局职工应缴的个人所得税 5 689.00 元缴入指定金库（香山金库）。

3. 账务处理

（1）根据上述原始凭证填记账凭证，将原始凭证附于记账凭证后，并注明张数，见表 2-1-54。

表 2-1-54

记 账 凭 证

2014 年 3 月 8 日　　　　　　　　　　　　　　　　　　第 10 号

摘　要	科　目		借方金额	贷方金额
	总账科目	明细科目	千百十万千百十元角分	千百十万千百十元角分
缴个人所得税	应缴税费	个人所得税	568900	
	财政拨款收入	基本支出拨款		568900
合　　　计			¥　　　568900	¥　　　568900

会计主管：　　　　　记账：　　　　　出纳：　　　　　复核：　　　　　制单：刘萌

附原始凭证 2 张

（2）根据记账凭证登记有关总账，见表 2-1-55、表 2-1-56。

表 2-1-55　　　　　　　　　　　应 缴 税 费

2014年		凭证号	摘　要	借方金额	贷方金额	借或贷	余　额
月	日			千百十万千百十元角分	千百十万千百十元角分		千百十万千百十元角分
3	8	9	从工资中代扣个人所得税		568900	贷	568900
		10	缴纳个人所得税	568900		平	000

表 2-1-56　　　　　　　　　　　财政拨款收入

2014年		凭证号	摘　要	借方金额	贷方金额	借或贷	余　额
月	日			千百十万千百十元角分	千百十万千百十元角分		千百十万千百十元角分
2	28		本月止累计		4511000 00	贷	4511000 00
3	1	1	收到预算内授权支付额度		574500 00	贷	5085500 00
	1	2	购买一般机动车保险		12150 00	贷	5097650 00
	6	7	购办公设备		209090 00	贷	5306740 00
	8	9	发工资		325031 00	贷	5631779 00
	8	10	缴纳个人所得税		5689 00	贷	5637468 00

业 务 七

1. 原始凭证（2 张），见表 2 – 1 – 57、表 2 – 1 – 58。

表 2 – 1 – 57　　　　　财 政 直 接 支 付 凭 证

资金性质：财政补助　　　　2014 年 3 月 8 日　　　　编号：H020520 – 90001 – 32812

付款人	全 称	商业银行财政零余额账户	收款人	全 称	医疗保险金（香山金库）
	账 号	78531800100400000895		账 号	336 – 524 – 789
	开户行	商业银行高雄支行		开户行	香山金库
一级预算单位		丰源市公安局	功能分类	类	204 公共安全
基层预算单位		丰源市公安局		款	02 公安
归口处室		行财处		项	01 行政运行
结算方式		转账	经济分类		30101 基本工资

支付金额人民币（大写）	伍仟贰佰柒拾元整	亿	千	百	十	万	千	百	十	元	角	分
						¥	5	2	7	0	0	0

用 途	缴纳 3 月份代扣的医疗保险

会计分录

借：
　　　　　　　对方科目

记账员：　　　　　复核员：　　　　　年　月　日

（章：商业银行 转（25679）讫 高雄支行）

第六联：预算单位作入账通知书

表 2 – 1 – 58　　　　　中 华 人 民 共 和 国 税 收 通 用 缴 款 书　　　　34351670 号

隶属关系：市　　　　　　　　　　　　　　　　　　　　　　（20132）丰地缴电
注册类型：其他类型　　　填发日期 2014 年 3 月 8 日　　　征收机关：丰源征收局

缴款单位	代 码	0689245	预算科目	编 码	2083　（20133）　20957659
	全 称	丰源市公安局		名 称	医疗保险
	账 号	7415698258963		级 次	市级 100%
	开户行	中国银行丰源分行		收款国库	香山金库

税款所属时期 2014 – 3 – 01 至 2014 – 3 – 31　　　税款限缴日期 2014 年 3 月 23 日

品目名称	课税数量	计税金额或销售收入	税率或单位税额	应缴税额	已缴或扣除额	实缴金额 千 百 十 万 千 百 十 元 角 分
医疗保险						5 2 7 0 0 0
税 款 小 计						
教育费附加						
堤防费						
平抑副食品价格基金						

（章：中国银行 转（745816）讫 丰源市分行）

金额合计（大写）伍仟贰佰柒拾元零角零分	¥ 5 2 7 0 0 0

缴款单位（人）（盖章）	填票人	张巧	上列款项已收妥并划转收款	备 注
经办人（章）		吴惠	单位账户 （章：香山支库 收（35128）讫）	正常一般认定申报
		香山所 – 04	国库（银行）盖章　年　月　日	

（章：丰源市地方税务局 征收专用章）

第一联：（收据）国库（银行）收款盖章后退缴款单位（人）作完税凭证

逾期不缴按税法规定加收滞纳金

2. 业务内容

上述凭证表示：丰源市财政局开出直接支付凭证（接业务六），将丰源市公安局职工个人应缴的医疗保险 5 270.00 元缴入指定金库（香山金库）。

3. 账务处理

（1）根据上述原始凭证填制记账凭证，将原始凭证附于记账凭证后，并注明张数，见表 2 – 1 – 59。

表 2 – 1 – 59

记 账 凭 证

2014 年 3 月 8 日　　　　　　　　　　　　　　　　　　　　第 11 号

摘要	科目		借方金额	贷方金额	
	总账科目	明细科目	千百十万千百十元角分	千百十万千百十元角分	
交纳医疗保险	其他应付款	医疗保险	5 2 7 0 0 0		附原始凭证2张
	财政拨款收入	基本支出拨款		5 2 7 0 0 0	
	合计		¥　　　5 2 7 0 0 0	¥　　　5 2 7 0 0 0	

会计主管：　　　记账：　　　出纳：　　　复核：　　　制单：刘萌

（2）根据记账凭证登记有关总账，见表 2 – 1 – 60、表 2 – 1 – 61。

表 2 – 1 – 60

其 他 应 付 款

2014年		凭证号	摘要	借方金额	贷方金额	借或贷	余额
月	日			千百十万千百十元角分	千百十万千百十元角分		千百十万千百十元角分
2	28		本月止累计		7 8 0 0 0 0 0	贷	7 8 0 0 0 0 0
3	3	3	收到门面租金		1 0 0 0 0 0	贷	7 9 0 0 0 0 0
	4	4	将门面租金缴入财政非税收入户	1 0 0 0 0 0		贷	7 8 0 0 0 0 0
	8	9	从工资中代扣医保、公积金		3 8 8 8 0 0 0	贷	1 1 6 8 8 0 0 0
		10	缴纳医疗保险	5 2 7 0 0 0		贷	1 1 1 6 1 0 0 0

表 2-1-61   财政拨款收入

2014年		凭证号	摘要	借方金额 千百十万千百十元角分	贷方金额 千百十万千百十元角分	借或贷	余额 千百十万千百十元角分
月	日						
2	28		本月止累计		4 5 1 1 0 0 0 0	贷	4 5 1 1 0 0 0 0
3	1	1	收到预算内授权支付额度		5 7 4 5 0 0 0 0	贷	5 0 8 5 5 0 0 0
	1	2	购买一般机动车保险		1 2 1 5 0 0 0	贷	5 0 9 7 6 5 0 0 0
	6	7	购办公设备		2 0 9 0 9 8 0 0	贷	5 3 0 6 7 4 8 0 0
	8	9	发工资		3 2 5 0 3 1 0 0	贷	5 6 3 1 7 7 9 0 0
	8	10	缴纳个人所得税		5 6 8 9 0 0	贷	5 6 3 7 4 6 8 0 0
	8	11	缴纳医疗保险		5 2 7 0 0 0	贷	5 6 4 2 7 3 8 0 0

业 务 八

1. 原始凭证（2张）（见表2-1-62、表2-1-63）

表 2-1-62   财 政 直 接 支 付 凭 证

资金性质：财政补助　　　　　2014年3月8日　　　　　编号：H020520-90001-32813

付款人	全 称	商业银行财政零余额账户	收款人	全 称	公积金
	账 号	78531800100400000895		账 号	336gjj524789
	开户行	商业银行高雄支行		开户行	国库
一级预算单位		丰源市公安局	功能分类	类	204 公共安全
基层预算单位		丰源市公安局		款	02 公安
归口处室		行财处		项	01 行政运行
结算方式		转账	经济分类		30101 基本工资

支付金额人民币（大写）	叁万叁仟陆佰壹拾元整	亿 千 百 十 万 千 百 十 元 角 分
		¥ 3 3 6 1 0 0 0

用 途	缴纳3月份代扣的住房公积金

会计分录

借：

　　　　　　　　对方科目

　　　　　　　　　　　　　　　　　　　　　　　　　商业银行
　　　　　　　　　　　　　　　　　　　　　　　　转（25679）讫
　　　　　　　　　　　　　　　　　　　　　　　　　高雄支行

记账员：　　　　　复核员：　　　　　　　年　月　日

表 2-1-63

中华人民共和国税收通用缴款书

34351671 号

隶属关系：市　　　　　　　　　　　　　　　　　　　　　　　（20132）丰地缴电
注册类型：其他类型　　　　　填发日期 2014 年 12 月 8 日　　　征收机关：丰源征收局

缴款单位	代码	0689245		预算科目	编码	公积金
	全称	丰源市公安局			名称	公积金
	账号	7415698258963			级次	地（市）级
	开户行	中国银行丰源分行			收款国库	住房公积金专户

税款所属时期　2014-3-01 至 2014-3-31　　　税款限缴日期　2014 年 3 月 23 日

品目名称	课税数量	计税金额或销售收入	税率或单位税额	应缴税额	已缴或扣除额	实缴金额 千 百 十 万 千 百 十 元 角 分
住房公积金						3 3 6 1 0 0 0
税款小计						
教育费附加						
堤防费						
平抑副食品价格基金						

（中间盖章：商业银行 转（25679）讫 高雄支行）

金额合计（大写）叁万叁仟陆佰壹拾零元零角零分　　　¥ 3 3 6 1 0 0 0

缴款单位（人）（盖章）经办人（章）	税务机关 丰源国税 （盖章：丰源市地方税务局 征收专用章） 填票人 刘红	上列款项已收妥并划转收款单位账户 （盖章：丰源国库业务专用章） 国库（银行）盖章　年　月　日	备注 公积金开户行名称： 3481017 行号：500798

第一联　由收款银行退回缴款单位作缴纳住房公积金的凭证

逾期不缴按税法规定加收滞纳金

2. 业务内容

上述凭证表示：3 月 8 日，丰源市财政局开出直接支付凭证（接业务六），将丰源市公安局职工个人应缴的住房公积金 33 610.00 元缴入公积金专户。

3. 账务处理

（1）根据上述原始凭证填记账凭证，将原始凭证附于记账凭证后，并注明张数，见表 2-1-64。

表 2-1-64   记 账 凭 证
                          2014 年 3 月 8 日   第 12 号

摘 要	科 目		借方金额	贷方金额
	总账科目	明细科目	千百十万千百十元角分	千百十万千百十元角分
交纳公积金	其他应付款	住房公积金	3361000	
	财政拨款收入	基本支出拨款		3361000
	合 计		¥3361000	¥3361000

附原始凭证 2 张

会计主管：　　记账：　　出纳：　　复核：　　制单：刘萌

（2）根据记账凭证登记有关总账，见表 2-1-65、表 2-1-66。

表 2-1-65   其 他 应 付 款

2014年		凭证号	摘 要	借方金额	贷方金额	借或贷	余 额
月	日			千百十万千百十元角分	千百十万千百十元角分		千百十万千百十元角分
2	28		本月止累计		7800000	贷	7800000
3	3	3	收到门面租金		100000	贷	7900000
	4	4	将门面租金缴入财政非税收入户	100000		贷	7800000
	8	9	从工资中代扣医保、公积金		3888000	贷	11688000
		11	缴纳代扣的医疗保险	527000		贷	11161000
		12	缴纳代扣的公积金	3361000		贷	7800000

表 2-1-66   财 政 拨 款 收 入

2014年		凭证号	摘 要	借方金额	贷方金额	借或贷	余 额
月	日			千百十万千百十元角分	千百十万千百十元角分		千百十万千百十元角分
2	28		本月止累计		45110000	贷	45110000
3	1	1	收到预算内授权支付额度		5745000	贷	50855000
	1	2	购买一般机动车保险		121500	贷	50976500
	6	7	购办公设备		2090980	贷	53067480
	8	9	发工资		3250310	贷	56317790
	8	10	缴纳个人所得税		56890	贷	56374680
	8	11	交个人负担的医疗保险		52700	贷	56427380
	8	12	划付个人交纳的公积金		336100	贷	56763480

业务 九

1. 原始凭证（2 张），见表 2-1-67、表 2-1-68。

表 2-1-67 财 政 授 权 支 付 凭 证

资金性质：财政补助　　　　　2014 年 3 月 10 日　　　　　编号：050GQ-000003

付款人	全　称	丰源市公安局	收款人	全　称	丰源市公安局
	账　号	7415698258963		账　号	7415698258963
	开户行	中国银行丰源市分行		开户行	中国银行丰源市分行
一级预算单位		丰源市公安局	功能分类	类	204 公共安全
基层预算单位		丰源市公安局		款	02 公安
归口处室		行财处		项	01 行政运行
结算方式		现付	经济分类		30211 差旅费

支付金额人民币（大写）	捌仟元整	亿	千	百	十	万	千	百	十	元	角	分
							¥	8	0	0	0	0	0

用　途	差旅费借款

上述款项已办理	备　注
银行盖章：中国银行转（745816）讫丰源市分行　　经办人：耕耘　　年　月　日	

第二联：退预算单位作回单

表 2-1-68 中国银行
现金支票存根

EH / 02　22478035

科　目＿＿＿＿＿＿＿＿＿＿
对方科目＿＿＿＿＿＿＿＿＿
出票日期 2014 年 3 月 10 日

收款人：丰源市公安局
金额：8 000.00
用途：差旅费借款

2. 业务内容

上述凭证表示：3 月 10 日，丰源市公安局开出财政授权支付凭证和现金支票，从预算用款额度中提取现金 8 000.00 元，备作差旅费借款。

3. 账务处理

（1）根据上述原始凭证填记账凭证，将原始凭证附于记账凭证后，并注明张数，见表 2-1-69。

表 2-1-69

记 账 凭 证

2014 年 3 月 10 日　　　　　　　　　　　　　　第 13 号

摘要	科目		借方金额	贷方金额
	总账科目	明细科目	千百十万千百十元角分	千百十万千百十元角分
提现	库存现金		8 0 0 0 0 0	
	零余额账户用款额度			8 0 0 0 0 0
	合　　　　计		¥8 0 0 0 0 0	¥8 0 0 0 0 0

会计主管：　　　　　记账：　　　　　出纳：　　　　　复核：　　　　　制单：刘萌

附原始凭证 2 张

（2）根据记账凭证登记有关总账，见表 2-1-70、表 2-1-71。

表 2-1-70　　　　　　　　　　库　存　现　金

2014 年		凭证号	摘要	借方金额	贷方金额	借或贷	余额
月	日			千百十万千百十元角分	千百十万千百十元角分		千百十万千百十元角分
2	28		本月止累计	8 8 5 3 0 0 0	8 8 3 0 0 0 0	借	2 3 0 0 0
3	4	5	提现	3 0 0 0 0 0		借	3 2 3 0 0 0
	4	6	司机报销路桥费		3 1 9 0 0 0	借	4 0 0 0
	10	13	提现	8 0 0 0 0 0		借	8 0 4 0 0 0

表 2-1-71　　　　　　　　　　零余额账户用款额度

2014 年		凭证号	摘要	借方金额	贷方金额	借或贷	余额
月	日			千百十万千百十元角分	千百十万千百十元角分		千百十万千百十元角分
2	28		本月止累计	1 5 1 0 0 0 0 0	1 2 1 4 5 6 0 0 0	借	2 9 5 4 4 0 0 0
3	1	1	收到财政下达的授权支付额度	5 7 4 5 0 0 0 0		借	8 6 9 9 4 0 0 0
	4	5	提现		3 0 0 0 0 0	借	8 6 6 9 4 0 0 0
	6	8	购维修材料，验收后交付使用		9 2 8 2 0 0	借	8 5 7 6 5 8 0 0
	10	13	提现		8 0 0 0 0 0	借	8 4 9 6 5 8 0 0

业 务 十

1. 原始凭证（1张）（见表2-1-72）。

表2-1-72

借 支 单

2014年3月10日　　　　　　　　　　　　　　　　　　　　部门：刑事侦查科

借支人姓名	董咏						
借支事由	外出调查						
人民币（大写）	捌仟元整		¥8 000.00				
核准	张歆	会计	罗洪	出纳	李敏	借支人	董咏

2. 业务内容

上述凭证表示：3月10日，丰源市公安局刑事侦查科董咏因外出调查，借差旅费8 000.0元，以现金付讫。

3. 账务处理

（1）根据上述原始凭证填记账凭证，将原始凭证附于记账凭证后，并注明张数，见表2-1-73。

表2-1-73

记 账 凭 证

2014年3月10日　　　　　　　　　　　　　　　　　　　　第14号

摘要	科 目		借方金额	贷方金额	
	总账科目	明细科目	千百十万千百十元角分	千百十万千百十元角分	
董咏借差旅费	其他应收款	董咏	8 0 0 0 0 0		附原始凭证1张
	库存现金			8 0 0 0 0 0	
	合　　计		¥8 0 0 0 0 0	¥8 0 0 0 0 0	

会计主管：　　　　记账：　　　　出纳：　　　　复核：　　　　制单：刘萌

（2）根据记账凭证登记有关总账，见表2-1-74、表2-1-75。

表2-1-74

其 他 应 收 款

2014年		凭证号	摘　要	借方金额	贷方金额	借或贷	余　额
月	日			千百十万千百十元角分	千百十万千百十元角分		千百十万千百十元角分
2	28		本月止累计	7 2 5 3 0 0 0	6 7 2 0 0 0 0	借	5 3 3 0 0 0
3	10	14	董咏借差旅费	8 0 0 0 0 0		借	1 3 3 3 0 0 0

表 2-1-75　　　　　　　　　　　　库 存 现 金

2014年		凭证号	摘要	借方金额										贷方金额										借或贷	余额									
月	日			千	百	十	万	千	百	十	元	角	分	千	百	十	万	千	百	十	元	角	分		千	百	十	万	千	百	十	元	角	分
2	28		本月止累计				8	8	5	3	0	0	0				8	8	3	0	0	0	0	借						2	3	0	0	0
3	4	5	提现					3	0	0	0	0	0											借					3	2	3	0	0	0
	4	6	司机报销路桥费																3	1	9	0	0	借							4	0	0	0
	10	13	提现					8	0	0	0	0	0											借					8	0	4	0	0	0
	10	14	董咏借差旅费															8	0	0	0	0	0	借							4	0	0	0

业 务 十 一

1. 原始凭证（2张），见表 2-1-76、表 2-1-77。

表 2-1-76　　××省电信有限公司丰源分公司特约委托收款专用发票　　委收号码 201301-7224204

电信四联（2004）地　　　　　　　发 票 联　　　　　　　委托日期：2014年3月12日

付款方	全称	丰源市公安局			收款方	全称	××省电信有限公司丰源市分公司		
	账号	7415698258963				账号	85612586974032		
	开户行	中国银行丰源市分行	行号	3818529		开户行	交通银行丰源市支行		

委收金额	支付金额人民币（大写）	陆仟贰佰陆拾壹元整	亿 千 百 十 万 千 百 十 元 角 分 ¥ 6 2 6 1 0 0

款项性质	2014年03月份电话月租费	合同号码	00654098	寄附单证张数	

备注：业务号码 82146946　号码个 58　托收批次 1
IP 标准长途　　10.50　　手续费　　　1.00
国内长途费　　121.59　　月租费　　2 920.00
市话费　　 3 207.91
合　　计　　 6 261.00

××省电信有限公司
丰源分公司
发票专用章

收款方盖章有效

根据协议上列款项已由付款
单位账户付出.
付款人开户行盖章
　　　月　日

表 2-1-77　　　　　　　　　　　　财 政 授 权 支 付 凭 证

资金性质：财政补助　　　　　　　　　2014 年 3 月 12 日　　　　　　　　　编号：050GQ-000004

付款人	全　称	丰源市公安局	收款人	全　称	××省电信有限公司丰源市分公司
	账　号	7415698258963		账　号	85612586974032
	开户行	中国银行丰源市分行		开户行	交通银行丰源市支行

一级预算单位	丰源市公安局	功能分类	类	204 公共安全
基层预算单位	丰源市公安局		款	02 公安
归口处室	行财处		项	01 行政运行
结算方式	转账	经济分类		30207 邮电费

支付金额人民币（大写）	陆仟贰佰陆拾壹元整	亿	千	百	十	万	千	百	十	元	角	分
						¥	6	2	6	1	0	0

用　途	邮电费

银行盖章	上述款项已办理 中国银行 转（745816）讫 丰源市分行 年　月　日	经办人	汉越	备　　注

2. 业务内容

上述凭证表示：丰源市公安局收到电信公司传来的特约委托收款专用发票，本月电话费为 6 261.00 元，开出财政授权支付凭证从预算外额度中支付。

3. 账务处理

表 2-1-78　　　　　　　　　　　　　　记 账 凭 证

2014 年 3 月 12 日　　　　　　　　　　　　　　　　　　　第 15 号

摘　要	科　　目		借方金额	贷方金额
	总账科目	明细科目	千百十万千百十元角分	千百十万千百十元角分
付电话费	经费支出	财政拨款支出（基本支出）（邮电费）	6 2 6 1 0 0	
	零余额账户用款额度			6 2 6 1 0 0
	合　　　计		¥6 2 6 1 0 0	¥6 2 6 1 0 0

会计主管：　　　记账：　　　出纳：　　　复核：　　　制单：刘萌

（2）根据记账凭证登记有关总账，见表2-1-79、表2-1-80。

表2-1-79　　　　　　　　　　　经　费　支　出

| 2014年 | | 凭证号 | 摘要 | 借方金额 || ||||||| 贷方金额 |||||||||| 借或贷 | 余额 ||||||||| |
月	日			千	百	十	万	千	百	十	元	角	分	千	百	十	万	千	百	十	元	角	分		千	百	十	万	千	百	十	元	角	分
2	28		本月止累计				4	2	1	0	0	0	0											借				4	2	1	0	0	0	0
3	1	2	购买一般机动车保险					1	2	1	5	0	0											借				4	2	2	2	1	5	0	0
	4	6	司机报销路桥费						3	1	9	0	0											借				4	2	2	5	3	4	0	0
	6	7	购办公设备					2	0	9	0	9	8	0	0										借				4	4	3	4	4	3	8	0	0
	6	8	购维修材料，验收后交付使用						9	2	8	2	0	0										借				4	4	4	3	7	2	0	0
	8	9	发工资					3	6	9	6	0	0	0	0									借				4	8	1	3	3	2	0	0
	12	15	付电话费						6	2	6	1	0	0										借				4	8	1	9	5	8	1	0	0

表2-1-80　　　　　　　　　　零余额账户用款额度

| 2014年 | | 凭证号 | 摘要 | 借方金额 |||||||||| 贷方金额 |||||||||| 借或贷 | 余额 ||||||||| |
月	日			千	百	十	万	千	百	十	元	角	分	千	百	十	万	千	百	十	元	角	分		千	百	十	万	千	百	十	元	角	分
2	28		本月止累计				1	5	1	0	0	0	0				1	2	1	4	5	6	0	0	借				2	9	5	4	4	0	0
3	1	1	收到财政下达的授权支付额度				5	7	4	5	0	0	0												借				8	6	9	9	4	0	0
	4	5	提现															3	0	0	0	0	0	借				8	6	6	9	4	0	0
	6	8	购维修材料，验收后交付使用																9	2	8	2	0	0	借				8	5	7	6	5	8	0	0
	10	13	提现															8	0	0	0	0	0	借				8	4	9	6	5	8	0	0
	12	15	付电话费																6	2	6	1	0	0	借				8	4	3	3	9	7	0	0

业务十二

1. 原始凭证（2张），见表2-1-81、表2-1-82。

表2-1-81

财政授权支付凭证

资金性质：财政补助　　　　　　2014年3月14日　　　　　　编号：050GQ-000005

付款人	全称	丰源市公安局	收款人	全称	丰源市公安局
	账号	7415698258963		账号	7415698258963
	开户行	中国银行丰源市分行		开户行	中国银行丰源市分行
一级预算单位		丰源市公安局	功能分类	类	204 公共安全
基层预算单位		丰源市公安局		款	02 公安
归口处室		行财处		项	01 行政运行
结算方式		现付	经济分类		30211 差旅费

支付金额人民币（大写）	贰万元整	亿	千	百	十	万	千	百	十	元	角	分
						¥	2	0	0	0	0	0

用途	差旅费借款		
	上述款项已办理		备注
银行盖章：	中国银行转（745816）讫丰源市分行	经办人：耕耘	
	年　月　日		

第二联：退预算单位作回单

表2-1-82

中国银行
现金支票存根

$\dfrac{EH}{02}$ 22478036

科　　目＿＿＿＿＿＿
对方科目＿＿＿＿＿＿
出票日期　2014年3月14日

收款人：丰源市公安局
金额：20 000.00
用途：差旅费借款

2. 业务内容

上述凭证表示：3月15日，丰源市公安局开出财政授权支付凭证和现金支票，从预算内用款额度中提取现金20 000.00元，备作差旅费借款。

3. 账务处理

（1）根据上述原始凭证填记账凭证，将原始凭证附于记账凭证后，并注明张数，见表2-1-83。

表 2-1-83　　　　　　　　　　　记　账　凭　证
2014 年 3 月 14 日　　　　　　　　　　　　　　第 16 号

摘　要	科　　目		借方金额	贷方金额
	总账科目	明细科目	千百十万千百十元角分	千百十万千百十元角分
提现	库存现金		2 0 0 0 0 0	
	零余额账户用款额度			2 0 0 0 0 0
	合　　　计		¥　　2 0 0 0 0 0	¥　　2 0 0 0 0 0

会计主管：　　　　记账：　　　　出纳：　　　　复核：　　　　制单：刘萌

附原始凭证 2 张

(2) 根据记账凭证登记有关总账，见表 2-1-84、表 2-1-85。

表 2-1-84　　　　　　　　　　库　存　现　金

2014 年		凭证号	摘　要	借方金额	贷方金额	借或贷	余　额
月	日			千百十万千百十元角分	千百十万千百十元角分		千百十万千百十元角分
2	28		本月止累计	8 8 5 3 0 0 0	8 8 3 0 0 0 0	借	2 3 0 0 0
3	4	5	提现	3 0 0 0 0 0		借	3 2 3 0 0
	4	6	司机报销路桥费		3 1 9 0 0 0	借	4 0 0 0
	10	13	提现	8 0 0 0 0 0		借	8 0 4 0 0
	10	14	董咏借差旅费		8 0 0 0 0 0	借	4 0 0 0
	14	16	提现	2 0 0 0 0 0		借	2 0 4 0 0

表 2-1-85　　　　　　　　　　零余额账户用款额度

2014 年		凭证号	摘　要	借方金额	贷方金额	借或贷	余　额
月	日			千百十万千百十元角分	千百十万千百十元角分		千百十万千百十元角分
2	28		本月止累计	1 5 1 0 0 0 0 0	1 2 1 4 5 6 0 0	借	2 9 5 4 4 0 0
3	1	1	收到财政下达的授权支付额度	5 7 4 5 0 0 0 0		借	8 6 9 9 4 0 0 0
	4	5	提现		3 0 0 0 0 0	借	8 6 6 9 4 0 0 0
	6	8	购维修材料，验收后交付使用		9 2 8 2 0 0	借	8 5 7 6 5 8 0 0
	10	13	提现		8 0 0 0 0 0	借	8 4 9 6 5 8 0 0
	12	15	付电话费		6 2 6 1 0 0	借	8 4 3 3 9 7 0 0
	14	16	提现		2 0 0 0 0 0	借	8 2 3 3 9 7 0 0

业务十三

1. 原始凭证（1张）

表 2-1-86

借 支 单

2014 年 3 月 14 日　　　　　　　　　　　　　　　　　　　　　部门：办公室

借支人姓名	梁奕							
借支事由	参加会议							
人民币（大写）	贰万元整　　　　¥20 000.00							
核准	张歆	会计	罗洪	出纳	李敏	借支人	梁奕	

2. 业务内容

上述凭证表示：3月14日，丰源公安局办公室梁奕等出差，借差旅费20 000.00元，以现金付讫。

3. 账务处理

（1）根据上述原始凭证填记账凭证，将原始凭证附于记账凭证后，并注明张数，见表2-1-87。

表 2-1-87

记 账 凭 证

2014 年 3 月 14 日　　　　　　　　　　　　　　　　　　　　　第 17 号

摘　要	科　目		借方金额	贷方金额	
	总账科目	明细科目	千百十万千百十元角分	千百十万千百十元角分	
梁奕借差旅费	其他应收款	梁奕	2 0 0 0 0 0 0		附原始凭证1张
	库存现金			2 0 0 0 0 0 0	
	合　计		¥ 2 0 0 0 0 0 0	¥ 2 0 0 0 0 0 0	

会计主管：　　　　记账：　　　　出纳：　　　　复核：　　　　制单：刘萌

（2）根据记账凭证登记有关总账，见表2-1-88。

表 2-1-88

其 他 应 收 款

2014年		凭证号	摘　要	借方金额	贷方金额	借或贷	余　额
月	日			千百十万千百十元角分	千百十万千百十元角分		千百十万千百十元角分
2	28		本月止累计	7 2 5 3 0 0	6 7 2 0 0 0	借	5 3 3 0 0
3	10	14	董咏借差旅费	8 0 0 0 0		借	1 3 3 3 0 0
	14	17	梁奕借差旅费	2 0 0 0 0 0 0		借	2 1 3 3 3 0 0

表 2-1-89　　　　　　　　　　库 存 现 金

2014年		凭证号	摘要	借方金额										贷方金额										借或贷	余额									
月	日			千	百	十	万	千	百	十	元	角	分	千	百	十	万	千	百	十	元	角	分		千	百	十	万	千	百	十	元	角	分
2	28		本月止累计				8	8	5	3	0	0	0				8	8	3	0	0	0	0	借							2	3	0	0	0
3	4	5	提现					3	0	0	0	0	0											借						3	2	3	0	0	0
	4	6	司机报销路桥费																3	1	9	0	0	借								4	0	0	0
	10	13	提现						8	0	0	0	0											借							8	0	4	0	0
	10	14	董咏借差旅费																8	0	0	0	0	借								4	0	0	0
	14	16	提现					2	0	0	0	0	0											借					2	0	0	4	0	0	0
	14	17	梁奕借差旅费																2	0	0	0	0	借								4	0	0	0

业务十四

1. 原始凭证（2 张）（见表 2-1-90、表 2-1-91）。

表 2-1-90　　　　　　　　　　出差旅费报销单

填报日期 2014 年 3 月 15 日

姓名：董咏　　　出差事由：外出调查

起止时间及地点					车船费	通宵车	在途补助		住勤补助		住宿费	其他	
月	日	起点	月	日	终点	金额	金额	天数	金额	天数	金额	金额	摘要	金额
3	10	丰源	3	11	抚顺	1 900.00		5	100.00			900.00	午餐等	800.00
3	13	抚顺	3	13	喀什	2 100.00								
3	15	喀什	3	15	丰源	2 000.00								
		小　　计				6 000.00						900.00		800.00

合计（大写）人民币柒仟柒佰元整　　　预支 8 000.00　　核销 7 700.00　　退补 退 300.00

主管：张歆　　　会计：罗洪　　　出纳：李敏　　　出差人：董咏

附单据 11 张

表 2-1-91　　　　　　　　　××省行政事业单位收款收据

2014 年 3 月 15 日　　（2004）　　　　　　　　　　　9015387

今收到　董咏　　　　　　　系付　差旅费余款

人民币（大写）　叁佰元整　　　　　￥300.00

收款单位（公章）　丰源市公安局财务专用章　　会计（章）　　收款人（章）李敏

第三联：记账凭证

说明：本收据用于行政事业单位之间、系统内部及单位与个人之间非经营性往来款项的结算。
　　　本收据禁止用于收取行政事业性收费、政府性基金。

2. 业务内容

上述凭证表示：3 月 15 日，董咏出差回来，经核准报销差旅费 7 700.00 元，余款 300.00 元以现金退回。

3. 账务处理

（1）根据上述原始凭证填制记账凭证，并将其附在记账凭证后，注明张数，见表 2-1-92。

表 2-1-92

记 账 凭 证

2014 年 3 月 15 日　　　　　　　　　　　　　　　　第 18 号

摘　要	科　目		借方金额	贷方金额	
	总账科目	明细科目	千百十万千百十元角分	千百十万千百十元角分	
董咏报销差旅费	经费支出	财政拨款支出（基本支出）（差旅费）	7 7 0 0 0 0		附原始凭证 2 张
	库存现金			3 0 0 0 0	
	其他应收款	董咏		8 0 0 0 0 0	
	合　　　　计		¥　　　8 0 0 0 0 0	¥　　　8 0 0 0 0 0	

会计主管：　　　　　记账：　　　　　出纳：　　　　　复核：　　　　　制单：刘萌

（2）根据记账凭证登记有关总账，见表 2-1-93 至表 2-1-95。

表 2-1-93

其 他 应 收 款

2014 年		凭证号	摘　要	借方金额	贷方金额	借或贷	余　额
月	日			千百十万千百十元角分	千百十万千百十元角分		千百十万千百十元角分
2	28		本月止累计	7 2 5 0 0 0	6 7 2 0 0 0	借	5 3 3 0 0 0
3	10	14	董咏借差旅费	8 0 0 0 0 0		借	1 3 3 3 0 0 0
	14	17	梁奕借差旅费	2 0 0 0 0 0		借	1 3 3 3 0 0 0
	15	18	董咏报销差旅费		8 0 0 0 0 0	借	5 3 3 0 0 0

表 2-1-94

库 存 现 金

2014 年		凭证号	摘　要	借方金额	贷方金额	借或贷	余　额
月	日			千百十万千百十元角分	千百十万千百十元角分		千百十万千百十元角分
2	28		本月止累计	8 8 5 3 0 0 0	8 8 3 0 0 0 0	借	2 3 0 0 0
3	4	5	提现	3 0 0 0 0 0		借	3 2 3 0 0 0
	4	6	司机报销路桥费		3 1 9 0 0	借	4 0 0 0
	10	13	提现	8 0 0 0 0 0		借	8 0 4 0 0 0
	10	14	董咏借差旅费		8 0 0 0 0 0	借	4 0 0 0
	14	16	提现	2 0 0 0 0 0		借	2 0 4 0 0 0
	14	17	梁奕借差旅费		2 0 0 0 0 0	借	4 0 0 0
	15	18	收到董咏退回旅费余款	3 0 0 0 0		借	3 4 0 0 0

表 2-1-95　　　　　　　　经 费 支 出

2014年		凭证号	摘　要	借方金额 千百十万千百十元角分	贷方金额 千百十万千百十元角分	借或贷	余　额 千百十万千百十元角分
月	日						
2	28		本月止累计	4 2 1 0 0 0 0 0		借	4 2 1 0 0 0 0 0
3	1	2	购买一般机动车保险	1 2 1 5 0 0 0		借	4 2 2 2 1 5 0 0 0
	4	6	司机报销路桥费	3 1 9 0 0 0		借	4 2 2 5 3 4 0 0 0
	6	7	购办公设备	2 0 9 0 9 8 0 0		借	4 4 3 4 4 3 8 0 0
	6	8	购维修材料，验收后交付使用	9 2 8 2 0 0		借	4 4 4 3 7 2 0 0 0
	8	9	发工资	3 6 9 6 0 0 0 0		借	4 8 1 3 3 2 0 0 0
	12	15	付电话费	6 2 6 1 0 0		借	4 8 1 9 5 8 1 0 0
	15	18	董咏报销差旅费	7 7 0 0 0 0		借	4 8 2 7 2 8 1 0 0

业 务 十 五

1. 原始凭证（1张）

表 2-1-96　　　　　　　中国银行现金交款单

账别：　　　　　　　　　　2014年3月15日　　　　　　　　　　　　　　　　　　　No 5900965

交款单位	董咏									收款单位	丰源市公安局											
款项来源	差旅费余款									账号	7415698258963					开户银行	中国银行					
大写金额	（币种）人民币叁佰元整										十亿千百十万千百十元角分 ￥ 3 0 0 0 0											
券别	壹佰元	伍拾元	贰拾元	拾元	伍元	贰元	壹元	伍角	贰角	壹角	伍分	贰分	壹分	合计金额								
整把券																						
零张券																						

客户须知　1. 提交本凭证前，请客户确认填写内容完整、无误。
　　　　　2. 客户保证所交款项来源合法。　　　　　　　复核：　　　经办：

2. 业务内容

上述凭证表示：3月15日，出纳员李敏填现金缴款单，将董咏退回的差旅费余款交存单位零余额账户，恢复限额。

3. 账务处理

（1）根据上述原始凭证填制记账凭证，并将其附在记账凭证后，注明张数，见表2-1-97。

表 2-1-97　　　　　　　　　　　记 账 凭 证

2014 年 3 月 15 日　　　　　　　　　　　　　　　　　　　　第 19 号

摘要	科目		借方金额	贷方金额
	总账科目	明细科目	千百十万千百十元角分	千百十万千百十元角分
现金送存银行	零余额账户用款额度		3 0 0 0 0	
	库存现金			3 0 0 0 0
合　　　　计			¥ 3 0 0 0 0	¥ 3 0 0 0 0

附原始凭证 1 张

会计主管：　　　　　记账：　　　　　出纳：　　　　　复核：　　　　　制单：刘萌

（2）根据记账凭证登记有关总账，见表 2-1-98、表 2-1-99。

表 2-1-98　　　　　　　　　　　库 存 现 金

2014 年		凭证号	摘　　要	借方金额	贷方金额	借或贷	余　额
月	日			千百十万千百十元角分	千百十万千百十元角分		千百十万千百十元角分
2	28		本月止累计	8 8 5 3 0 0 0	8 8 3 0 0 0 0	借	2 3 0 0 0
3	4	5	提现	3 0 0 0 0 0		借	3 2 3 0 0 0
	4	6	司机报销路桥费		3 1 9 0 0	借	2 9 1 1 0 0
	10	13	提现	8 0 0 0 0		借	3 7 1 1 0 0
	10	14	董咏借差旅费		8 0 0 0 0 0	借	1 1 1 0 0
	14	16	提现	2 0 0 0 0 0		借	2 1 1 1 0 0
	14	17	梁奕借差旅费		2 0 0 0 0 0	借	1 1 1 0 0
	15	18	收到董咏退回旅费余款	3 0 0 0 0		借	4 1 1 0 0
	15	19	将现金送存银行		3 0 0 0 0	借	1 1 1 0 0

表 2-1-99　　　　　　　　　　　零余额账户用款额度

2014 年		凭证号	摘　　要	借方金额	贷方金额	借或贷	余　额
月	日			千百十万千百十元角分	千百十万千百十元角分		千百十万千百十元角分
2	28		本月止累计	1 5 1 0 0 0 0 0	1 2 1 4 5 6 0 0	借	2 9 5 4 4 0 0
3	1	1	收到财政下达的授权支付额度	5 7 4 5 0 0 0		借	8 6 9 9 4 0 0
	4	5	提现		3 0 0 0 0 0	借	8 6 6 9 4 0 0
	6	8	购维修材料，验收后交付使用		9 2 8 2 0 0	借	8 5 7 6 5 8 0 0
	10	13	提现		8 0 0 0 0	借	8 4 9 6 5 8 0 0
	12	15	付电话费		6 2 6 1 0 0	借	8 4 3 3 9 7 0 0
	14	16	提现		2 0 0 0 0 0	借	8 2 3 3 9 7 0 0
	15	19	将现金送存银行	3 0 0 0 0		借	8 2 3 6 9 7 0 0

业务十六

1. 原始凭证（2张）

表 2－1－100　　　　　　　　××省行政事业单位收款收据

2014 年 3 月 19 日　　　　　　　　　　　　　　　9015391

今收到　　长飞公司　　　　　系付　　租车押金

人民币（大写）　贰仟元整　　　　　　　¥ 2 000.00

收款单位（公章）　丰源市公安局财务专用章　　会计（章）　　收款人（章）李敏

第三联：记账凭证

说明：本收据用于行政事业单位之间、系统内部及单位与个人之间非经营性往来款项的结算。
　　　本收据禁止用于收取行政事业性收费、政府性基金。

表 2－1－101　　　　　　　　中国银行现金交款单

账别：　　　　　　　2014 年 3 月 19 日　　　　　　　　　No5900966

交款单位	长飞公司		收款单位	丰源市公安局										
款项来源	租车押金		账号	001225478003			开户银行			中国银行				
大写金额	（币种）人民币贰仟元整				十亿	千百	十万	千	百	十元	角	分		
								¥	2	0 0	0	0 0		
券别	壹佰元	伍拾元	贰拾元	拾元	伍元	贰元	壹元	伍角	贰角	壹角	伍分	贰分	壹分	合计金额
整把券														
零张券														

第一联：银行盖章后退收款单位

客户须知　1. 提交本凭证前，请客户确认填写内容完整、无误。
　　　　　2. 客户保证所交款项来源合法。

复核：　　　经办：

2. 业务内容

上述凭证表示：3 月 19 日，丰源市公安局收到长飞公司交来租车（交通车）押金（现金）2 000.00 元，开出收据，同时填现金缴款单，将款项交存往来收入零余额账户。

3. 账务处理

（1）根据上述原始凭证填制记账凭证，并将其附在记账凭证后，注明张数。

表 2-1-102

记 账 凭 证

2014 年 3 月 19 日　　　　　　　　　　　第 20 号

摘要	科目		借方金额	贷方金额
	总账科目	明细科目	千百十万千百十元角分	千百十万千百十元角分
收租车押金	银行存款		2 0 0 0 0 0	
	其他应付款	长飞公司		2 0 0 0 0 0
	合　　计		¥2 0 0 0 0 0	¥2 0 0 0 0 0

会计主管：　　　记账：　　　出纳：　　　复核：　　　制单：刘萌

附原始凭证1张

（2）根据记账凭证登记有关总账，见表 2-1-103、表 2-1-104。

表 2-1-103　　　　　　　　　　银 行 存 款

2014年		凭证号	摘要	借方金额	贷方金额	借或贷	余额
月	日			千百十万千百十元角分	千百十万千百十元角分		千百十万千百十元角分
2	28		本月止累计	7 8 0 0 0 0 0		借	7 8 0 0 0 0 0
3	3	3	收到门面租金	1 0 0 0 0 0		借	7 9 0 0 0 0 0
	4	4	将门面租金划入市财政非税收入户		1 0 0 0 0 0	平	7 8 0 0 0 0 0
	19	20	收租车押金	2 0 0 0 0 0		借	8 0 0 0 0 0 0

表 2-1-104　　　　　　　　　　其 他 应 付 款

2014年		凭证号	摘要	借方金额	贷方金额	借或贷	余额
月	日			千百十万千百十元角分	千百十万千百十元角分		千百十万千百十元角分
2	28		本月止累计		7 8 0 0 0 0 0	贷	7 8 0 0 0 0 0
3	3	3	收到门面租金		1 0 0 0 0 0	贷	7 9 0 0 0 0 0
	4	4	将门面租金缴入财政非税收入户	1 0 0 0 0 0		贷	7 8 0 0 0 0 0
	8	9	从工资中代扣医保、公积金		3 8 8 8 0 0 0	贷	1 1 6 8 8 0 0 0
	11		缴纳代扣的医疗保险	5 2 7 0 0 0		贷	1 1 1 6 1 0 0 0
	12		缴纳代扣的公积金	3 3 6 1 0 0 0		贷	7 8 0 0 0 0 0
	19	20	收租车押金		2 0 0 0 0 0	贷	8 0 0 0 0 0 0

业务十八

1. 原始凭证（1张）

表 2-1-105

租车费用结算单

长飞公司租用本单位交通车四天，现车已交回，经检查车况良好无损坏。原商定租金每天伍佰（500.00）元，共贰仟（2 000.00）元，款项已以押金形式收进，现予转账。

经手人：吴昊

2014 年 3 月 22 日

核准：汪莆

2. 业务内容

上述凭证表示：长飞公司将租借的交通车完好地还给丰源市公安局，丰源市公安局将原收的押金转为本单位收入。

3. 账务处理

（1）根据上述原始凭证填制记账凭证，并将其附在记账凭证后，注明张数。

表 2-1-106　　　　　　　　　记 账 凭 证

2014 年 3 月 22 日　　　　　　　　　　　　　　　　第 22 号

摘要	科目		借方金额	贷方金额
	总账科目	明细科目	千百十万千百十元角分	千百十万千百十元角分
将押金转为应缴财政款	其他应付款	长飞公司	2 0 0 0 0 0	
	应缴财政款			2 0 0 0 0 0
合　　计			¥ 2 0 0 0 0 0	¥ 2 0 0 0 0 0

会计主管：　　　记账：　　　出纳：　　　复核：　　　制单：刘萌

附原始凭证1张

（2）根据记账凭证登记有关总账，见表 2-1-107、表 2-1-108。

表 2-1-107　　　　　其他应付款

2014年		凭证号	摘要	借方金额 千百十万千百十元角分	贷方金额 千百十万千百十元角分	借或贷	余额 千百十万千百十元角分
月	日						
2	28		本月止累计		7 8 0 0 0 0 0	贷	7 8 0 0 0 0 0
3	3	3	收到门面租金		1 0 0 0 0 0	贷	7 9 0 0 0 0 0
	4	4	将门面租金缴入财政非税收入户	1 0 0 0 0 0		贷	7 8 0 0 0 0 0
	8	9	从工资中代扣医保、公积金		3 8 8 8 0 0 0	贷	1 1 6 8 8 0 0 0
	11		缴纳代扣的医疗保险	5 2 7 0 0 0		贷	1 1 1 6 1 0 0 0
	12		缴纳代扣的公积金	3 3 6 1 0 0 0		贷	7 8 0 0 0 0 0
	19	20	收租车押金		2 0 0 0 0 0	贷	9 8 0 0 0 0 0
	22	22	将押金转为应缴财政款	2 0 0 0 0 0		贷	7 8 0 0 0 0 0

表 2-1-108　　　　　应缴财政款

2014年		凭证号	摘要	借方金额 千百十万千百十元角分	贷方金额 千百十万千百十元角分	借或贷	余额 千百十万千百十元角分
月	日						
3	22	22	车辆出租收入		2 0 0 0 0 0	贷	8 1 0 0 0 0 0

业务十九

1. 原始凭证（1张）（见表2-1-109）

表2-1-109　　　　　××省非税收入一般缴款书（回单）　　　　No 100061216

执行单位名称：丰源市公安局　　　2014年3月25日　　　　组织机构代码：

付款人	全　称	丰源市公安局		收款人	全　称	丰源市财政非税收入专户
	账　号	001225478003			账　号	897400012540008
	开户行	中国银行			开户行	建设银行梨园区支行

金额人民币（大写）：贰仟元整				（小写）：¥2 000.00	
收入项目编码	收入项目名称	单位	数量	收费标准	金　额
103070601	行政单位国有资产出租、出借收入				2 000.00
		中国银行 转（65492）讫 丰源市分行			
单位主管　会计　记账　复核				上列款项已划转收款单位账户 银行盖章 复核员　记账员　出纳员　　　　年　月　日	

代理银行收款签章后由缴款人或代理银行退执收单位

2. 业务内容

上述凭证表示：3月25日，填制非税收入缴款书，将车辆出租收入2 000.00元上缴财政非税收入户。

3. 账务处理

（1）根据上述原始凭证填制记账凭证，并将其附在记账凭证后，注明张数，见表2-1-110。

表2-1-110　　　　　　　　记账凭证

2014年3月25日　　　　　　　　　　　　　　　第21号

摘　要	科　目		借方金额	贷方金额
	总账科目	明细科目	千百十万千百十元角分	千百十万千百十元角分
将租车收入划入市财政非税收入户	应缴财政款		2 0 0 0 0 0	
	银行存款			2 0 0 0 0 0
合　计			¥2 0 0 0 0 0	¥2 0 0 0 0 0

附原始凭证1张

会计主管：　　　记账：　　　出纳：　　　复核：　　　制单：刘萌

（2）根据记账凭证登记有关总账，见表2-1-111、表2-1-112。

表2-1-111　　　　　银行存款

2014年 月	日	凭证号	摘要	借方金额	贷方金额	借或贷	余额
2	28		本月止累计	780000 00		借	780000 00
3	3	3	收到门面租金	10000 00		借	790000 00
	4	4	将门面租金划入市财政非税收入户		10000 00	平	780000 00
	19	20	收租车押金	20000 00		借	800000 00
	20	21	将押金划入市财政非税收入户		20000 00	平	780000 00

表2-1-112　　　　　应缴财政款

2014年 月	日	凭证号	摘要	借方金额	贷方金额	借或贷	余额
3	22	22	车辆出租收入		20000 00	贷	810000 00
	25	23	将车辆出租收入划入财政非税收入专户	20000 00		平	0 00

三、月末、年终业务及会计报表实例

（一）月末业务

月末业务主要是对本月业务进行清理，将本月发生的经济业务全部登记入账，并进行账账、账证、账实核对，在核对一致的基础上，进行月度结账，结出"本月合计"、"本月止累计"，并据以编制会计报表。

行政单位会计报表主要有资产负债表、收入支出表、财政拨款收入支出表等。

现将分类核算业务中涉及的各有关总账结账，并据以编制资产负债表、收入支出表。

1. 结账，结出各有关账户的"本月合计"和"本月止累计"（见表2-1-113至表2-1-122）

表 2-1-113　　　　　　　　　　固 定 资 产

2014年 月	日	凭证号	摘要	借方金额 千百十万千百十元角分	贷方金额 千百十万千百十元角分	借或贷	余额 千百十万千百十元角分
2	28		本月止累计	6 3 0 0 0 0 0 0 0		借	6 3 0 0 0 0 0 0 0
3	6	7	购办公设备	2 0 9 0 9 8 0 0		借	6 3 2 0 9 0 9 8 0 0
	31		本月合计	2 0 9 0 9 8 0 0		借	2 0 9 0 9 8 0 0
	31		本月止累计	6 3 2 0 9 0 9 8 0 0		借	6 3 2 0 9 0 9 8 0 0

表 2-1-114　　　　　　　　　　资 产 基 金

2014年 月	日	凭证号	摘要	借方金额 千百十万千百十元角分	贷方金额 千百十万千百十元角分	借或贷	余额 千百十万千百十元角分
2	28		本月止累计		6 3 0 0 0 0 0 0 0	贷	6 3 0 0 0 0 0 0 0
3	6	7	购办公设备		2 0 9 0 9 8 0 0	贷	6 3 2 0 9 0 9 8 0 0
	31		本月合计		2 0 9 0 9 8 0 0	贷	2 0 9 0 9 8 0 0
	31		本月止累计		6 3 2 0 9 0 9 8 0 0	贷	6 3 2 0 9 0 9 8 0 0

表 2-1-115　　　　　　　　　　财 政 拨 款 收 入

2014年 月	日	凭证号	摘要	借方金额 千百十万千百十元角分	贷方金额 千百十万千百十元角分	借或贷	余额 千百十万千百十元角分
2	28		本月止累计		4 5 1 1 0 0 0 0 0	贷	4 5 1 1 0 0 0 0 0
3	6	1	收到预算内授权支付额度		5 7 4 5 0 0 0 0	贷	5 0 8 5 5 0 0 0 0
	1	2	购买一般机动车保险	1 2 1 5 0 0 0		贷	5 0 9 7 6 5 0 0 0
	6	7	购办公设备	2 0 9 0 9 8 0 0		贷	5 3 0 6 7 4 8 0 0
	8	9	发工资	3 2 5 0 3 1 0 0		贷	5 6 3 1 7 7 9 0 0
	8	10	缴纳个人所得税		5 6 8 9 0 0	贷	5 6 3 7 4 6 8 0 0
	8	11	交个人负担的医疗保险		5 2 7 0 0 0	贷	5 6 4 2 7 3 8 0 0
	8	12	划付个人交纳的公积金		3 3 6 1 0 0 0	贷	5 6 7 6 3 4 8 0 0
	31		本月合计	1 1 6 5 3 4 8 0 0		贷	1 1 6 5 3 4 8 0 0
	31		本月止累计		5 6 7 6 3 4 8 0 0	贷	5 6 7 6 3 4 8 0 0

表 2-1-116　　　　　其 他 应 付 款

2014年		凭证号	摘要	借方金额	贷方金额	借或贷	余额
月	日			千百十万千百十元角分	千百十万千百十元角分		千百十万千百十元角分
2	28		本月止累计		7 8 0 0 0 0 0	贷	7 8 0 0 0 0 0
3	3	3	收到门面租金		1 0 0 0 0 0	贷	7 9 0 0 0 0 0
	4	4	将门面租金缴入财政非税收入户	1 0 0 0 0 0		贷	7 8 0 0 0 0 0
	8	9	从工资中代扣医保、公积金		3 8 8 8 0 0 0	贷	1 1 6 8 8 0 0 0
		11	缴纳代扣的医疗保险	5 2 7 0 0 0		贷	1 1 1 6 1 0 0 0
		12	缴纳代扣的公积金	3 3 6 1 0 0 0		贷	7 8 0 0 0 0 0
	19	20	收租车押金		2 0 0 0 0 0	贷	9 8 0 0 0 0 0
	22	22	将押金转为应缴财政款	2 0 0 0 0 0		贷	7 0 0 0 0 0 0
	31		本月合计	4 1 8 8 0 0 0	4 1 8 8 0 0 0	平	0 0 0
	31		本月止累计	4 1 8 8 0 0 0	1 1 9 8 8 0 0 0	贷	7 8 0 0 0 0 0

表 2-1-117　　　　　经 费 支 出

2014年		凭证号	摘要	借方金额	贷方金额	借或贷	余额
月	日			千百十万千百十元角分	千百十万千百十元角分		千百十万千百十元角分
2	28		本月止累计	4 2 1 0 0 0 0 0		借	4 2 1 0 0 0 0 0
3	1	2	购买一般机动车保险	1 2 1 5 0 0 0		借	4 2 2 1 5 0 0 0
	5	6	司机报销路桥费	3 1 9 0 0 0		借	4 2 2 5 3 4 0 0 0
	6	7	购办公设备	2 0 9 0 9 8 0		借	4 4 3 4 4 3 8 0
	6	8	购维修材料，验收后交付使用	9 2 8 2 0 0		借	4 4 4 3 7 2 0 0 0
	8	9	发工资	3 6 9 6 0 0 0 0		借	4 8 1 3 3 2 0 0 0
	12	15	付电话费	6 2 6 1 0 0		借	4 8 1 9 5 8 1 0 0
	15	18	董咏报销差旅费	7 7 0 0 0 0		借	4 8 2 7 2 8 1 0 0
	31		本月合计	6 1 7 2 8 1 0 0		借	6 1 7 2 8 1 0 0
	31		本月止累计	4 8 2 7 2 8 1 0 0		借	4 8 2 7 2 8 1 0 0

表 2-1-118　　　　　　　　　　　库　存　现　金

2014年		凭证号	摘要	借方金额 千百十万千百十元角分	贷方金额 千百十万千百十元角分	借或贷	余额 千百十万千百十元角分
月	日						
2	28		本月止累计	8 8 5 3 0 0 0	8 8 3 0 0 0 0	借	2 3 0 0 0
3	4	5	提现	3 0 0 0 0 0		借	3 2 3 0 0 0
	4	6	司机报销路桥费		3 1 9 0 0 0	借	4 0 0 0
	10	13	提现	8 0 0 0 0 0		借	8 0 4 0 0 0
	10	14	董咏借差旅费		8 0 0 0 0 0	借	4 0 0 0
	14	16	提现	2 0 0 0 0 0 0		借	2 0 0 4 0 0 0
	14	17	梁奕借差旅费		2 0 0 0 0 0 0	借	4 0 0 0
	15	18	收到董咏退回旅费余款	3 0 0 0 0		借	3 4 0 0 0
	15	19	将现金送存银行		3 0 0 0 0	借	4 0 0 0
	31		本月合计	3 1 3 0 0 0 0	3 1 4 9 0 0 0	贷	1 9 0 0 0
	31		本月止累计	1 1 9 8 3 0 0 0	1 1 9 7 9 0 0 0	借	4 0 0 0

表 2-1-119　　　　　　　　　　　零余额账户用款额度

2014年		凭证号	摘要	借方金额 千百十万千百十元角分	贷方金额 千百十万千百十元角分	借或贷	余额 千百十万千百十元角分
月	日						
2	28		本月止累计	1 5 1 0 0 0 0 0	1 2 1 4 5 6 0 0	借	2 9 5 4 4 0 0
3	1	1	收到财政下达的授权支付额度	5 7 4 5 0 0 0 0		借	8 6 9 9 4 0 0
	4	5	提现		3 0 0 0 0 0	借	8 6 6 9 4 0 0
	6	8	购维修材料，验收后交付使用		9 2 8 2 0 0	借	8 5 7 6 5 8 0 0
	10	13	提现		8 0 0 0 0 0	借	8 4 9 6 5 8 0 0
	12	15	付电话费		6 2 6 1 0 0	借	8 4 3 3 9 7 0 0
	14	16	提现		2 0 0 0 0 0 0	借	8 2 3 3 9 7 0 0
	15	19	将现金送存银行	3 0 0 0 0		借	8 2 3 6 9 7 0 0
	31		本月合计	5 7 4 8 0 0 0 0	4 6 5 4 3 0 0	借	5 2 8 2 5 7 0 0
	31		本月止累计	2 0 8 4 8 0 0 0 0	1 2 6 1 1 0 3 0 0	借	8 2 3 6 9 7 0 0

表 2 - 1 - 120 银 行 存 款

2014年 月	日	凭证号	摘要	借方金额	贷方金额	借或贷	余额
2	28		本月止累计	7800000		借	7800000
3	3	3	收到门面租金	100000		借	7900000
	4	4	将门面租金划入市财政非税收入户		100000	平	7800000
	19	20	收租车押金	20000		借	7820000
	20	21	将押金划入市财政非税收入户		20000	平	7800000
	31		本月合计	300000	300000	平	000
	31		本月止累计	8100000	300000	平	7800000

表 2 - 1 - 121 应 缴 财 政 款

2014年 月	日	凭证号	摘要	借方金额	贷方金额	借或贷	余额
3	19	20	收租车款		20000	贷	20000
	22	22	将押金转为收入	20000		平	000
	31		本月合计	20000	20000	平	000
	31		本月止累计	20000	20000	平	000

表 2 - 1 - 122 其 他 应 收 款

2014年 月	日	凭证号	摘要	借方金额	贷方金额	借或贷	余额
2	28		本月止累计	7253000	6720000	借	533000
3	10	14	董咏借差旅费	800000		借	1333000
	14	17	梁奕借差旅费	200000		借	333000
	15	18	董咏报销差旅费		800000	借	253000
	31		本月合计	2800000	800000	借	2000000
	31		本月止累计	10530000	7520000	借	2533000

2. 编制资产负债表（表 2 - 1 - 123）、收入支出表月报（表 2 - 1 - 124）

表 2 - 1 - 123　　　　　　　　　　　　资 产 负 债 表　　　　　　　　　　　会行政 01 表

编制单位：丰源市公安局　　　　　　　2014 年 3 月 31 日　　　　　　　　　单位：元

资　产	年初余额	期末余额	负债和净资产	年初余额	期末余额
流动资产：			流动负债：		
库存现金		40	应缴财政款		
银行存款		901 697	应缴税费		
财政应返还额度			应付职工薪酬		
应收账款			应付账款		
预付账款			应付政府补贴款		
其他应收款		25 330	其他应付款		78 000
存货	200	200	一年内到期的非流动负债		
流动资产合计			流动负债合计		
固定资产	52 600 000	63 209 098	非流动负债：		
固定资产原价	52 600 000	63 209 098	长期应付款		
减：固定资产累计折旧			受托代理负债		
在建工程			负债合计		
无形资产					
无形资产原价					
减：累计摊销					
待处理财产损溢			财政拨款结转	200	849 267
政府储备物资			财政拨款结余		
公共基础设施			其他资金结转结余		
公共基础设施原价			其中：项目结转		
减：公共基础设施累计折旧			资产基金	52 600 000	63 209 098
公共基础设施在建工程			待偿债净资产		
受托代理资产			净资产合计	52 600 200	64 058 365
资产总计	52 600 200	64 136 365	负债和净资产总计	52 600 200	64 136 365

注：1. 资产负债表中"银行存款"项目含"零余额账户用款额度"账户的期末金额。

2. "财政拨款结转"项目，等于"财政拨款结转"科目的期末余额，加上"财政拨款收入"科目本年累计发生额，减去"经费支出——财政拨款支出"科目本年度累计发生额。本项目数字是计算得出，不是转账得出。

表 2-1-124　　　　　　　　　收 入 支 出 表　　　　　　　　会行政02表

编制单位：　　　　　　　　　　2014 年 3 月　　　　　　　　　　　　单位：元

项　目	本月数	本年累计数
一、年初各项资金结转结余		
（一）年初财政拨款结转结余		
1. 财政拨款结转		
2. 财政拨款结余		
（二）年初其他资金结转结余		
二、各项资金结转结余调整及变动		
（一）财政拨款结转结余调整及变动		
（二）其他资金结转结余调整及变动		
三、收入合计		
（一）财政拨款收入	1 165 348	5 676 348
1. 基本支出拨款	956 250	3 405 808
2. 项目支出拨款	209 098	2 270 540
（二）其他资金收入		
1. 非项目收入		
2. 项目收入		
四、支出合计		
（一）财政拨款支出	617 281	4 827 281
1. 基本支出	408 183	2 556 741
2. 项目支出	209 098	2 270 540
（二）其他资金支出		
1. 非项目支出		
2. 项目支出		
五、本期收支差额	548 067	849 067
（一）财政拨款收支差额	548 067	849 067
（二）其他资金收支差额		
六、年末各项资金结转结余		
（一）年末财政拨款结转结余		
1. 财政拨款结转		
2. 财政拨款结余		
（二）年末其他资金结转结余		

(二) 年终业务

行政单位的年终业务包括年终清理、年终结账、编制年报三方面内容。

1. 年终清理

年终清理是对行政单位全年预算资金收支、其他资金收支活动进行全面清理、核对、整理和结算的工作，是编报年度决算的一个重要环节，是保证决算报表数字真实、内容完整、报送及时的一项基础工作。各行政单位应根据财政机关和上级主管部门的要求，认真做好年终清理工作。年终清理结算的内容包括：

（1）清理核对年度预算数和拨入款项。主管会计单位要清理核对本部门年度预算数，年度中追加追减数，与财政部门核对无误。基层单位主要清理本单位的预算数，并与上级单位核对相符。清理财政拨款收入数，主管会计单位应分"类"、"款"、"项"编制包括本单位及所属各级预算单位在内的汇总的财政性资金支出数，将财政直接支付数，财政授权支付的额度数、支用数、余额数，与财政部门核对相符；各预算单位应清理本单位财政授权支付的额度数、支用数、余额数，与代理银行核对一致。

（2）清理核对各项收支款项。清理核对应缴财政款是否全部入账，对已入账的是否在年终前全部缴清。各项支出要全部清理入账，支出的列报口径要符合规定。经费支出，一律以基层用款单位3月31日止的本年实际支出数为准。

（3）清理往来款项。对应收、应付等往来款项，要全面清理，抓紧结算，做到人欠收回，欠人归还。年终确实不能结清的，要与对方进行核对，以保证数字正确。

（4）清理财产物资。对各项物资财产进行清查盘点，发生盘盈、盘亏，要及时查明原因，按规定作出处理，并调整账务，做到账账相符，账实相符。

（5）清理货币资金。对银行存款、现金等货币资金，要在轧平账户的基础上，分别与开户行、出纳人员核对清楚，存款要与银行对账单相符，现金要进行实物盘点，做到账实相符。

2. 年终结账

年终清理完毕，在账目核对相符的基础上进行年终结账。年终结账工作，一般分为三个步骤：即年终转账、结清旧账和记入新账。

（1）年终转账。账目核对无误后，首先计算出各账户借方、贷方的12月份合计数和累计数，结出12月末的余额（参见月末业务）。然后编制转账前的"资产负债表（月报）"（参见月末业务），试算平衡后，先按规定将零余额账户的余额注销，再将应对冲结转的各个收支账户的余额按年终冲转办法，填制12月31日的记账凭证（无原始凭证）办理结账冲转，并登记入账。如果行政单位资产负债表按年编报，则不用编制资产负债表月报，各账户月度结账后，办理零余额账户余额注销的年终转账。

业务一　按规定将零余额账户余额注销

①根据核对一致的零余额账户用款额度期末余额，直接填制记账凭证，注销余额，见表2-1-125。

表 2-1-125　　　　　　　　　　记　账　凭　证

2014 年 12 月 31 日　　　　　　　　　　　　　　　　　　第 23 号

摘要	科　目		借方金额	贷方金额
	总账科目	明细科目	千百十万千百十元角分	千百十万千百十元角分
注销零余额	财政应返还额度	财政授权支付	8 2 3 6 9 7 0 0	
账户余额	零余额账户用款额度			8 2 3 6 9 7 0 0
	合　　　　计		¥ 8 2 3 6 9 7 0 0	¥ 8 2 3 6 9 7 0 0

会计主管：　　　记账：　　　出纳：　　　复核：　　　制单：刘萌

附原始凭证　张

② 根据记账凭证登记有关总账，见表 2-1-126、表 2-1-127。

表 2-1-126　　　　　　　　　　零余额账户用款额度

2014年		凭证号	摘　　要	借方金额	贷方金额	借或贷	余　　额
月	日			千百十万千百十元角分	千百十万千百十元角分		千百十万千百十元角分
11	30		本月止累计	1 5 1 0 0 0 0 0	1 2 1 4 5 6 0 0 0	借	2 9 5 4 4 0 0 0
12	1	1	收到财政下达的授权支付额度	5 7 4 5 0 0 0 0		借	8 6 9 9 4 0 0 0
	4	5	提现		3 0 0 0 0 0	借	8 6 6 9 4 0 0 0
	6	8	购维修材料，验收后交付使用		9 2 8 2 0 0	借	8 5 7 6 5 8 0 0
	10	13	提现		8 0 0 0 0 0	借	8 4 9 6 5 8 0 0
	12	15	付电话费		6 2 6 1 0 0	借	8 4 3 3 9 7 0 0
	14	16	提现		2 0 0 0 0 0	借	8 2 3 3 9 7 0 0
	15	19	将现金送存银行	3 0 0 0 0		借	8 2 3 6 9 7 0 0
	31		本月合计	5 7 4 8 0 0 0 0	4 6 5 4 3 0 0	借	5 2 8 2 5 7 0 0
	31		本月止累计	2 0 8 4 8 0 0 0 0	1 2 6 1 1 0 3 0 0	借	8 2 3 6 9 7 0 0
	31	23	注销余额		8 2 3 6 9 7 0 0	平	0 0 0
			全年累计	2 0 8 4 8 0 0 0 0	2 0 8 4 8 0 0 0 0	平	0 0 0

表 2-1-127　　　　　　　　　　　财政应返还额度

2014年		凭证号	摘要	借方金额 千百十万千百十元角分	贷方金额 千百十万千百十元角分	借或贷	余额 千百十万千百十元角分
月	日						
12	31	23	注销零余额账户余额	8 2 3 6 9 7 0 0		借	8 2 3 6 9 7 0 0
	31		本月合计	8 2 3 6 9 7 0 0		借	8 2 3 6 9 7 0 0
			本月止累计	8 2 3 6 9 7 0 0		借	8 2 3 6 9 7 0 0
			结转下年		8 2 3 6 9 7 0 0	平	0 0 0

业务二　年终转账

①将财政拨款收入（基本支出拨款 3 405 808 元，项目支出 2 270 540 元）、经费支出（基本支出 2 556 741 元，项目支出 2 270 540 元）账户期末余额，转入财政拨款结转，直接填制记账凭证，见表 2-1-128、表 2-1-129。

表 2-1-128　　　　　　　　　记　账　凭　证
　　　　　　　　　　　　　　2014 年 12 月 31 日　　　　　　　　　第 24 1/2 号

摘要	科目		借方金额 千百十万千百十元角分	贷方金额 千百十万千百十元角分
	总账科目	明细科目		
结转各项收入	财政拨款收入	基本支出拨款	3 4 0 5 8 0 8 0 0	
		项目支出拨款	2 2 7 0 5 4 0 0 0	
	财政拨款结转	基本支出结转		3 4 0 5 8 0 8 0 0
		项目支出结转		2 2 7 0 5 4 0 0 0
	合　　　计		¥5 6 7 6 3 4 8 0 0	¥5 6 7 6 3 4 8 0 0

附原始凭证　张

会计主管：　　　　记账：　　　　出纳：　　　　复核：　　　　制单：刘萌

表 2-1-129　　　　　　　　　记　账　凭　证
　　　　　　　　　　　　　　2014 年 12 月 31 日　　　　　　　　　第 24 2/2 号

摘要	科目		借方金额 千百十万千百十元角分	贷方金额 千百十万千百十元角分
	总账科目	明细科目		
结转支出	财政拨款结转	基本支出结转	2 5 5 6 7 4 1 0 0	
		项目支出结转	2 2 7 0 5 4 0 0 0	
	经费支出	财政拨款支出（基本支出）		2 5 5 6 7 4 1 0 0
		财政拨款支出（项目支出）		2 2 7 0 5 4 0 0 0
	合　　　计		¥4 8 2 7 2 8 1 0 0	¥4 8 2 7 2 8 1 0 0

附原始凭证　张

会计主管：　　　　记账：　　　　出纳：　　　　复核：　　　　制单：刘萌

②根据记账凭证登记有关总账，见表2-1-130至表2-1-132。

表2-1-130　　　　　财政拨款收入

2014年 月	日	凭证号	摘要	借方金额 千百十万千百十元角分	贷方金额 千百十万千百十元角分	借或贷	余额 千百十万千百十元角分
11	30		本月止累计		4 5 1 1 0 0 0 0	贷	4 5 1 1 0 0 0 0
12	6	1	收到预算内授权支付额度		5 7 4 5 0 0 0 0	贷	5 0 8 5 5 0 0 0 0
	1	2	购买一般机动车保险		1 2 1 5 0 0 0	贷	5 0 9 7 6 5 0 0 0
	6	7	购办公设备		2 0 9 0 9 8 0 0	贷	5 3 0 6 7 4 8 0 0
	8	9	发工资		3 2 5 0 3 1 0 0	贷	5 6 3 1 7 7 9 0 0
	8	10	缴纳个人所得税		5 6 8 9 0 0	贷	5 6 3 7 4 6 8 0 0
	8	11	交个人负担的医疗保险		5 2 7 0 0 0	贷	5 6 4 2 7 3 8 0 0
	8	12	划付个人交纳的公积金		3 3 6 1 0 0 0	贷	5 6 7 6 3 4 8 0 0
	31		本月合计		1 1 6 5 3 4 8 0 0	贷	1 1 6 5 3 4 8 0 0
	31		本月止累计		5 6 7 6 3 4 8 0 0	贷	5 6 7 6 3 4 8 0 0
	31	24	年终转账	5 6 7 6 3 4 8 0 0		平	0 0 0
			全年累计	5 6 7 6 3 4 8 0 0	5 6 7 6 3 4 8 0 0	平	0 0 0

表2-1-131　　　　　经费支出

2014年 月	日	凭证号	摘要	借方金额 千百十万千百十元角分	贷方金额 千百十万千百十元角分	借或贷	余额 千百十万千百十元角分
11	30		本月止累计	4 2 1 0 0 0 0 0		借	4 2 1 0 0 0 0 0
12	1	2	购买一般机动车保险	1 2 1 5 0 0 0		借	4 2 2 2 1 5 0 0 0
	4	6	司机报销路桥费	3 1 9 0 0 0		借	4 2 2 5 3 4 0 0 0
	6	7	购办公设备	2 0 9 0 9 8 0 0		借	4 4 3 4 4 3 8 0 0
	6	8	购维修材料，验收后交付使用	9 2 8 2 0 0		借	4 4 4 3 7 2 0 0 0
	8	9	发工资	3 2 5 0 3 1 0 0		借	4 7 6 8 7 5 1 0 0
	8	10	缴纳个人所得税	5 6 8 9 0 0		借	4 7 7 4 4 4 0 0 0
	8	11	交个人负担的医疗保险	5 2 7 0 0 0		借	4 7 7 9 7 1 0 0 0
	8	12	划付个人交纳的公积金	3 3 6 1 0 0 0		借	4 8 1 3 3 2 0 0 0
	12	15	付电话费	6 2 6 1 0 0		借	4 8 1 9 5 8 1 0 0
	15	18	董咏报销差旅费	7 7 0 0 0 0		借	4 8 2 7 2 8 1 0 0
	31		本月合计	6 1 7 2 8 1 0 0		借	6 1 7 2 8 1 0 0
	31		本月止累计	4 8 2 7 2 8 1 0 0		借	4 8 2 7 2 8 1 0 0
	31	24	年终转账		4 8 2 7 2 8 1 0 0	平	0 0 0
			全年累计	4 8 2 7 2 8 1 0 0	4 8 2 7 2 8 1 0 0	平	0 0 0

表 2-1-132　　　　　　　　　　财政拨款结转

2014年		凭证号	摘要	借方金额 千百十万千百十元角分	贷方金额 千百十万千百十元角分	借或贷	余额 千百十万千百十元角分
月	日						
11	30		本月止累计			贷	2 0 0 0 0
12	31	24	结转收入		5 6 7 6 3 4 8 0 0		5 6 7 6 5 4 8 0 0
	31	24	结转支出	4 8 2 7 2 8 1 0 0		贷	8 4 9 2 6 7 0 0
	31		本月合计	4 8 2 7 2 8 1 0 0	5 6 7 6 3 4 8 0 0	贷	8 4 9 2 6 7 0 0
	31		本月止累计	4 8 2 7 2 8 1 0 0	5 6 7 6 3 4 8 0 0	贷	8 4 9 2 6 7 0 0
	31		结转下年		8 4 9 2 6 7 0 0	平	0 0 0

（2）结清旧账。将转账后无余额的账户结出"全年累计"数，然后在下面划双红线，表示本账户全部结清。对年终有余额的账户，在"本月止累计数"下行的"摘要"栏内注明"结转下年"字样，再在下面划双红线，表示年终余额转入新账，结束旧账，见表2-1-133至表2-1-140。

表 2-1-133　　　　　　　　　　固　定　资　产

2014年		凭证号	摘要	借方金额 千百十万千百十元角分	贷方金额 千百十万千百十元角分	借或贷	余额 千百十万千百十元角分
月	日						
11	30		本月止累计	6 3 0 0 0 0 0 0 0		借	6 3 0 0 0 0 0 0 0
12	6	7	购办公设备	2 0 9 0 9 8 0 0		借	6 3 2 0 9 0 9 8 0 0
	31		本月合计	2 0 9 0 9 8 0 0		借	2 0 9 0 9 8 0 0
	31		本月止累计	6 3 2 0 9 0 9 8 0 0		借	6 3 2 0 9 0 9 8 0 0
	31		结转下年		6 3 2 0 9 0 9 8 0 0	平	0 0 0

表 2-1-134　　　　　　　　　　资　产　基　金

2014年		凭证号	摘要	借方金额 千百十万千百十元角分	贷方金额 千百十万千百十元角分	借或贷	余额 千百十万千百十元角分
月	日						
11	30		本月止累计		6 3 0 0 0 0 0 0 0	贷	6 3 0 0 0 0 0 0 0
12	6	7	购办公设备		2 0 9 0 9 8 0 0	贷	6 3 2 0 9 0 9 8 0 0
	31		本月合计		2 0 9 0 9 8 0 0	贷	2 0 9 0 9 8 0 0
	31		本月止累计		6 3 2 0 9 0 9 8 0 0	贷	6 3 2 0 9 0 9 8 0 0
	31		结转下年	6 3 2 0 9 0 9 8 0 0		平	0 0 0

表 2-1-135 其他应付款

2014年		凭证号	摘要	借方金额	贷方金额	借或贷	余额
月	日			千百十万千百十元角分	千百十万千百十元角分		千百十万千百十元角分
2	28		本月止累计		7 8 0 0 0 0	贷	7 8 0 0 0 0
3	3	3	收到门面租金		1 0 0 0 0 0	贷	7 9 0 0 0 0
	4	4	将门面租金缴入财政非税收入户	1 0 0 0 0 0		贷	7 8 0 0 0 0
	8	9	从工资中代扣医保、公积金		3 8 8 8 0 0	贷	1 1 6 8 8 0 0
	11	11	缴纳代扣的医疗保险	5 2 7 0 0 0		贷	1 1 1 6 1 0 0 0
	12	12	缴纳代扣的公积金	3 3 6 1 0 0 0		贷	7 8 0 0 0 0
	19	20	收租车押金		2 0 0 0 0 0	贷	9 8 0 0 0 0
	22	22	将押金转为应缴财政款	2 0 0 0 0 0		贷	7 8 0 0 0 0
	31		本月合计	4 1 8 8 0 0 0	4 1 8 8 0 0 0	平	0 0 0
	31		本月止累计	4 1 8 8 0 0 0	1 1 9 8 8 0 0 0	贷	7 8 0 0 0 0
	31		结转下年	7 8 0 0 0 0		平	0 0 0

表 2-1-136 库存现金

2014年		凭证号	摘要	借方金额	贷方金额	借或贷	余额
月	日			千百十万千百十元角分	千百十万千百十元角分		千百十万千百十元角分
11	30		本月止累计	8 8 5 3 0 0 0	8 8 3 0 0 0 0	借	2 3 0 0 0
12	4	5	提现	3 0 0 0 0 0		借	3 2 3 0 0 0
	4	6	司机报销路桥费		3 1 9 0 0 0	借	4 0 0 0
	10	13	提现	8 0 0 0 0 0		借	8 0 4 0 0 0
	10	14	董咏借差旅费		8 0 0 0 0 0	借	4 0 0 0
	14	16	提现	2 0 0 0 0 0 0		借	2 0 0 4 0 0 0
	14	17	梁奕借差旅费		2 0 0 0 0 0 0	借	4 0 0 0
	15	18	收到董咏退回旅费余款	3 0 0 0 0		借	3 4 0 0 0
	15	19	将现金送存银行		3 0 0 0 0	借	4 0 0 0
	31		本月合计	3 1 3 0 0 0 0	3 1 4 9 0 0 0	贷	1 9 0 0 0
	31		本月止累计	1 1 9 8 3 0 0 0	1 1 9 7 9 0 0 0	借	4 0 0 0
			结转下年		4 0 0 0	平	0 0 0

表 2-1-137　　　　　　　　　银　行　存　款

2014年		凭证号	摘要	借方金额 千百十万千百十元角分	贷方金额 千百十万千百十元角分	借或贷	余额 千百十万千百十元角分
月	日						
2	28		本月止累计	7 8 0 0 0 0 0		借	7 8 0 0 0 0 0
3	3	3	收到门面租金	1 0 0 0 0 0		借	7 9 0 0 0 0 0
	4	4	将门面租金划入市财政非税收入户		1 0 0 0 0 0	平	7 8 0 0 0 0 0
	19	20	收租车押金	2 0 0 0 0 0		借	8 0 0 0 0 0 0
	20	21	将押金划入市财政非税收入户		2 0 0 0 0 0	平	7 8 0 0 0 0 0
	31		本月合计	3 0 0 0 0 0	3 0 0 0 0 0	平	0 0 0
	31		本月止累计	8 1 0 0 0 0 0	3 0 0 0 0 0	平	7 8 0 0 0 0 0
	31		结转下年		7 8 0 0 0 0 0	平	0 0 0

表 2-1-138　　　　　　　　　其 他 应 收 款

2014年		凭证号	摘要	借方金额 千百十万千百十元角分	贷方金额 千百十万千百十元角分	借或贷	余额 千百十万千百十元角分
月	日						
11	30		本月止累计	7 2 5 3 0 0 0	6 7 2 0 0 0 0	借	5 3 3 0 0 0
12	10	14	董咏借差旅费	8 0 0 0 0 0		借	1 3 3 3 0 0 0
	14	17	梁奕借差旅费	2 0 0 0 0 0 0		借	3 3 3 3 0 0 0
	15	18	董咏报销差旅费		8 0 0 0 0 0	借	2 5 3 3 0 0 0
	31		本月合计	2 8 0 0 0 0 0	8 0 0 0 0 0	借	2 0 0 0 0 0 0
	31		本月止累计	1 0 0 5 3 0 0 0	7 5 2 0 0 0 0	借	2 5 3 3 0 0 0
	31		结转下年		2 5 3 3 0 0 0	平	0 0 0

表 2-1-139　　　　　　　　　存　货

2014年		凭证号	摘要	借方金额 千百十万千百十元角分	贷方金额 千百十万千百十元角分	借或贷	余额 千百十万千百十元角分
月	日						
11	30		本月止累计	2 0 0 0 0		借	2 0 0 0 0
	31		本月合计	2 0 0 0 0		借	2 0 0 0 0
	31		本月止累计	2 0 0 0 0		借	2 0 0 0 0
	31		结转下年		2 0 0 0 0	平	0 0 0

表 2-1-140　　　　　　　　　应 缴 财 政 款

2014年		凭证号	摘要	借方金额										贷方金额										借或贷	余额									
月	日			千	百	十	万	千	百	十	元	角	分	千	百	十	万	千	百	十	元	角	分		千	百	十	万	千	百	十	元	角	分
3	19	20	收租车款															2	0	0	0	0	0	贷					2	0	0	0	0	0
	22	22	将押金转为收入					2	0	0	0	0	0											平								0	0	0
	31		本月合计					2	0	0	0	0	0					2	0	0	0	0	0	平								0	0	0
	31		本月止累计					2	0	0	0	0	0					2	0	0	0	0	0	平								0	0	0

(3) 记入新账。将年终转账后有余额的各账户余额（"结转下年"）数（不编制记账凭证）直接记入新年度相应的各有关账户的第一行，并在"摘要"栏内注明"上年结转"字样，以区别新年度发生数（略）。

3. 编制年报

表 2-1-141　　　　　　　　　资 产 负 债 表　　　　　　　　　　　会行政 01 表

编制单位：丰源市公安局　　　　　　2014 年 12 月 31 日　　　　　　　　　单位：元

资产	年初余额	期末余额	负债和净资产	年初余额	期末余额
流动资产：			流动负债：		
库存现金		40	应缴财政款		
银行存款		78 000	应缴税费		
财政应返还额度		823 697	应付职工薪酬		
应收账款			应付账款		
预付账款			应付政府补贴款		
其他应收款		25 330	其他应付款		78 000
存货	200	200	一年内到期的非流动负债		
流动资产合计			流动负债合计		
固定资产	52 600 000	63 209 098	非流动负债：		
固定资产原价	52 600 000	63 209 098	长期应付款		
减：固定资产累计折旧			受托代理负债		
在建工程			负债合计		
无形资产					
无形资产原价					
减：累计摊销					

续表

资产	年初余额	期末余额	负债和净资产	年初余额	期末余额
待处理财产损溢			财政拨款结转	200	849 267
政府储备物资			财政拨款结余		
公共基础设施			其他资金结转结余		
公共基础设施原价			其中：项目结转		
减：公共基础设施累计折旧			资产基金	52 600 000	63 209 098
公共基础设施在建工程			待偿债净资产		
受托代理资产			净资产合计	52 600 200	64 058 365
资产总计	52 600 200	64 136 365	负债和净资产总计	52 600 200	64 136 365

表 2 - 1 - 142　　　　　　　收 入 支 出 表

会行政 02 表

编制单位：　　　　　　　　2014 年 12 月　　　　　　　　单位：元

项　目	本月数	本年数
一、年初各项资金结转结余		200
（一）年初财政拨款结转结余		
1. 财政拨款结转		
2. 财政拨款结余		
（二）年初其他资金结转结余		
二、各项资金结转结余调整及变动		
（一）财政拨款结转结余调整及变动		
（二）其他资金结转结余调整及变动		
三、收入合计		
（一）财政拨款收入	1 165 348	5 676 348
1. 基本支出拨款	956 250	3 405 808
2. 项目支出拨款	209 098	2 270 540
（二）其他资金收入		
1. 非项目收入		
2. 项目收入		
四、支出合计		
（一）财政拨款支出	617 281	4 827 281
1. 基本支出	408 183	2 556 741
2. 项目支出	209 098	2 270 540
（二）其他资金支出		
1. 非项目支出		

续表

项　　目	本月数	本年数
2. 项目支出		
五、本期收支差额	548 067	849 067
（一）财政拨款收支差额	548 067	849 067
（二）其他资金收支差额		
六、年末各项资金结转结余		849 267
（一）年末财政拨款结转结余		849 267
1. 财政拨款结转		849 267
2. 财政拨款结余		
（二）年末其他资金结转结余		

表 2-1-143　　　　　　　　　财政拨款收入支出表　　　　　　　　　会行政 03 表

编制单位：　　　　　　　　　　　　2014 年度　　　　　　　　　　　　　单位：元

项　　目	年初财政拨款结转结余		调整年初财政拨款结转结余	归集调入或上缴	单位内部调剂		本年财政拨款收入	本年财政拨款支出	年末财政拨款结转结余	
	结转	结余			结转	结余			结转	结余
一、公共财政预算资金	200						5 676 348	4 827 281	849 267	
（一）基本支出	200						3 405 808	2 556 741	849 267	
1. 人员经费										
2. 日常公用经费										
（二）项目支出							2 270 540	2 270 540		
1. ××项目										
2. ××项目										
………										
二、政府性基金预算资金										
（一）基本支出										
1. 人员经费										
2. 日常公用经费										
（二）项目支出										
1. ××项目										
2. ××项目										
………										
总　　计	200						5 676 348	4 827 281	849 267	

第二节 行政单位会计业务综合实训

一、实训目的与要求

本实训资料来自桃林劳教局。通过综合实训，使学生体验行政单位会计账务处理的全过程，增强处理会计实务的能力。具体要求如下：

第一，根据给出的原始凭证，先写出经济业务的内容，然后填制记账凭证；

第二，登记总账，总账登记完毕进行账证核对，核对一致后进行月度结账；

第三，编制3月份的资产负债表、收入支出表；

第四，办理年终转账并结束旧账，编制年报（资产负债表、收入支出表、财政拨款收入支出表）。

二、账务处理实训练习

（一）基本资料

第一，实训资料来源于桃林市劳教局。该局基本情况如下：

开户银行：中国银行桃林市分行

单位零余额账户账号：334556000741009

单位往来资金账户账号：003004000789

出纳：彭兰

会计：鲍红

本月财政批准的用款计划数为143万元，其中授权支付额度为52万元，直接支付额度91万元。办公设备购置、监控设备购置为项目预算。

第二，各有关账户"年初数"、"2月末累计余额"见表2-1-144：

表 2-1-144   单位：元

科目名称	年初数	2月末累计余额	科目名称	年初数	2月末累计余额
库存现金	300	510	资产基金——固定资产	54 200 000	54 300 000
零余额账户用款额度		98 730	财政拨款结转	18 300	18 300
其他应收款		4 100	财政拨款收入		3 964 000
存货	18 000	253 170	基本支出拨款		2 904 000
固定资产	54 200 000	54 300 000	项目支出拨款		1 060 000
银行存款		80 000	其他收入		120 900
经费支出		3 666 690			
财政拨款支出		3 660 000			
其他资金支出		6 690			
总计	54 218 300	58 403 200	总计	54 218 300	58 403 200

（二）经济业务及账务处理实训练习

第一部分：月度业务账务处理练习。

第一环节：记账凭证填制练习。桃林劳教局 2014 年 3 月发生的经济业务如下，要求根据给出的原始凭证，先写出经济业务的内容，然后填制记账凭证。

业 务 一

1. 原始凭证（2 张）

表 2-1-145　　　　　　　　　**授权支付额度到账通知书**

2014 年 3 月 1 日

桃林劳教局（预算单位）
单位零余额账号：334556000741009
你单位3月份的授权支付额度已经市财政局批准，特予通知。
资金性质：财政补助

编号：H024003-RSL-0036
第 1 页／共 1 页
金额单位：元

预算科目						财政授权支付额度	备注
科目编号			科目名称	项目（目级）编码	项目（目级）名称		
类	款	项					
204	08	01	公共安全	劳教	行政运行	520 000.00	
				本页小计		¥520 000.00	
合计金额（大写）伍拾贰万元整				合计金额（小写）		¥520 000.00	

银行（盖章）：中国银行桃林市分行会计业务公章　　复核（盖章）：薛明　　经办人（盖章）：陈少华

注：本通知一式两份。第一份：预算单位作记账凭证；第二份：代理银行存档备查。

2. 业务内容

上述凭证表示：

3. 填制记账凭证

表 2-1-146　　　　　记 账 凭 证

年　月　日　　　　　　　　　　　　　第　号

摘要	科目		借方金额									贷方金额									
	总账科目	明细科目	千	百	十	万	千	百	十	元	角	分	千	百	十	万	千	百	十	元	角	分
	合　计																					

附原始凭证　张

会计主管：　　　　记账：　　　　出纳：　　　　复核：　　　　制单：

业 务 二

1. 原始凭证（2张）

表 2-1-147　　　　　财 政 授 权 支 付 凭 证

资金性质：财政补助　　　　2014 年 3 月 3 日　　　　编号：004GQ-000001

付款人	全　称	桃林劳教局		收款人	全　称	桃林劳教局								
	账　号	334556000741009			账　号	334556000741009								
	开户行	中国银行桃林市分行			开户行	中国银行桃林市分行								
一级预算单位		桃林劳教局		功能分类	类	204 公共安全								
基层预算单位		桃林劳教局			款	08 劳教								
归口处室		行财处			项	01 行政运行								
结算方式		现付		经济分类		30239 其他交通费用								
支付金额人民币 （大写）		肆仟元整				亿	千	百	十	万	千	百	十	元	角	分
											￥	4	0	0	0	0	0
用　途		报销路桥费												
银行盖章	上述款项已办理 中国银行 转（745816）讫 桃林市分行 年　月　日		经办人：傅涛	备　注										

表 2-1-148

中 国 银 行
现 金 支 票 存 根
$\dfrac{EH}{02}$ 33224780

科　　目＿＿＿＿＿＿
对方科目＿＿＿＿＿＿
出票日期 2014 年 3 月 3 日

| 收款人：桃林市劳教局 |
| 金　　额：4 000.00 |
| 用　　途：报销路桥费 |

2. 业务内容

上述凭证表示：

3. 填制记账凭证

表 2-1-149

记 账 凭 证

年 月 日　　　　　　　　　　　　　　第　号

摘要	科　目		借方金额	贷方金额
	总账科目	明细科目	千百十万千百十元角分	千百十万千百十元角分
合　　计				

附原始凭证　张

会计主管：　　　记账：　　　出纳：　　　复核：　　　制单：

业　务　三

1. 原始凭证（1 张）

表2-1-150　　　　　　　　　　经费支出报销单

2014年3月3日

支出科目	摘要	金　　额									缺乏正式单据之原因
		万	千	百	十	元	角	分		
	司机报销路桥费		3	8	9	0	0	0		
合计人民币（大写）　　万叁仟捌佰玖拾元零角零分　　　¥3 890.00										

付讫

附原始单据10张

核准：莆慧　　　　复核：　　　　　证明：林芳　　　　经手：赵李

2. 业务内容

上述凭证表示：

3. 填制记账凭证

表2-1-151　　　　　　　　　　记　账　凭　证

年　月　日　　　　　　　　　　　　　　　　　第　号

摘　要	科　目		借方金额										贷方金额									
	总账科目	明细科目	千	百	十	万	千	百	十	元	角	分	千	百	十	万	千	百	十	元	角	分
合　　计																						

附原始凭证　张

会计主管：　　　　记账：　　　　出纳：　　　　复核：　　　　制单：

业　务　四

1. 原始凭证（2张）

表 2-1-152　　　　　　　××省行政事业单位收款收据

2014 年 3 月 4 日　　　　　　　　　　5390186

今收到　　汪洋　　　　　系付　　门面租金

人民币（大写）　贰仟元整　　　　　￥2 000.00

收款单位（公章）　桃林市劳教局 财务专用章　　会计（章）　　收款人（章）李敏

第三联：记账凭证

说明：本收据用于行政事业单位之间、系统内部及单位与个人之间非经营性往来款项的结算。
　　　本收据禁止用于收取行政事业性收费、政府性基金。

表 2-1-153　　　　　　　中国银行现金交款单

账别：　　　　　　　　　2014 年 3 月 4 日　　　　　　　No5900963

交款单位	汪洋	收款单位	桃林劳教局									
款项来源	门面租金	账号	003004000789	开户银行		中国银行						
大写金额	（币种）人民币贰仟元整			十亿	千	百	十万	千	百	十元	角	分
								￥	2	0 0 0	0	0
券别	壹佰元	伍拾元	贰拾元	拾元	伍元	贰元	壹元	伍角	贰角	壹角	伍分	贰分	壹分	合计金额
整把券														
零张券														

第一联：银行盖章后退收款单位

客户须知
1. 提交本凭证前，请客户确认填写内容完整、无误。
2. 客户保证所交款项来源合法。

复核：　　　经办：

2. 业务内容

上述凭证表示：

3. 填制记账凭证

表 2-1-154　　　　　　　　　　记　账　凭　证
　　　　　　　　　　　　　　　　　年　月　日　　　　　　　　　　　　　第　　号

摘　要	科　目		借方金额									贷方金额								
	总账科目	明细科目	千	百	十	万	千	百	十	元	角	分	千	百	十	万	千	百	十	元	角	分
合　计																						

会计主管：　　　　　记账：　　　　　出纳：　　　　　复核：　　　　　制单：

附原始凭证　　张

业　务　五

1. 原始凭证（1张）

表 2-1-155　　　　　　××省非税收入一般缴款书（回单）　　　　　No200061213

执行单位名称：桃林劳教局　　　　　2014年3月4日　　　　　组织机构代码：15432678-9

付款人	全　称	桃林劳教局	收款人	全　称	桃林市财政非税收入专户
	账　号	003004000789		账　号	147258369002
	开户银行	中国银行		开户银行	建设银行凤凰区支行

金额人民币（大写）：贰仟元整					（小写）：¥2 000.00	
收入项目编码	收入项目名称	单位	数量	收费标准	金　额	
103070601	行政单位国有资产出租、出借收入				2 000.00	
单位主管　会计　记账　复核				上列款项已划转收款单位账户 银行盖章 　　　　　　　中国银行 　　　　　　　转(65492)讫 　　　　　　　桃林市分行 复核员　　记账员　　出纳员　　　　　　年　月　日		

代理银行收款签章后由缴款人或代理银行退执收单位

2. 业务内容

上述凭证表示：

3. 填制记账凭证

表 2－1－156

记 账 凭 证

年 月 日　　　　　　　　　　　　　　　　　　　第　号

摘要	科目		借方金额	贷方金额
	总账科目	明细科目	千百十万千百十元角分	千百十万千百十元角分
合　计				

会计主管：　　　　记账：　　　　出纳：　　　　复核：　　　　制单：

附原始凭证　张

业 务 六

1. 原始凭证（2张）

表 2－1－157

保险业专用发票
INSURANCE TRADE INVOICE

发 票 联　　　　　　　　　　　　　　　　开票日期：2014/3/06

付款人：
Payer　桃林劳教局
承保险种：
Coverage　一般机动车辆保险
保险单号：　　　　　　　　　　批单号：PDAA6321439685000456
Policy No PDAA6321439685000456　　End. No
保险费金额（大写）：　　　　　　　　　　　（小写）：
Premium Amount（In Words）壹万叁仟元整　　　（In figures）RMB13 000.00
附注：
Remarks　业务员：黎黎

经手人：张昭　　复核：兰云　　保险公司盖章：中国人民财产保险股份有限公司
Handle　　　　　Checked By　　　　　　　　桃林分公司发票专用章
　　　　　　　　　　　　　　　　Stamped By Insurance Company
地址：　　　　　　　　　　　　　电话：
Add.　　　　　　　　　　　　　　Tel.

第二联　发票联

表 2-1-158　　　　　　　　　**财 政 直 接 支 付 凭 证**

资金性质：财政补助　　　　　2014 年 3 月 6 日　　　　编号：H002205-92001-13082

付款人	全 称	商业银行财政零余额账户	收款人	全 称	中国人民财产保险股份有限公司桃林分公司
	账 号	123789456001		账 号	009312000525863
	开户行	商业银行城东支行		开户行	建行上海路办事处

一级预算单位	桃林劳教局	功能分类	类	204 公共安全
基层预算单位	桃林劳教局		款	08 劳教
归口处室	行财处		项	01 行政运行
结算方式	转账	经济分类		30239 其他交通费用

支付金额人民币（大写）	壹万叁仟元整	亿	千	百	十	万	千	百	十	元	角	分
						¥	1	3	0	0	0	0	0

用　途	一般机动车辆保险

会计分录
　　借：
　　　　　　　　　　　　　　　　对方科目　　　　　　　　　　　商业银行转（97358）讫 城东行

复核员：　　　　　　　记账员：　　　　　　　　　　年　　月　　日

第六联：预算单位作入账通知书

2. 业务内容

上述凭证表示：

3. 填制记账凭证

表 2-1-159　　　　　　　　　　**记 账 凭 证**

年　月　日　　　　　　　　　　　　　　　　　　　　　第　　号

摘要	科　　目		借方金额										贷方金额									
	总账科目	明细科目	千	百	十	万	千	百	十	元	角	分	千	百	十	万	千	百	十	元	角	分
合　　计																						

会计主管：　　　　记账：　　　　出纳：　　　　复核：　　　　制单：

附原始凭证　　张

业务七

1. 原始凭证（2张）

表 2-1-160　　　　　　　工 资 结 算 表

编号	姓名	基本工资	津贴	应发工资	扣款			实发工资
					医疗保险	公积金	个人所得税	
001	许群	810.00	960.00	1 770.00	33.00	177.00	29.00	1 531.00
……	……	……	……	……	……	……	……	……
合计		111 638.00	242 961.00	354 599.00	5 000.00	28 000.00	8 000.00	313 599.00

表 2-1-161　　　　　　　财 政 直 接 支 付 凭 证

资金性质：财政补助　　　　　　　2014 年 3 月 7 日　　　　　编号：H002205-92001-13280

付款人	全 称	商业银行财政零余额账户	收款人	全 称	工资统发财政零余额账户
	账 号	123789456001		账 号	123789456001-12
	开户行	商业银行城东支行		开户行	商业银行城东支行
一级预算单位	桃林劳教局		功能分类	类	204 公共安全
基层预算单位	桃林劳教局			款	08 劳教
归口处室	行财处			项	01 行政运行
结算方式	转账		经济分类		30101 基本工资　30102 津贴补贴
支付金额人民币（大写）	叁拾壹万叁仟伍佰玖拾玖元整		亿 千 百 十 万 千 百 十 元 角 分 ¥　　　　3 1 3 5 9 9 0 0		
用途	发工资				
会计分录 借： 	付款行转款或付款日期 　　　年　月　日 记账员： 出纳员：		上述款项已进账，如有错误，请持此联来面洽。 此致（收款单位） 商业银行 转(97358)讫 城东支行		

2. 业务内容

上述凭证表示：

3. 填制记账凭证

表 2-1-162　　　　　　　　　记　账　凭　证

年　月　日　　　　　　　　　　　　　　　　　第　号

摘　要	科　目		借方金额										贷方金额										
	总账科目	明细科目	千	百	十	万	千	百	十	元	角	分	千	百	十	万	千	百	十	元	角	分
	合　　计																						

会计主管：　　　　记账：　　　　出纳：　　　　复核：　　　　制单：

附原始凭证　张

业　务　八

1. 原始凭证（2张）

表 2-1-163　　　　　　　　财 政 直 接 支 付 凭 证

资金性质：财政补助　　　　2014 年 3 月 7 日　　　　编号：H002205-92001-13281

付款人	全　称	商业银行财政零余额账户	收款人	全　称	个人所得税（桂子山金库）
	账　号	123789456001		账　号	951753004
	开户行	商业银行城东支行		开户行	建设银行桂子支行

一级预算单位	桃林劳教局	功能分类	类	204 公共安全
基层预算单位	桃林劳教局		款	08 劳教
归口处室	行财处		项	01 行政运行
结算方式	转账	经济分类		30101 基本工资

支付金额人民币（大写）	捌仟元整	亿	千	百	十	万	千	百	十	元	角	分
							¥	8	0	0	0	0	0

用　途	3 月个人所得税

会计分录

借：

　　　　　　　　　　　对方科目

商业银行转(97358)讫 城东支行

记账员：　　　　复核员：　　　　　　　年　月　日

表 2 – 1 – 164

中华人民共和国税收通用缴款书

51343669 号

（20132）桃地缴电

隶属关系：市

注册类型：其他类型　　　　　填发日期 2014 年 3 月 7 日　　　征收机关：桃林征收局

缴款单位	代　码	0892645	预算科目	编　码	0823　（20133）　57620959
	全　称	桃林劳教局		名　称	其他个人所得税
	账　号	334556000741009		级　次	中 60%　省 15%　市 12.5%　区 12.5%
	开户行	中国银行桃林分行		收款国库	桂子山金库

税款所属时期　2014 – 03 – 01 至 2014 – 03 – 31　　　税款限缴日期　2014 年 3 月 23 日

品　目名　称	课税数量	计税金额或销售收入	税率或单位税额	应缴税额	已缴或扣除额	实缴金额　千百十万千百十元角分
工资薪金所得				8 000.00		8 0 0 0 0 0
税　款　小　计						
教育费附加			中国银行 转（97358）讫 桃林市分行			
堤防费						
平抑副食品价格基金						
金额合计（大写）捌仟元整						¥ 　　8 0 0 0 0 0

缴款单位（人）（盖章）	填票人　张秀荣	上列款项已收妥并划转收款	备　注
经办人（章）	吴巧惠	单位账户 桂子山支库收（66063）讫	正常一般认定申报
	桂子山所—04	国库（银行）盖章　年　月　日	

（桃林市地方税务局 征收专用章）

逾期不缴按税法规定加收滞纳金

第一联（收据）国库（银行）收款盖章后退缴款单位（人）作完税凭证

2. 业务内容

上述凭证表示：

3. 填制记账凭证

表 2 – 1 – 165

记 账 凭 证

年　月　日　　　　　　　　　　　　　　　第　号

摘　要	科　目		借方金额	贷方金额
	总账科目	明细科目	千百十万千百十元角分	千百十万千百十元角分
合　计				

会计主管：　　　　记账：　　　　出纳：　　　　复核：　　　　制单：刘萌

附原始凭证　　张

业务九

1. 原始凭证（2 张）

表 2-1-166

财政直接支付凭证

资金性质：财政补助　　　　2014 年 3 月 7 日　　　　编号：H002205-92001-13282

付款人	全称	商业银行财政零余额账户	收款人	全称	医疗保险金（桂子山金库）
	账号	123789456001		账号	951753004
	开户行	商业银行城东支行		开户行	建设银行桂子山支行
一级预算单位		桃林劳教局	功能分类	类	204 公共安全
基层预算单位		桃林劳教局		款	08 劳教
归口处室		行财处		项	01 行政运行
结算方式		转账	经济分类		30101 基本工资

支付金额人民币（大写）	伍仟元整	亿	千	百	十	万	千	百	十	元	角	分
						¥	5	0	0	0	0	0

用途：3 月医疗保险

会计分录

借：

　　　　　　　　　　　　对方科目　　　　　　　　　　　商业银行转(97358)讫 城东支行

记账员：　　　　　复核员：　　　　　　　　年　月　日

第六联：预算单位作入账通知书

表 2-1-167

中华人民共和国税收通用缴款书

51343670 号

隶属关系：市　　　　　　　　　　　　　　　　　　　　(20132) 桃地缴电

注册类型：其他类型　　　填发日期 2014 年 3 月 7 日　　征收机关：桃林征收局

缴款单位	代码	0892645	预算科目	编码	0823 (20133) 57620959
	全称	桃林劳教局		名称	医疗保险
	账号	334556000741009		级次	市级 100%
	开户行	中国银行桃林分行	收款国库		桂子山金库

税款所属时期 2014-03-01 至 2014-03-31　　税款限缴日期 2014 年 3 月 23 日

品目名称	课税数量	计税金额或销售收入	税率或单位税额	应缴税额	已缴或扣除额	实缴金额						
						千	百	十	万	千	百	十	元	角	分
医疗保险										5	0	0	0	0	0

| 税　款　小　计 | | | | | | | | | | | | |

教育费附加
堤防费　　　　　　　　中国银行转(745816)讫 桃林市分行
平抑副食品价格基金

| 金额合计（大写）伍仟元整 | | | | ¥ | 5 | 0 | 0 | 0 | 0 | 0 |

缴款单位（人）（盖章）　填票人 张秀荣
经办人（章）　　　　　吴巧惠
　　　　　　　　　　　桂子山所—04

（桃林市地方税务局征收专用章）

上列款项已收妥并划转收款

单位账户：桂子山支库收(66063)讫

国库（银行）盖章　年　月　日

备注：正常一般认定申报

第一联：（收据）国库（银行）收款盖章后退缴款单位（人作完税凭证）

逾期不缴按税法规定加收滞纳金

2. 业务内容

上述凭证表示：

3. 填制记账凭证

表 2-1-168　　　　　　　　　　　记 账 凭 证

年　月　日　　　　　　　　　　　　　　　　　第　　号

摘要	科目		借方金额	贷方金额
	总账科目	明细科目	千百十万千百十元角分	千百十万千百十元角分
	合　　计			

会计主管：　　　　　记账：　　　　　出纳：　　　　　复核：　　　　　制单：刘萌

附原始凭证　　张

业 务 十

1. 原始凭证（2张）

表 2-1-169　　　　　　　　　　财 政 直 接 支 付 凭 证

资金性质：财政补助　　　　　2014年3月7日　　　　编号：H002205-92001-13283

付款人	全　称	商业银行财政零余额账户	收款人	全　称	公积金
	账　号	123789456001		账　号	728566gjj8805
	开 户 行	商业银行城东支行		开 户 行	国库
一级预算单位		桃林劳教局	功能分类	类	204 公共安全
基层预算单位		桃林劳教局		款	08 劳教
归口处室		行财处		项	01 行政运行
结算方式		转账	经济分类		30101 基本工资
支付金额人民币（大写）		贰万捌仟元整	亿千百十万千百十元角分		¥ 2 8 0 0 0 0 0 0
用　途		缴纳3月住房公积金			
会计分录 借：			对方科目		商业银行转(97358)讫城东支行

记账员：　　　　　　　复核员：　　　　　　　　　　　年　　月　　日

第六联：预算单位作入账通知书

表 2–1–170

中华人民共和国税收通用缴款书

51343671 号

隶属关系：市
注册类型：其他类型
填发日期 2014 年 3 月 8 日
（20132）桃地缴电
征收机关：桃林征收局

缴款单位	代 码	0892645		预算科目	编 码	公积金
	全 称	桃林劳教局			名 称	公积金
	账 号	334556000741009			级 次	地（市）级
	开户行	中国银行桃林分行		收款国库		住房公积金专户

税款所属时期　2014－03－01 至 2014－03－31　　税款限缴日期　2014 年 3 月 23 日

品 目 名 称	课税数量	计税金额或销售收入	税率或单位税额	应缴税额	已缴或扣除额	实缴金额 千百十万千百十元角分
住房公积金						2 8 0 0 0 0 0
税　款　小　计						
教育费附加						
堤防费生米						
平抑副食品价格基金						
金额合计（大写）贰万捌仟元整						¥ 2 8 0 0 0 0 0

缴款单位（人）（盖章）	填票人 张秀荣	上列款项已收妥并划转收款	备 注
经办人（章）	吴巧惠 桂子山所—04	单位账户 国库（银行）盖章 年 月 日	公积金开户行 名称：3101487 行号：598007

逾期不缴按税法规定加收滞纳金

第一联　由收款银行退回缴款单位作缴纳住房公积金的凭证

2. 业务内容

上述凭证表示：

3. 填制记账凭证

表 2–1–171

记 账 凭 证

年 月 日　　　　　　　　　　　　　　　　第　号

摘 要	科 目		借方金额	贷方金额
	总账科目	明细科目	千百十万千百十元角分	千百十万千百十元角分
合 计				

会计主管：　　　记账：　　　出纳：　　　复核：　　　制单：

附原始凭证　张

业务十一

1. 原始凭证（2张）

表 2-1-172　　　　　××省工业企业统一发票　　　×国税A（2004）
发票联　　　　　　　　　　No 0013223

购货单位名称：桃林劳教局　　　　　　　　　　2014年3月9日

经营项目	规格	单位	数量	单价	金　额							
					十万	万	千	百	十	元	角	分
办公设备					1	9	0	0	0	0	0	0
税17%						3	2	3	0	0	0	0
					2	2	2	3	0	0	0	0

（加盖发票专用章处：桃林市办公用品定点采购专用章　桃林市政府采购中心）

金额（大写）贰拾贰万贰仟叁佰零拾零元零角零分

企业名称	（加盖发票专用章）	开户银行	省建行	结算方式	
		账号	3103—005287405	电话	88129517

开票单位盖章：佳闰办公设备有限公司发票专用章　　收款人：　　开票人：金兰

② 客户收执

表 2-1-173　　　　　财　政　直　接　支　付　凭　证

资金性质：财政补助　　　2014年3月9日　　　编号：H002205-92001-14021

付款人	全　称	商业银行财政零余额账户	收款人	全　称	佳闰办公设备有限公司
	账　号	123789456001		账　号	014331268
	开户行	商业银行城东支行		开户行	建设银行
一级预算单位		桃林劳教局	功能分类	类	204 公共安全
基层预算单位		桃林劳教局		款	08 劳教
归口处室		行财处		项	01 行政运行
结算方式		转账	经济分类		31002 办公设备购置

支付金额人民币（大写）	贰拾贰万贰仟叁佰元整	亿	千	百	十	万	千	百	十	元	角	分
					¥	2	2	2	3	0	0	0

用途：购办公设备

（盖章：商业银行 转(97358)讫 城东支行）

会计分录
借：
　　　　　　　　　　　　　对方科目

复核员：　　　　记账员：　　　　　　年　月　日

第六联：预算单位作入账通知书

2. 业务内容

上述凭证表示：

3. 填制记账凭证

表 2 – 1 – 174

记 账 凭 证

年 月 日　　　　　　　　　　　　　　　第　号

摘要	科目		借方金额										贷方金额									
	总账科目	明细科目	千	百	十	万	千	百	十	元	角	分	千	百	十	万	千	百	十	元	角	分
合计																						

会计主管：　　　　记账：　　　　出纳：　　　　复核：　　　　制单：

附原始凭证　张

表 2 – 1 – 175

记 账 凭 证

年 月 日　　　　　　　　　　　　　　　第　号

摘要	科目		借方金额										贷方金额									
	总账科目	明细科目	千	百	十	万	千	百	十	元	角	分	千	百	十	万	千	百	十	元	角	分
合计																						

会计主管：　　　　记账：　　　　出纳：　　　　复核：　　　　制单：

附原始凭证　张

业务十二

1. 原始凭证（3张）

表 2-1-176　　　　　　**特约委托收款凭证（付款通知）**　　　　（2013）№ 330602

委托日期 2014 年 3 月 10 日　　　　　　委收号码：

付款人	全称	桃林劳教局	收款人	全称	××省电力公司桃林供电公司
	账号或地址	334556000741009		账号	82100015001
	开户行	中国银行桃林市分行		开户行	中信实业银行

委收金额	人民币（大写）	柒仟叁佰肆拾柒元玖角伍分	亿	千	百	十	万	千	百	十	元	角	分
							¥	7	3	4	7	9	5

款项性质	电费等	合同号码	252W51700	附寄单证张数	1

备注：特约 07400085

　　　124785

　　　（98）建桥营业所

桃林供电公司收入户　委托收款　结算专用章

根据协议上列款项已由付款单位账户付出

付款人开户银行盖章
　　　　　　月　　日

单位主管　　　　　　会计　　　　　　复核　　　　　　记账

此联付款人开户银行给付款人付款的通知

表 2-1-177　　　　　　**××省电力公司电费发票**　　　　×国税A（2003）№1104579

（第二联：发票）

户号：00007489　　　　收款日期 2014 年 3 月 10 日　　　　客户申请号：55789245512

户名	桃林交通大学	地址	洪山
款项性质	电费		

用电信息及收费详情		平段	峰段	谷段	无功	收费项目	单价	金额
	止码	34 489				平段电荷	0.6232	6 794.13
	起码	23 587				计费电量		10 902
	倍率	1				还贷基金	0.0200	218.04
	电量	10 902				库区基金	0.0020	21.80
						城镇附加	0.0100	109.02
						农网维护	0.0188	204.96

合计金额（大写）柒仟叁佰肆拾柒元玖角伍分	合计金额（小写）¥ 7 347.95
收费专用章：××省电力公司桃林供电公司发票专用章	收款人：5502　　开票人：5502　　合同号：252W51700

第二联：付款方报销凭证

表 2-1-178　　　　　　　　　　财 政 直 接 支 付 凭 证

资金性质：财政补助　　　　　　2014 年 3 月 10 日　　　　　编号：H002205-92001-14026

付款人	全　称	商业银行财政零余额账户	收款人	全　称	××省电力公司桃林供电公司
	账　号	123789456001		账　号	014331268
	开户行	商业银行城东支行		开户行	建设银行
一级预算单位		桃林劳教局	功能分类	类	204 公共安全
基层预算单位		桃林劳教局		款	08 劳教
归口处室		行财处		项	01 行政运行
结算方式		转账	经济分类		30206 电费

支付金额人民币（大写）	柒仟叁佰肆拾柒元玖角伍分	亿	千	百	十	万	千	百	十	元	角	分
	商业银行转(97358)讫城东支行					¥	7	3	4	7	9	5

用途	电费

会计分录

　　借：

　　　　　　　　　　对方科目

复核员：　　　　　记账员：　　　　　　　　　　年　月　日

第六联：预算单位作入账通知书

2. 业务内容

上述凭证表示：

3. 填制记账凭证

表 2-1-179　　　　　　　　　　记 账 凭 证

年　月　日　　　　　　　　　　　　　　第　号

摘要	科　目		借方金额										贷方金额									
	总账科目	明细科目	千	百	十	万	千	百	十	元	角	分	千	百	十	万	千	百	十	元	角	分
合　计																							

会计主管：　　　　记账：　　　　出纳：　　　　复核：　　　　制单：

附原始凭证　张

业务十三

1. 原始凭证（2 张）

表 2-1-180

××省增值税普通发票
发 票 联

（普三）141052021013
No02290746
2014 年 3 月 11 日

品名及规格	货款或劳务	单位	数量	单价	金 额
监控设备		套	1		290 000.00
安装调试费					10 000.00
金额合计（大写）叁拾零万零仟零佰零拾零元零角零分　¥300 000.00					
备注：					

单位盖章：雄伟科研设备销售公司 发票专用章　　复核人：　　收款人：华英　　开票人：张凡

② 付款方报销凭证

表 2-1-181

财 政 直 接 支 付 凭 证

资金性质：财政补助　　2014 年 3 月 11 日　　编号：H002205-92001-14027

付款人	全　称	商业银行财政零余额账户	收款人	全　称	云鹤建材商店
	账　号	123789456001		账　号	885-1024-133
	开户行	商业银行城东支行		开户行	建行云鹤路办事处
一级预算单位	桃林劳教局			类	204 公共安全
基层预算单位	桃林劳教局		功能分类	款	08 劳教
归口处室	行财处			项	01 行政运行
结算方式	转账			经济分类	31003 专用设备购置
支付金额人民币（大写）	叁拾万元整 || 亿 千 百 十 万 千 百 十 元 角 分 ¥ 3 0 0 0 0 0 0 0			
用　途	专用设备购置费	商业银行转(97358)讫 东城支行			
会计分录					
	借：				
	对方科目				
复核员：　　　　　　　记账员：　　　　　　　　　　　　　　年　月　日					

第二联：退预算单位作回单

2. 业务内容

上述凭证表示：

3. 填制记账凭证

表 2-1-182

记 账 凭 证

年 月 日　　　　　　　　　　第　号

摘要	科目		借方金额	贷方金额
	总账科目	明细科目	千百十万千百十元角分	千百十万千百十元角分
	合　　　计			

附原始凭证　　张

会计主管：　　　记账：　　　出纳：　　　复核：　　　制单：

表 2-1-183

记 账 凭 证

年 月 日　　　　　　　　　　第　号

摘要	科目		借方金额	贷方金额
	总账科目	明细科目	千百十万千百十元角分	千百十万千百十元角分
	合　　　计			

附原始凭证　　张

会计主管：　　　记账：　　　出纳：　　　复核：　　　制单：

业务十四

1. 原始凭证（2 张）

表 2-1-184

财 政 授 权 支 付 凭 证

资金性质：财政补助　　　　2014 年 3 月 12 日　　　　编号：004GQ-000003

付款人	全　称	桃林劳教局	收款人	全　称	桃林劳教局
	账　号	334556000741009		账　号	334556000741009
	开户行	中国银行桃林市分行		开户行	中国银行桃林市分行
一级预算单位		桃林劳教局	功能分类	类	204 公共安全
基层预算单位		桃林劳教局		款	08 劳教
归口处室		行财处		项	01 行政运行
结算方式		现付	经济分类		30216 培训费
支付金额人民币（大写）		伍仟元整	亿千百十万千百十元角分 ¥　　　　 5 0 0 0 0 0		
用　途		培训费			
银行盖章	上述款项已办理 中国银行 转（745816）讫 桃林市分行	经办人：　费明　　年　月　日	备　　　　注		

第二联：退预算单位作回单

表 2-1-185

中 国 银 行
现 金 支 票 存 根
$\frac{EH}{02}$ 42278053

科　目＿＿＿＿＿＿＿
对方科目＿＿＿＿＿＿＿
出票日期 2013 年 4 月 12 日

| 收款人：桃林市劳教局 |
| 金　额：￥5 000.00 |
| 用　途：培训费 |

2. 业务内容

上述凭证表示：

3. 填制记账凭证

表 2-1-186

记 账 凭 证
年　月　日　　　　　　　　　　　　　第　号

摘要	科目		借方金额	贷方金额
	总账科目	明细科目	千百十万千百十元角分	千百十万千百十元角分
	合　计			

附原始凭证　　张

会计主管：　　　记账：　　　出纳：　　　复核：　　　制单：

业 务 十 五

1. 原始凭证（1 张）

表 2-1-187

借 支 单
2014 年 3 月 12 日　　　　　　　　　　　　　部门：政治部

借支人姓名	张颖					
借支事由	学习					
人民币（大写）	伍仟元整	￥5 000.00				
核准	李军	会计	鲍红	出纳	彭兰	借支人	张颖

2. 业务内容

上述凭证表示：

3. 填制记账凭证

表 2-1-188

记账凭证
2014 年　月　日　　　　　　　　　　　　　　　　　　第　　号

摘要	科目		借方金额	贷方金额
	总账科目	明细科目	千百十万千百十元角分	千百十万千百十元角分
合　　计				

会计主管：　　　　记账：　　　　出纳：　　　　复核：　　　　制单：

业务十六

1. 原始凭证（2 张）

表 2-1-189　　××省电信有限公司桃林分公司特约委托收款专用发票　委收号码 722501-2004204

电信四联（2004）地　　　　　　发　票　联　　　　　　委托日期：2014 年 3 月 13 日

付款方	全称	桃林劳教局			收款方	全称	××省电信有限公司桃林市分公司
	账号	334556000741009				账号	85612586974032
	开户行	中国银行桃林市分行	行号	3818529		开户行	交通银行桃林市支行

| 委收金额 | 支付金额人民币（大写） | 贰仟柒佰伍拾壹元整 | 亿千百十万千百十元角分 ￥ 2 7 5 1 0 0 |

| 款项性质 | 2014 年 11 月份电话费 | 合同号码 | 006125487 | 寄附单证张数 | |

备注：业务号码 82146946　号码个 30　托收批次 1
IP 标准长途　　 200.50　　手续费　　　 1.00
国内长途费　　 450.50　　月租费　 1 500.00
市话费　　　　 600.00

合　计　　 2 751.00

××省电信有限公司
桃林分公司
发票专用章

收款方盖章有效

根据协议上列款项已由付款单位账户付出。
付款人开户行盖章
　　月　日

表 2-1-190　　　　　　　　　　财 政 授 权 支 付 凭 证
资金性质：财政补助　　　　　　　　2014 年 3 月 13 日　　　　　　　　编号：004GQ-000004

付款人	全　称	桃林劳教局		收款人	全　称	××省电信有限公司桃林市分公司
	账　号	003004000789			账　号	85612586974032
	开户行	中国银行桃林市分行			开户行	交通银行桃林市支行
一级预算单位		桃林劳教局		功能分类	类	204 公共安全
基层预算单位		桃林劳教局			款	08 劳教
归口处室		行财处			项	01 行政运行
结算方式		转账		经济分类		30207 邮电费

支付金额人民币（大写）	贰仟柒佰伍拾壹元整	亿	千	百	十	万	千	百	十	元	角	分
						¥	2	7	5	1	0	0

用途：邮电费

上述款项已办理
银行盖章：中国银行 转（745816）讫 桃林市分行
经办人：叶青

贰仟柒佰伍拾壹元整
　　　　　　　　年　月　日

备　注

第二联：退预算单位作回单

2. 业务内容
上述凭证表示：

3. 填制记账凭证

表 2-1-191　　　　　　　　　　记　账　凭　证
2014 年　月　日　　　　　　　　　　　　　　　　　　　　　　第　号

摘要	科目		借方金额											贷方金额									
	总账科目	明细科目	千	百	十	万	千	百	十	元	角	分	千	百	十	万	千	百	十	元	角	分
合计																							

会计主管：　　　记账：　　　出纳：　　　复核：　　　制单：

附原始凭证　张

业务十七

1. 原始凭证（3张）

表 2-1-192　　　　　　　　　**经费支出报销单**

2014 年 3 月 14 日

支出科目	摘要	金额							缺乏正式单据之原因
		万	千	百	十	元	角	分	
	慰问老干部			8	9	0	0	0	付讫
合计人民币（大写）捌佰玖拾元零角零分　￥890.00									

核准：莄慧　　　复核：　　　证明：夏聪　　　经手：赵思

附原始单据1张

表 2-1-193　　　　　　　　　**财 政 授 权 支 付 凭 证**

资金性质：其他资金　　　2014 年 3 月 14 日　　　编号：004GQ-000005

付款人	全　称	桃林劳教局	收款人	全　称	桃林劳教局
	账　号	003004000789		账　号	003004000789
	开户行	中国银行桃林市分行		开户行	中国银行桃林市分行
一级预算单位		桃林劳教局	功能分类	类	204 公共安全
基层预算单位		桃林劳教局		款	08 劳教
归口处室		行财处		项	01 行政运行
结算方式		现付	经济分类		30299 其他商品和服务支出

支付金额人民币（大写）	捌佰玖拾元整	亿	千	百	十	万	千	百	十	元	角	分
							￥	8	9	0	0	0

用　途	慰问老干部		
	上述款项已办理		备　注
银行盖章：	中国银行 转(745816)讫 桃林市分行　　年　月　日	经办人：刘域	

表 2-1-194　　　　　　　　　**中 国 银 行**
现 金 支 票 存 根

$\dfrac{EH}{02}$　42278054

科　目 _____

对方科目 _____

出票日期 2014 年 3 月 14 日

收款人：桃林市劳教局
金　额：￥890.00
用　途：慰问老干部

2. 业务内容

上述凭证表示：

3. 填制记账凭证

表2-1-195

记 账 凭 证

年 月 日　　　　　　　　　　　　第　号

摘　要	科　目		借方金额	贷方金额
	总账科目	明细科目	千百十万千百十元角分	千百十万千百十元角分
	合　　计			

附原始凭证　　张

会计主管：　　　　记账：　　　　出纳：　　　　复核：　　　　制单：

业务十八

1. 原始凭证（3张）

表2-1-196　　　　　　　　　财 政 授 权 支 付 凭 证

资金性质：其他资金　　　　　2014年3月16日　　　　　　编号：004GQ-000006

付款人	全　称	桃林劳教局	收款人	全　称	桃林劳教局
	账　号	003004000789		账　号	003004000789
	开户行	中国银行桃林市分行		开户行	中国银行桃林市分行
一级预算单位		桃林劳教局	功能分类	类	204公共安全
基层预算单位		桃林劳教局		款	08劳教
归口处室		行财处		项	01行政运行
结算方式		现付	经济分类		30305生活补助
支付金额人民币（大写）		肆仟元整	亿千百十万千百十元角分		
			￥ 4 0 0 0 0 0		
用　途		困难补助			
		上述款项已办理	备　　注		
银行盖章：	中国银行转(745816)讫桃林市分行	经办人：刘域			
		年　月　日			

表 2－1－197

中 国 银 行
现 金 支 票 存 根
$\frac{EH}{02}$ 42278055

科　目＿＿＿＿＿＿＿＿
对方科目＿＿＿＿＿＿＿
出票日期 2014 年 3 月 16 日

| 收款人：桃林市劳教局 |
| 金　额：￥4 000.00 |
| 用　途：困难补助 |

表 2－1－198　　　　　　　　　**特困补助发放表**

姓名	张红军	李建国	刘国庆	罗刚	王成	张玲	满海	郁小凤
补助金额	500.00	500.00	500.00	500.00	500.00	500.00	500.00	500.00
领款人签章	张红军	李建国	刘国庆	罗刚	王成	张玲	满海	郁小凤

实发金额（大写）肆仟元整

2. 业务内容

上述凭证表示：

3. 填制记账凭证

表 2－1－199　　　　　　　　　记 账 凭 证

年　月　日　　　　　　　　　　　　　　　　　　　　　第　号

摘要	科　目		借方金额	贷方金额
	总账科目	明细科目	千百十万千百十元角分	千百十万千百十元角分
	合　计			

会计主管：　　　　记账：　　　　出纳：　　　　复核：　　　　制单：

附原始凭证　张

业务十九

1. 原始凭证（3张）

表 2-1-200　　　　　　　　　　经费支出报销单

2014 年 3 月 17 日

支出科目	摘　要	金　额							缺乏正式单据之原因
		万	千	百	十	元	角	分	
	周通报销探亲旅费		1	3	4	0	0	0	
合计人民币（大写）	壹仟叁佰肆拾元整　　￥1 340.00								

核准：莅慧　　　复核：　　　证明：吴怡　　　经手：周通

付　讫

附原始单据6张

表 2-1-201　　　　　　　　　　财 政 授 权 支 付 凭 证

付款人	全　称	桃林劳教局	收款人	全　称	桃林劳教局
	账　号	003004000789		账　号	003004000789
	开户行	中国银行桃林市分行		开户行	中国银行桃林市分行
一级预算单位		桃林劳教局	功能分类	类	204 公共安全
基层预算单位		桃林劳教局		款	08 劳教
归口处室		行财处		项	01 行政运行
结算方式		现付	经济分类		30399 其他对个人和家庭的补助支出

支付金额人民币（大写）	壹仟叁佰肆拾元整	亿	千	百	十	万	千	百	十	元	角	分
						￥	1	3	4	0	0	0

用　途	职工探亲旅费		
银行盖章：	上述款项已办理 中国银行 转(745816)讫 桃林市分行	经办人：肖小 　　年　月　日	备　注

资金性质：其他资金　　　　　2014 年 3 月 17 日　　　　　编号：004GQ-000007

第二联：退预算单位作回单

表 2-1-202　　　　　　　　中 国 银 行
　　　　　　　　　　　　　现 金 支 票 存 根

$\dfrac{EH}{02}$　42278056

科　目_____
对方科目_____

出票日期 2014 年 3 月 17 日

收款人：桃林市劳教局
金　额：￥1 340.00
用　途：职工探亲旅费

2. 业务内容

上述凭证表示：

3. 填制记账凭证

表 2-1-203　　　　　　　　　　　记　账　凭　证

年　月　日　　　　　　　　　　　　　　　　第　号

摘　要	科　目		借方金额									贷方金额								
	总账科目	明细科目	千	百	十	万	千	百	十	元	角	分	千	百	十	万	千	百	十	元	角	分
合　计																						

附原始凭证　　张

会计主管：　　　记账：　　　出纳：　　　复核：　　　制单：

业务二十

1. 原始凭证（2张）

表 2-1-204　　　　　　　　　　　财　政　授　权　支　付　凭　证

资金性质：财政补助　　　　　2014 年 3 月 18 日　　　　　编号：004GQ-000008

付款人	全　称	桃林劳教局	收款人	全　称	桃林劳教局
	账　号	334556000741009		账　号	334556000741009
	开户行	中国银行桃林市分行		开户行	中国银行桃林市分行
一级预算单位		桃林劳教局	功能分类	类	204 公共安全
基层预算单位		桃林劳教局		款	08 劳教
归口处室		行财处		项	01 行政运行
结算方式		现付	经济分类		30211 差旅费
支付金额人民币（大写）		叁仟元整	亿	千	百	十	万	千	百	十	元	角	分
							￥	3	0	0	0	0	0
用　途		差旅费借款			

| 银行盖章： | 上述款项已办理 中国银行 转（745816）讫 桃林市分行 | 经办人： | 肖小 | 备　注 | |
| | | 年　月　日 | | | |

第二联：退预算单位作回单

表 2－1－205

中 国 银 行

现 金 支 票 存 根

$\dfrac{EH}{02}$ 42278056

科　　目　_____

对方科目　_____

出票日期 2014 年 3 月 18 日

收款人：桃林市劳教局
金　额：￥3 000.00
用　途：差旅费借款

2. 业务内容

3. 填制记账凭证

表 2－1－206

记 账 凭 证

年 月 日　　　　　　　　　　　　　　　　　　　　　　第　号

摘要	科目		借方金额										贷方金额										附原始凭证 张
	总账科目	明细科目	千	百	十	万	千	百	十	元	角	分	千	百	十	万	千	百	十	元	角	分	
合　　计																								

会计主管：　　　　　记账：　　　　　出纳：　　　　　复核：　　　　　制单：

业务二十一

1. 原始凭证（1张）

表 2－1－207

借 支 单

2014 年 3 月 18 日　　　　　　　　　　　　　　　　　　　部门：办公室

借支人姓名	魏波							
借支事由	参加会议							
人民币（大写）	叁仟元整		￥3 000.00					
核准	李军	会计	鲍红	出纳	彭兰	借支人	魏波	

2. 业务内容

上述凭证表示：

3. 填制记账凭证

表 2－1－208

记 账 凭 证

年 月 日　　　　　　　　　　第 号

摘要	科目		借方金额	贷方金额
	总账科目	明细科目	千百十万千百十元角分	千百十万千百十元角分
合　　计				

附原始凭证　张

会计主管：　　　记账：　　　出纳：　　　复核：　　　制单：

业务二十二

1. 原始凭证（2 张）

表 2－1－209　　　　　　　　出差旅费报销单

填报日期 2014 年 3 月 20 日

姓名：张颖				出差事由：学习								
起止时间及地点					车船费	通宵车	在途补助		住勤补助		住宿费	其他	
月	日	起点	月	日	终点	金额	金额	天数	金额	天数	金额	金额	摘要	金额
12	12	桃林	12	13	广州	410.00						1 200.00	伙食	700.00
12	20	广州	12	20	桃林	900.00							其他	800.00
小　　　　计						1 310.00						1 200.00		1 500.00
合计（大写）人民币肆仟零壹拾元整							预支 5 000.00			核销 4 010.00			退补 退 990.00	

附单据 11 张

主管：李铁　　　会计：鲍红　　　出纳：彭兰　　　出差人：张颖

表 2-1-210   ××省行政事业单位收款收据

2014 年 3 月 20 日　　　　　　　　　9038715

今收到　张颖　　　　　系付　差旅费余款

人民币（大写）玖佰玖拾元整　　　　¥990.00

收款单位（公章）桃林市劳教局财务专用章　　会计（章）　　收款人（章）彭兰

说明：本收据用于行政事业单位之间、系统内部及单位与个人之间非经营性往来款项的结算。
　　　本收据禁止用于收取行政事业性收费、政府性基金。

第三联：记账凭证

2. 业务内容
上述凭证表示：

3. 填制记账凭证

表 2-1-211　　　　　　　　　记 账 凭 证

年 月 日　　　　　　　　　　　　　　第　　号

摘　要	科　目		借方金额	贷方金额
	总账科目	明细科目	千百十万千百十元角分	千百十万千百十元角分
	合　　计			

会计主管：　　　记账：　　　出纳：　　　复核：　　　制单：

附原始凭证　张

业务二十三

1. 原始凭证（2张）

表 2-1-212　　　　　　　　××省增值税普通发票　　　　（普三）141052021013
　　　　　　　　　　　　　　发　票　联　　　　　　　　　No.02290746
　　　　　　　　　　　　　　　　　　　　　　　　　　　　2014 年 3 月 21 日

品名及规格	货款或劳务	单位	数量	单价	金　额
档案柜		个	30	500.00	15 000.00
办公桌		张	25	560.00	14 000.00
金额合计（大写）人民币贰万玖仟零佰零拾零元零角零分　　¥29 000.00					
备注：					

单位盖章：金海马家具城发票专用章　　复核人：　　收款人：3302　　开票人：0235

②付款方报销凭证

表 2 - 1 - 213　　　　　　　　　财 政 授 权 支 付 凭 证

资金性质：财政补助　　　　　　　2014 年 3 月 21 日　　　　　　　编号：004GQ - 000009

付款人	全　称	桃林劳教局	收款人	全　称	金海马家具城
	账　号	334456000741009		账　号	5558710000562
	开户行	中国银行桃林市分行		开户行	建行张自忠路办事处

一级预算单位	桃林劳教局	功能分类	类	204 公共安全
基层预算单位	桃林劳教局		款	08 劳教
归口处室	行财处		项	01 行政运行
结算方式	转账	经济分类		31002 公办设备购置

支付金额人民币（大写）	贰万玖仟元整	亿	千	百	十	万	千	百	十	元	角	分
					¥	2	9	0	0	0	0	0

用　途	专用设备购置费

银行盖章：	上述款项已办理 中国银行 转（745816）讫 桃林市分行	经办人：	方蕊	备　注
	年　月　日			

第二联：退预算单位作回单

2. 业务内容
上述凭证表示：

3. 填制记账凭证

表 2 - 1 - 214　　　　　　　　　记 账 凭 证
　　　　　　　　　　　　　　　　　　年　月　日　　　　　　　　　　　　　　　　第　号

摘 要	科 目		借方金额										贷方金额									
	总账科目	明细科目	千	百	十	万	千	百	十	元	角	分	千	百	十	万	千	百	十	元	角	分
	合　计																					

附原始凭证　张

会计主管：　　　　　记账：　　　　　出纳：　　　　　复核：　　　　　制单：

表 2-1-215

记 账 凭 证

年 月 日　　　　　　　　　　　　　　　　第　号

摘要	科 目		借方金额	贷方金额
	总账科目	明细科目	千百十万千百十元角分	千百十万千百十元角分
	合　　计			

会计主管：　　　　记账：　　　　出纳：　　　　复核：　　　　制单：

附原始凭证　　张

业务二十四

1. 原始凭证（3张）

表 2-1-216　　　　　　　　　××省桃林市商业发票

客户名称：桃林市劳教局　　　2014年3月22日　　　　国字（2004）№037546

品　称	规格	单位	数量	单价	金　额
					万千百十元角分
宣传用图片资料		套	4		3 0 0 0 0
金额（大写）人民币叁佰零拾零元零角零分					￥ 3 0 0 0 0

备注：　　　　　　　　　桃林市新华书店
　　　　　　　　　　　　发票专用章

复核人：　　　　　　　售货人：卢森堡

此联为报销凭证

表 2-1-217　　　　　　　　　　　　**财 政 授 权 支 付 凭 证**

资金性质：财政补助　　　　　　　　　　2014 年 3 月 22 日　　　　　　　编号：004GQ-000010

付款人	全　称	桃林劳教局		收款人	全　称	桃林劳教局								
	账　号	334556000741009			账　号	334556000741009								
	开户行	中国银行桃林市分行			开户行	中国银行桃林市分行								
一级预算单位		桃林劳教局		功能分类	类	204 公共安全								
基层预算单位		桃林劳教局			款	08 劳教								
归口处室		行财处			项	01 行政运行								
结算方式		现付		经济分类		30201 办公费								
支付金额人民币（大写）		叁佰元整				亿	千	百	十	万	千	百	十	元	角	分
											¥	3	0	0	0	0
用　途		宣传费												

上述款项已办理

银行盖章：中国银行转(745816)讫 桃林市分行　　经办人：刘域　　年　月　日

备注

第二联：退预算单位作回单

表 2-1-218

中 国 银 行
现 金 支 票 存 根

EH/02　42278057

科　目 _____
对方科目 _____

出票日期 2014 年 3 月 22 日

收款人：桃林市劳教局
金　额：¥300.00
用　途：宣传费

2. 业务内容

上述凭证表示：

3. 填制记账凭证

表 2-1-219　　　　　　　　　　　记　账　凭　证

年　月　日　　　　　　　　　　　　　　　第　号

摘要	科目		借方金额	贷方金额	
	总账科目	明细科目	千百十万千百十元角分	千百十万千百十元角分	
					附原始凭证　张
	合　计				

会计主管：　　　记账：　　　出纳：　　　复核：　　　制单：

业务二十五

1. 原始凭证（2张）

表 2-1-220　　　　　　　　　　　财 政 授 权 支 付 凭 证

资金性质：财政补助　　　　　　　2014年3月23日　　　　　　　编号：004GQ-000011

付款人	全　称	桃林劳教局	收款人	全　称	桃林劳教局	第二联：退预算单位作回单
	账　号	334556000741009		账　号	334556000741009	
	开户行	中国银行桃林市分行		开户行	中国银行桃林市分行	
一级预算单位		桃林劳教局	功能分类	类	204 公共安全	
基层预算单位		桃林劳教局		款	08 劳教	
归口处室		行财处		项	01 行政运行	
结算方式		转账	经济分类		31099 其他资本性支出	
支付金额人民币（大写）		玖仟壹佰贰拾元整	亿千百十万千百十元角分		￥9 1 2 0 0 0	
用　途		购图书				
银行盖章：	上述款项已办理 中国银行 转(745816)讫 桃林市分行	经办人：张涵 年　月　日		备　注		

表 2-1-221　　　　　　　　××省桃林市商业发票

客户名称：桃林市劳教局　　　2014 年 3 月 23 日　　　国字（2004）№4512013

品　称	规格	单位	数量	单价	金　　额							
					万	千	百	十	元	角	分	
图书		本	1 500			9	1	2	0	0	0	
金额（大写）玖仟壹佰贰拾零元零角零分					¥	9	1	2	0	0	0	

备注：　　　　　　　　　　　桃林市新华书店
　　　　　　　　　　　　　　　发票专用章

复核人：　　　　　　　　　售货人：闵捷

此联为报销凭证

2. 业务内容

上述凭证表示：

3. 填制记账凭证

表 2-1-222　　　　　　　　　记　账　凭　证

年　月　日　　　　　　　　　　　　　　　　第　号

摘要	科　目		借方金额										贷方金额									
	总账科目	明细科目	千	百	十	万	千	百	十	元	角	分	千	百	十	万	千	百	十	元	角	分
合　　计																						

附原始凭证　张

会计主管：　　　记账：　　　出纳：　　　复核：　　　制单：

表 2-1-223　　　　　　　　　记　账　凭　证

年　月　日　　　　　　　　　　　　　　　　第　号

摘要	科　目		借方金额										贷方金额									
	总账科目	明细科目	千	百	十	万	千	百	十	元	角	分	千	百	十	万	千	百	十	元	角	分
合　　计																						

附原始凭证　张

会计主管：　　　记账：　　　出纳：　　　复核：　　　制单：

业务二十六

1. 原始凭证（2张）

表 2-1-224

桃林市水务集团有限公司水费发票

发 票 联

国税 A（2004）

G412010104312

No.8901257

开票时间：2014-3-20

用户名称	桃林市劳教局	用户代码	088848258
用户地址	南湖1580号	批　号	

月份	起码	止码	水量	水费单价	水费	资源费单价	资源费	滞纳金	小计
201311	324802	330111	5309	0.80	4 247.20	0.01	53.09	0.00	4 300.29

应收（大写）肆仟叁佰零拾零元贰角玖分　　¥4 300.29

实收 4 300.29　　上期余额 0.00　　本期余额 0.00

收费员：689

② 此联作报销凭证

表 2-1-225

财 政 直 接 支 付 凭 证

资金性质：财政补助　　2014年3月23日　　编号：H002205-92001-14128

付款人	全称	商业银行财政零余额账户	收款人	全称	桃林市水务集团有限公司
	账号	123789456001		账号	026814331
	开户行	商业银行城东支行		开户行	农业银行
一级预算单位		桃林劳教局	功能分类	类	204 公共安全
基层预算单位		桃林劳教局		款	08 劳教
归口处室		行财处		项	01 行政运行
结算方式		转账	经济分类		30205 水费

支付金额人民币（大写）　肆仟叁佰零拾零元贰角玖分

亿	千	百	十	万	千	百	十	元	角	分
				¥	4	3	0	0	2	9

用途：水费

商业银行转(97358)讫 城东支行

会计分录
　借：
　　　　　　对方科目

复核员：　　　记账员：　　　年　月　日

第六联：预算单位作入账通知书

2. 业务内容

上述凭证表示：

3. 填制记账凭证

表 2 – 1 – 226

记 账 凭 证

年 月 日　　　　　　　　　　　　　　　　第 号

摘　要	科　　目		借方金额	贷方金额
	总账科目	明细科目	千百十万千百十元角分	千百十万千百十元角分
合　　计				

附原始凭证　张

会计主管：　　　记账：　　　出纳：　　　复核：　　　制单：

业务二十七

1. 原始凭证（2 张）

表 2 – 1 – 227　　**桃林市邮政局大宗报刊费专用发票**　　邮 政 三 联
（2014）地 A

地址：南湖 1580 号　　　　　　　　　　　　　投递局名：01423
单位：桃林市劳教局　　　　　　　　　　　　　投递段别：18
　　　　　　　　　　　　　　　　　　　　　　经手人：张成

大宗清单起止号码	起止日期	共计款项
18921 – 18930	2014 年 4—6 月	8 760.00 元
款额大写：捌仟柒佰陆拾元整		

订 户 注 意
1. 本发票如有涂改或未加盖日戳和经手人员名章无效。
2. 如有查询等事项请交验本发票。
3. 本发票无发票号无效。
4. 本发票手工填写无效。

（桃林 2014.3.23 南湖1）

第二联：发　票

表 2-1-228　　　　　　　　　财 政 授 权 支 付 凭 证

资金性质：财政补助　　　　　　　2014 年 3 月 23 日　　　　　　　　编号：004GQ-000012

付款人	全　称	桃林劳教局	收款人	全　称	桃林邮政局
	账　号	334556000741009		账　号	334556000741009
	开户行	中国银行桃林市分行		开户行	交通银行桃林市分行

一级预算单位	桃林劳教局	功能分类	类	204 公共安全
基层预算单位	桃林劳教局		款	08 劳教
归口处室	行财处		项	01 行政运行
结算方式	转账	经济分类		30201 办公费

支付金额人民币（大写）	捌仟柒佰陆拾元整	亿	千	百	十	万	千	百	十	元	角	分
						¥	8	7	6	0	0	0

用途	报刊杂志费

银行盖章：	上述款项已办理 中国银行 转（745816）讫 桃林市分行	经办人：	张涵	备　注	
			年　月　日		

第二联：退预算单位作回单

2. 业务内容

上述凭证表示：

3. 填制记账凭证

表 2-1-229　　　　　　　　　　　　记　账　凭　证

　　　　　　　　　　　　　　　　　　年　月　日　　　　　　　　　　　　第　号

摘　要	科　目		借方金额										贷方金额									
	总账科目	明细科目	千	百	十	万	千	百	十	元	角	分	千	百	十	万	千	百	十	元	角	分
合　计																						

会计主管：　　　　　　记账：　　　　　　出纳：　　　　　　复核：　　　　　　制单：

附原始凭证　张

业务二十八

1. 原始凭证（2张）

表 2-1-230　　　　　　　　　　　出差旅费报销单

填报日期 2014 年 3 月 24 日

姓名：魏波				出差事由：开会								
起止时间及地点					车船费	通宵车	在途补助		住勤补助		住宿费	其他	
月	日	起点	月	日	终点	金额	金额	天数	金额	天数	金额	金额	摘要	金额
12	18	桃林	12	19	湛江	320.00						900.00	伙食	500.00
12	23	湛江	12	24	桃林	350.00							其他	800.00
小　　　计						670.00						900.00		1 300.00
合计（大写）人民币贰仟捌佰柒拾元整							预支 3 000.00			核销 2 870.00			退补 退 130.00	

主管：李铁　　　会计：鲍红　　　出纳：彭兰　　　出差人：魏波

附单据 11 张

表 2-1-231　　　　　　　　××省行政事业单位收款收据

2014 年 3 月 24 日　　　　　　　　　　　　　　9039115

今收到　　魏波　　　　　　　系付　　差旅费余款

人民币（大写）　壹佰叁拾元整　　　　　　￥130.00

收款单位（公章）　桃林市劳教局财务专用章　　会计（章）　　收款人（章）彭兰

第三联：记账凭证

说明：本收据用于行政事业单位之间、系统内部及单位与个人之间非经营性往来款项的结算。
　　　本收据禁止用于收取行政事业性收费、政府性基金。

2. 业务内容

上述凭证表示：

3. 填制记账凭证

表 2 – 1 – 232　　　　　　　　　　　记　账　凭　证

　　　　　　　　　　　　　　　　　　　年　月　日　　　　　　　　　　　　　　　第　　号

摘　要	科　目		借方金额	贷方金额
	总账科目	明细科目	千百十万千百十元角分	千百十万千百十元角分
	合　　计			

附原始凭证　　张

会计主管：　　　　　记账：　　　　　出纳：　　　　　复核：　　　　　制单：

业务二十九

1. 原始凭证（2张）

表 2 – 1 – 233　　　　　　×× 省行政事业单位收款收据

　　　　　　　　　　　　　　　　2014 年 3 月 25 日　　　　　　　　　　　　　　9039116

今收到	阎立	系付	食堂承包费	
人民币（大写）	贰仟伍佰元整		¥ 2 500.00	
收款单位（公章）	桃林市劳教局 财务专用章	会计（章）	收款人（章）彭兰	

说明：本收据用于行政事业单位之间、系统内部及单位与个人之间非经营性往来款项的结算。
　　　本收据禁止用于收取行政事业性收费、政府性基金。

第三联：记账凭证

表 2 – 1 – 234　　　　　　中国银行现金交款单

账别：　　　　　　　　　　　2014 年 3 月 25 日　　　　　　　　　　No.5009966

交款单位	阎立		收款单位	桃林劳教局		
款项来源	食堂承包费		账号	003004000789	开户银行	中国银行
大写金额	（币种）人民币贰仟伍佰元整				十亿千百十万千百十元角分 ¥ 2 5 0 0 0 0	
券别	壹佰元 伍拾元 贰拾元 拾元 伍元 壹元 贰角 壹角 伍分 贰分 壹分		合计金额	中国银行桃林市 现金讫章 2014.3.04	收款银行盖章	
整把券						
零张券						

第一联：银行盖章后退收款单位

客户　1. 提交本凭证前，请客户确认填写内容完整、无误。
须知　2. 客户保证所交款项来源合法。

　　　　　　　　　　　　　　　　　　　复核：　　　　　　经办：

2. 业务内容

上述凭证表示：

3. 填制记账凭证

表 2 – 1 – 235

记账凭证

年　月　日　　　　　　　　　　　　　　　　　　　第　号

摘要	科目		借方金额	贷方金额
	总账科目	明细科目	千百十万千百十元角分	千百十万千百十元角分
	合　　计			

附原始凭证　　张

会计主管：　　　　记账：　　　　出纳：　　　　复核：　　　　制单：

业 务 三 十

1. 原始凭证（1张）

表 2 – 1 – 236　　　　××省非税收入一般缴款书（回单）　　　No.200061213

执行单位名称：桃林劳教局　　　　2014年3月26日　　　　组织机构代码：15432678 – 9

付款人	全 称	桃林劳教局	收款人	全 称	桃林市财政非税收入专户
	账 号	003004000789		账 号	147258369002
	开户银行	中国银行桃林市分行		开户银行	建设银行凤凰区支行

金额人民币（大写）：贰仟伍佰元整				（小写）：¥2 500.00	
收入项目编码	收入项目名称	单位	数量	收费标准	金　额
103070601	行政单位国有资产出租、出借收入				2 500.00

单位主管　　会计　　记账　　复核	上列款项已划转收款单位账户
	中国银行 转(65492)讫 桃林市分行
	复核员　　记账员　　出纳员　　　　　　年　月　日

代理银行收款签章后由缴款人或代理银行退执收单位

2. 业务内容

上述凭证表示：

3. 填制记账凭证

表 2-1-237

记 账 凭 证

年 月 日　　　　　　　　　　　　　　　　　　第 号

摘 要	科　目		借方金额	贷方金额
	总账科目	明细科目	千百十万千百十元角分	千百十万千百十元角分
	合　　计			

附原始凭证　　张

会计主管：　　　　记账：　　　　出纳：　　　　复核：　　　　制单：

第二环节：账簿登记练习。根据以上记账凭证登记总账，并进行月度结账，结出"本月合计"和"本月止累计"。

表 2-1-238

2014年		凭证号	摘要	借方金额	贷方金额	借或贷	余　额
月	日			千百十万千百十元角分	千百十万千百十元角分		千百十万千百十元角分

表 2-1-239

2014年		凭证号	摘要	借方金额									贷方金额									借或贷	余额								
月	日			千	百	十	万	千	百	十	元	角	分	千	百	十	万	千	百	十	元	角	分		千	百	十	万	千	百	十	元	角	分

表 2-1-240

2014年		凭证号	摘要	借方金额									贷方金额									借或贷	余额								
月	日			千	百	十	万	千	百	十	元	角	分	千	百	十	万	千	百	十	元	角	分		千	百	十	万	千	百	十	元	角	分

表 2–1–241

2014年		凭证号	摘要	借方金额										贷方金额										借或贷	余额									
月	日			千	百	十	万	千	百	十	元	角	分	千	百	十	万	千	百	十	元	角	分		千	百	十	万	千	百	十	元	角	分

表 2–1–242

2014年		凭证号	摘要	借方金额										贷方金额										借或贷	余额									
月	日			千	百	十	万	千	百	十	元	角	分	千	百	十	万	千	百	十	元	角	分		千	百	十	万	千	百	十	元	角	分

表 2-1-243

2014年		凭证号	摘要	借方金额									贷方金额									借或贷	余额								
月	日			千	百	十	万	千	百	十	元	角	分	千	百	十	万	千	百	十	元	角	分		千	百	十	万	千	百	十	元	角	分

表 2-1-244

2014年		凭证号	摘要	借方金额									贷方金额									借或贷	余额								
月	日			千	百	十	万	千	百	十	元	角	分	千	百	十	万	千	百	十	元	角	分		千	百	十	万	千	百	十	元	角	分

表 2-1-245

2014年		凭证号	摘要	借方金额										贷方金额										借或贷	余额									
月	日			千	百	十	万	千	百	十	元	角	分	千	百	十	万	千	百	十	元	角	分		千	百	十	万	千	百	十	元	角	分

表 2-1-246

2014年		凭证号	摘要	借方金额										贷方金额										借或贷	余额									
月	日			千	百	十	万	千	百	十	元	角	分	千	百	十	万	千	百	十	元	角	分		千	百	十	万	千	百	十	元	角	分

表 2-1-247

2014年		凭证号	摘要	借方金额										贷方金额										借或贷	余额									
月	日			千	百	十	万	千	百	十	元	角	分	千	百	十	万	千	百	十	元	角	分		千	百	十	万	千	百	十	元	角	分

表 2-1-248

2014年		凭证号	摘要	借方金额										贷方金额										借或贷	余额									
月	日			千	百	十	万	千	百	十	元	角	分	千	百	十	万	千	百	十	元	角	分		千	百	十	万	千	百	十	元	角	分

表 2-1-249

2014年		凭证号	摘要	借方金额										贷方金额										借或贷	余额									
月	日			千	百	十	万	千	百	十	元	角	分	千	百	十	万	千	百	十	元	角	分		千	百	十	万	千	百	十	元	角	分

表 2-1-250

2014年		凭证号	摘要	借方金额										贷方金额										借或贷	余额									
月	日			千	百	十	万	千	百	十	元	角	分	千	百	十	万	千	百	十	元	角	分		千	百	十	万	千	百	十	元	角	分

第三环节：月度会计报表编制练习。

表 2-1-251　　　　　　　　　　　　资产负债表

会行政 01 表

编制单位：　　　　　　　　　　　　年　月　日　　　　　　　　　　　　单位：元

资产	年初余额	期末余额	负债和净资产	年初余额	期末余额
流动资产：			流动负债：		
库存现金			应缴财政款		
银行存款			应缴税费		
财政应返还额度			应付职工薪酬		
应收账款			应付账款		
预付账款			应付政府补贴款		
其他应收款			其他应付款		
存货			一年内到期的非流动负债		
流动资产合计			流动负债合计		
固定资产			非流动负债：		
固定资产原价			长期应付款		
减：固定资产累计折旧			受托代理负债		
在建工程			负债合计		
无形资产					
无形资产原价					
减：累计摊销					
待处理财产损溢			财政拨款结转		
政府储备物资			财政拨款结余		
公共基础设施			其他资金结转结余		
公共基础设施原价			其中：项目结转		
减：公共基础设施累计折旧			资产基金		
公共基础设施在建工程			待偿债净资产		
受托代理资产			净资产合计		
资产总计			负债和净资产总计		

表 2-1-252　　　　　　　　　　收入支出表

会行政02表

编制单位：　　　　　　　　　　　　年　　月　　　　　　　　　　　　　单位：元

项　　目	本月数	本年累计数
一、年初各项资金结转结余		
（一）年初财政拨款结转结余		
1. 财政拨款结转		
2. 财政拨款结余		
（二）年初其他资金结转结余		
二、各项资金结转结余调整及变动		
（一）财政拨款结转结余调整及变动		
（二）其他资金结转结余调整及变动		
三、收入合计		
（一）财政拨款收入		
1. 基本支出拨款		
2. 项目支出拨款		
（二）其他资金收入		
1. 非项目收入		
2. 项目收入		
四、支出合计		
（一）财政拨款支出		
1. 基本支出		
2. 项目支出		
（二）其他资金支出		
1. 非项目支出		
2. 项目支出		
五、本期收支差额		
（一）财政拨款收支差额		
（二）其他资金收支差额		
六、年末各项资金结转结余		
（一）年末财政拨款结转结余		
1. 财政拨款结转		
2. 财政拨款结余		

第二部分：年终业务账务处理练习。

第一环节：年终转账业务练习。将桃林劳教局3月份各总账资料视为12月份资料，据以办理年终转账业务，填制年终转账的记账凭证，并登记相应的总账，同时结束旧账（总账账页见月度业务的第二环节)。

表 2-1-253

记 账 凭 证

年 月 日　　　　　　　　　　　　　　　　　第　号

摘 要	科 目		借方金额	贷方金额
	总账科目	明细科目	千百十万千百十元角分	千百十万千百十元角分
合 计				

附原始凭证　张

会计主管：　　　　记账：　　　　出纳：　　　　复核：　　　　制单：

表 2-1-254

记 账 凭 证

年 月 日　　　　　　　　　　　　　　　　　第　号

摘 要	科 目		借方金额	贷方金额
	总账科目	明细科目	千百十万千百十元角分	千百十万千百十元角分
合 计				

附原始凭证　张

会计主管：　　　　记账：　　　　出纳：　　　　复核：　　　　制单：

表 2-1-255

记 账 凭 证

年 月 日　　　　　　　　　　　　　　　　　第　号

摘 要	科 目		借方金额	贷方金额
	总账科目	明细科目	千百十万千百十元角分	千百十万千百十元角分
合 计				

附原始凭证　张

会计主管：　　　　记账：　　　　出纳：　　　　复核：　　　　制单：

第二环节：年报编制业务练习。根据转账后的各有关总账的余额编制年报，包括资产负债表、收入支出表、财政拨款收入支出表。

表2-1-256　　　　　　　　　　　　资产负债表

会行政01表

编制单位：　　　　　　　　　　　　年　月　日　　　　　　　　　　　　单位：元

资产	年初余额	期末余额	负债和净资产	年初余额	期末余额
流动资产：			流动负债：		
库存现金			应缴财政款		
银行存款			应缴税费		
零余额账户用款额度			应付职工薪酬		
财政应返还额度			应付账款		
应收账款			应付政府补贴款		
预付账款			其他应付款		
其他应收款			一年内到期的非流动负债		
存货			流动负债合计		
流动资产合计			非流动负债：		
固定资产			长期应付款		
固定资产原价			受托代理负债		
减：固定资产累计折旧			负债合计		
在建工程					
无形资产					
无形资产原价					
减：累计摊销					
待处理财产损溢			财政拨款结转		
政府储备物资			财政拨款结余		
公共基础设施			其他资金结转结余		
公共基础设施原价			其中：项目结转		
减：公共基础设施累计折旧			资产基金		
公共基础设施在建工程			待偿债净资产		
受托代理资产			净资产合计		
资产总计			负债和净资产总计		

表 2-1-257　　　　　　　　　　收　入　支　出　表

会行政 02 表

编制单位：　　　　　　　　　　　　年　　月　　　　　　　　　　　单位：元

项　目	上年数	本年数
一、年初各项资金结转结余		
（一）年初财政拨款结转结余		
1. 财政拨款结转		
2. 财政拨款结余		
（二）年初其他资金结转结余		
二、各项资金结转结余调整及变动		
（一）财政拨款结转结余调整及变动		
（二）其他资金结转结余调整及变动		
三、收入合计		
（一）财政拨款收入		
1. 基本支出拨款		
2. 项目支出拨款		
（二）其他资金收入		
1. 非项目收入		
2. 项目收入		
四、支出合计		
（一）财政拨款支出		
1. 基本支出		
2. 项目支出		
（二）其他资金支出		
1. 非项目支出		
2. 项目支出		
五、本期收支差额		
（一）财政拨款收支差额		
（二）其他资金收支差额		
六、年末各项资金结转结余		
（一）年末财政拨款结转结余		
1. 财政拨款结转		
2. 财政拨款结余		
（二）年末其他资金结转结余		

第二部分

事业单位会计实训

第一节 事业单位会计业务分类实例

一、模拟单位基本情况

（一）单位名称：兴宜中等职业学校
（二）开户银行：交通银行兴宜市分行
单位零余额账户账号：656012357891
政专户账号：2415871125000004
（三）财务负责人：李明
（四）会计：刘莉
（五）各账户的期初数在账簿中直接给出，年初数在报表中直接给出

二、业务分类实例

（一）收入业务

1. 收入简介

收入是指事业单位为开展业务活动及其他活动，依法取得的非偿还性资金。
事业单位的收入按来源不同，可分为以下几类：

（1）财政补助收入。财政补助收入是指事业单位从同级财政部门取得的各类财政拨款，包括基本支出补助和项目支出补助。

（2）上级补助收入。是核算事业单位从主管部门和上级单位取得的非财政补助收入。

（3）事业收入。事业收入是指事业单位开展专业业务活动及辅助活动取得的收入。其中按照国家有关规定应当上缴国库或者财政专户的资金，不计入事业收入；从财政专户核拨

给事业单位的资金和经核准不上缴国库或者财政专户的资金,计入事业收入。

(4) 经营收入。经营收入是指事业单位在专业业务活动及辅助活动之外开展非独立核算经营活动取得的收入。如科研单位的产品(商品)销售收入、经营服务收入、工程承包收入、租赁收入、其他经营收入等。

(5) 附属单位上缴收入。附属单位缴款是指事业单位附属的独立核算单位按规定标准或比例缴纳的各项收入。包括附属的事业单位上缴的收入和附属的企业上缴的利润等(附属单位补偿上级单位在事业支出中垫支的各种费用,应当冲减相应支出,不能作为缴款处理)。

(6) 其他收入。其他收入是指上述范围以外的收入,如投资收益、利息收入、捐赠收入等。

上述各项收入是事业单位完成业务工作的资金来源,都要纳入单位年度预算进行统筹安排,由财政部门统一管理,通过财政直接支付或由财政授权预算单位支付方式安排使用。不同的收入存放在不同的地方,会计核算也有所不同。

财政补助收入由财政预算安排,存在国库;事业收入由各预算单位执收,缴入预算外资金财政专户。这两种款项的使用,按预算单位分月用款计划的安排,由财政直接支付或由财政授权预算单位支付。当由财政直接支付时,会计处理为:借记事业支出,贷记财政补助收入;当由财政授权预算单位支付时,财政先将用款额度下达到代理银行,由代理银行通知预算单位,其会计处理为:借记零余额账户用款额度,贷记财政补助收入,当预算单位以授权支付方式用款时,借记事业支出等,贷记零余额账户用款额度。

上级补助收入应当按照发放补助单位、补助项目、《政府收支分类科目》中"支出功能分类"相关科目等进行明细核算。上级补助收入中如有专项资金收入,还应按具体项目进行明细核算。收到上级补助收入时,按照实际收到的金额,借记银行存款等,贷记上级补助收入。

经营收入、附属单位上缴收入和其他收入由预算单位执收,收到收入时,借记银行存款,贷记经营收入(附属单位上缴收入、其他收入)等。

2. 基本业务处理

业务1:2015年1月4日,接到代理银行通知,本月财政授权支付额度已下达。

(1) 从代理银行取得原始凭证(授权支付额度到账通知书,见表2-2-1)。

第二部分　事业单位会计实训

表 2-2-1　　　　　　　　　　授权支付额度到账通知书
2015 年 1 月 4 日

兴宜中等职业学校（预算单位）
单位零余额账号：656012357891
你单位1月份授权支付额度已经市财政局批准，特予通知。
资金性质：预算内

编号：H022005-RSL-0010
第 1 页／共 1 页
金额单位：元

预算科目		财政授权支付额度	备注
科目编号	科目名称		
20502	普通教育	¥578 500.00	
本页小计		¥578 500.00	
合计金额（大写）伍拾柒万捌仟伍佰元整	合计金额（小写）	¥578 500.00	

银行（盖章）：交通银行兴宜市分行会计业务公章　　复核（盖章）：李勇　　经办人（盖章）：陈明

注：本通知一式二份。第一份：预算单位作记账凭证；第二份：代理银行存档备查。

（2）根据原始凭证填制记账凭证，并将原始凭证附于记账凭证后，注明张数（见表 2-2-2）。

表 2-2-2　　　　　　　　　　　　记　账　凭　证
2015 年 1 月 4 日　　　　　　　　　　　　　　　　　记字第 1 号

摘要	总账科目	明细科目	借方金额										贷方金额										√
			千	百	十	万	千	百	十	元	角	分	千	百	十	万	千	百	十	元	角	分	
收到财政授权支付额度	零余额账户用款额度				5	7	8	5	0	0	0	0											
	财政补助收入														5	7	8	5	0	0	0	0	
合　计			¥		5	7	8	5	0	0	0	0	¥		5	7	8	5	0	0	0	0	

附单据 2 张

财务主管：　　　　记账：　　　　出纳：　　　　审核：　　　　制单：刘莉

（3）根据记账凭证登记有关总账（见表 2-2-3 至表 2-2-4）。

表 2-2-3 总 分 类 账

科目名称：零余额账户用款额度

2015年		凭证编号	摘要	借方 亿千百十万千百十元角分	贷方 亿千百十万千百十元角分	借或贷	余额 亿千百十万千百十元角分
月	日						
1	4	1	收到财政授权支付额度	5 7 8 5 0 0 0 0		借	5 7 8 5 0 0 0 0

表 2-2-4 总 分 类 账

科目名称：财政补助收入

2015年		凭证编号	摘要	借方 亿千百十万千百十元角分	贷方 亿千百十万千百十元角分	借或贷	余额 亿千百十万千百十元角分
月	日						
1	4	1	收到财政授权支付额度		5 7 8 5 0 0 0 0		5 7 8 5 0 0 0 0

业务2：2015年1月8日，以财政直接支付方式支付电费。

（1）根据电力公司电费通知单，填制"财政资金直接支付申请书"向国库收付执行机构提出直接支付申请。财政支付后，学校取得电费发票和"财政直接支付入账通知书"（见表2-2-5至表2-2-6）。

第二部分 事业单位会计实训

表 2 – 2 – 5　　　　　　　　××省电力公司电费发票　　　×国税 A　　No 1510479
　　　　　　　　　　　　　　　　（第二联：发票）　　　　　　（2009）

户号：00400789　　　　　　　收款日期 2015 年 1 月 7 日　　　　客户申请号：55455127892

户名	兴宜中等职业学校				地址	磨山	
款项性质	电费						
用电信息及收费详情		平段	峰段	谷段	无功	收费项目	单价	金额
	止码	43489				平段电荷	0.6232	12 402.93
	起码	23587				计费电量		19 902
	倍率	1				还贷基金	0.0200	398.02
	电量	19 902				库区基金	0.0020	39.80
						城镇附加	0.0100	199.02
						农网维护	0.0188	374.16
合计金额（大写）壹万叁仟肆佰壹拾叁元玖角叁分					合计金额（小写）￥13 413.93		

收费专用章：××省电力公司兴宜供电公司发票专用章　　收款人：66020　　开票人：66020　　合同号：25W50017

第二联：付款方报销凭证

表 2 – 2 – 6　　　　　　　　财政直接支付入账通知书

资金性质：预算内　　　　2015 年 1 月 8 日　　　　　　编号：H0220Z03456

付款人	全　称	交通银行财政零余额账户	收款人	全　称	××省电力公司兴宜供电公司
	账　号	675891000089400057		账　号	821-00015-001
	开户行	交通银行兴宜市分行		开户行	中信实业银行兴宜市分行
一级预算单位	兴宜市教委		功能分类	类	205 教育
基层预算单位	兴宜中等职业学校			款	02 普通教育
归口处室	教科文处			项	05 中等教育
结算方式	转账		经济分类		30206 电费

支付金额人民币（大写）	壹万叁仟肆佰壹拾叁元玖角叁分	亿	千	百	十	万	千	百	十	元	角	分
						￥	1	3	4	1	9	3

用　途	电费		
上列款项，已通过国库集中支付系统支付，请据此入账。		备　注	原申请号：800121—Z0263 凭证类型：直接支付

（盖章：兴宜市财政局国库收付分局）
年　月　日

（2）根据上述原始凭证填制记账凭证，将原始凭证附于记账凭证后，并注明张数（见表 2 – 2 – 7）。

表 2-2-7

记 账 凭 证

2015 年 1 月 8 日　　　　　　　　　　　　　　　　　　记字第 2 号

摘要	总账科目	明细科目	借方金额 千百十万千百十元角分	贷方金额 千百十万千百十元角分	√
付电费	事业支出	基本支出（财政补助支出）	1 3 4 1 3 9 3		附单据2张
	财政补助收入			1 3 4 1 3 9 3	
合　　计			¥ 1 3 4 1 3 9 3	¥ 1 3 4 1 3 9 3	

财务主管：　　　　记账：　　　　出纳：　　　　审核：　　　　制单：刘莉

（3）根据记账凭证登记有关总账（表 2-2-8 至表 2-2-9）。

表 2-2-8　　　　　　　　　　　　总　分　类　账

科目名称：<u>事业支出</u>

2015年		凭证编号	摘要	借方 亿千百十万千百十元角分	贷方 亿千百十万千百十元角分	借或贷	余额 亿千百十万千百十元角分
月	日						
1	8	2	付电费	1 3 4 1 3 9 3		借	1 3 4 1 3 9 3

表 2-2-9　　　　　　　　　　　　总 分 类 账

科目名称：财政补助收入

2015年		凭证编号	摘要	借方	贷方	借或贷	余额
月	日			亿千百十万千百十元角分	亿千百十万千百十元角分		亿千百十万千百十元角分
1	4	1	收到财政授权支付额度		5 7 8 5 0 0 0 0	贷	5 7 8 5 0 0 0 0
	8	2	财政直接支付电费		1 3 4 1 3 9 3	贷	5 9 1 9 1 3 9 3

业务3：2015年1月15日，兴宜中等职业学校召开教学研究会，由秋莎会议服务有限公司承办，总费用为22 000.00元，款项由财政直接支付。

（1）会议结束，据实结算，根据秋莎会议服务公司开出的发票，向财政部门提出直接支付申请，财政审核付款后，"财政直接支付入账通知"传到学校（见表2-2-10至表2-2-11）。

表 2-2-10　　　　　　　　　兴宜市服务业统一发票

发 票 联　　　　　　　　　（2013）地

2015年1月15日　　　　　　No 1926378

付款方名称	兴宜中等职业学校		收款方名称	秋莎会议服务有限公司								
摘要	项目	单位	数量	单价	金额							
					千	百	十	万	千	百	十	元	角	分
教学研究会	会议室租金							2	0	0	0	0	0
	住宿费							1	1	0	0	0	0
	餐费								9	0	0	0	0
合计（大写）贰万贰仟元整					¥			2	2	0	0	0	0

开票人：张琴　　　　收款人：　秋莎会议服务　　（收款方盖章有效）
　　　　　　　　　　　　　　　有限公司
　　　　　　　　　　　　　　　发票专用章

第二联：发票

表 2－2－11　　　　　　　　　财政直接支付入账通知书

资金性质：预算内　　　　　　2015 年 1 月 15 日　　　　　　　　　　　编号：H0220Z3457

付款人	全称	交通银行财政零余额账户	收款人	全称	秋莎会议服务有限公司
	账号	158860018000939164		账号	012458015800045
	开户行	交通银行兴宜市分行		开户行	农业银行兴宜市分行
一级预算单位		兴宜市教委	功能分类	类	205 教育
基层预算单位		兴宜中等职业学校		款	02 普通教育
归口处室		教科文处		项	05 高等教育
结算方式		转账	经济分类		30215 会议费

支付金额人民币（大写）	贰万贰仟元整	亿	千	百	十	万	千	百	十	元	角	分
						¥	2	2	0	0	0	0

用途	会议费

上列款项，已通过国库集中支付系统支付，请据此入账。

备注：
原申请号：800121—Z0269
凭证类型：直接支付

　　年　　月　　日

（2）根据上述原始凭证填制记账凭证，将原始凭证附于记账凭证后，并注明张数（见表 2－2－12）。

表 2－2－12　　　　　　　　　记　账　凭　证

2015 年 1 月 15 日　　　　　　　　　　　　　　　　　　记字第 3 号

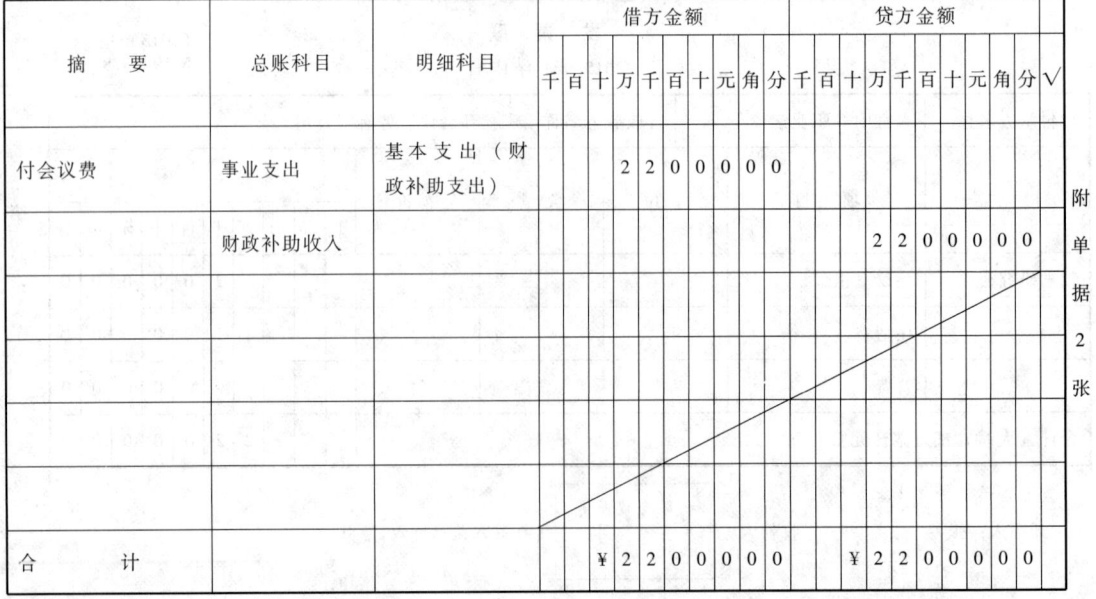

财务主管：　　　记账：　　　出纳：　　　审核：　　　制单：刘莉

(3) 根据记账凭证登记有关总账（见表2-2-13至表2-2-14）。

表2-2-13　　　　　　　　　　总　分　类　账

科目名称：事业支出

2015年		凭证编号	摘要	借方 亿千百十万千百十元角分	贷方 亿千百十万千百十元角分	借或贷	余额 亿千百十万千百十元角分
月	日						
1	8	2	付电费	1 3 4 1 9 3		借	1 3 4 1 9 3
	15	3	付会议费	2 2 0 0 0 0 0		借	3 5 4 1 9 3

表2-2-14　　　　　　　　　　总　分　类　账

科目名称：财政补助收入

2015年		凭证编号	摘要	借方 亿千百十万千百十元角分	贷方 亿千百十万千百十元角分	借或贷	余额 亿千百十万千百十元角分
月	日						
1	4	1	收到财政授权支付额度		5 7 8 5 0 0 0 0	贷	5 7 8 5 0 0 0 0
	8	2	财政直接支付电费		1 3 4 1 9 3	贷	5 9 1 9 1 3 9 3
	15	3	付会议费		2 2 0 0 0 0 0	贷	6 1 3 9 1 3 9 3

业务4：2015年1月15日，通过财政直接支付方式，支付退休人员工资9 805.12元。

(1) 计算退休人员工资，向财政部门发送退休人员工资表，并提出直接支付申请。财政审核划款后，"财政直接支付入账通知书"传到学校（见表2-2-15至表2-2-16）。

表 2-2-15　　　　　　　　　　　退休人员工资表
单位名称：兴宜理工大学　　　　　　2015 年 1 月

序号	姓名	工龄	职称	职务	退休时人事审批金额	增资	应发数
1	刘海	32 年	副教授		3 580.06	120	3 700.06
2	张力	25 年	高级工		2 917.05	78	2 995.05
3	李煜	28 年	高级工		3 015.01	95	3 110.01
	合计				9 512.12	293	9 805.12

表 2-2-16　　　　　　　　　　财政直接支付入账通知书
资金性质：预算内　　　　　2015 年 1 月 15 日　　　　　　编号：H0220Z3458

付款人	全称	交通银行财政零余额账户	收款人	全称	兴宜中等职业学校
	账号	860158018001640939		账号	656012357891
	开户行	交通银行兴宜市分行		开户行	工商银行兴宜市分行
一级预算单位		兴宜市教委	功能分类	类	205 教育
基层预算单位		兴宜中等职业学校		款	02 普通教育
归口处室		教科文处		项	05 高等教育
结算方式		转账	经济分类		30302 退休费
支付金额人民币（大写）		玖仟捌佰零伍元壹角贰分	亿 千 百 十 万 千 百 十 元 角 分 　　　　　　　　¥ 9 8 0 5 1 2		
用途		退休费			
上列款项，已通过国库集中支付系统支付，请据此入账。 　　　　　　　年　月　日			备注 原申请号：800121—Z0278 凭证类型：直接支付		

（2）根据上述原始凭证填制记账凭证，将原始凭证附于记账凭证后，并注明张数（见表 2-2-17 至表 2-2-18）。

表 2-2-17

记 账 凭 证

2015 年 1 月 15 日　　　　　　　　　　　　　　　　　　　　　　记字第 4 号

摘　要	总账科目	明细科目	借方金额 千百十万千百十元角分	贷方金额 千百十万千百十元角分	√
付退休费	事业支出	基本支出（财政补助支出）	９８０５１２		
	应付职工薪酬	工资（退休费）		９８０５１２	
合　　计			￥９８０５１２	￥９８０５１２	

财务主管：　　　　记账：　　　　出纳：　　　　审核：　　　　制单：刘莉

附单据 1 张

表 2-2-18

记 账 凭 证

2015 年 1 月 15 日　　　　　　　　　　　　　　　　　　　　　　记字第 5 号

摘　要	总账科目	明细科目	借方金额 千百十万千百十元角分	贷方金额 千百十万千百十元角分	√
付退休费	应付职工薪酬	工资（退休费）	９８０５１２		
	财政补助收入	基本支出（人员经费）		９８０５１２	
合　　计			￥９８０５１２	￥９８０５１２	

财务主管：　　　　记账：　　　　出纳：　　　　审核：　　　　制单：刘莉

附单据 1 张

（3）根据记账凭证登记有关总账（见表 2-2-19 至表 2-2-21）

表 2-2-19

总分类账

科目名称：事业支出

2015年		凭证编号	摘要	借方 亿千百十万千百十元角分	贷方 亿千百十万千百十元角分	借或贷	余额 亿千百十万千百十元角分
月	日						
1	8	2	付电费	1 3 4 1 3 9 3		借	1 3 4 1 3 9 3
	15	3	付会议费	2 2 0 0 0 0 0		借	3 5 4 1 3 9 3
	15	4	付退休费	9 8 0 5 1 2		借	4 5 2 1 9 0 5

表 2-2-20

总分类账

科目名称：应付职工薪酬

2015年		凭证编号	摘要	借方 亿千百十万千百十元角分	贷方 亿千百十万千百十元角分	借或贷	余额 亿千百十万千百十元角分
月	日						
1	15	4	付退休费		9 8 0 5 1 2	贷	9 8 0 5 1 2
	15	5	付退休费	9 8 0 5 1 2		平	0

表 2-2-21   总 分 类 账
科目名称：财政补助收入

2015年		凭证编号	摘要	借方 亿千百十万千百十元角分	贷方 亿千百十万千百十元角分	借或贷	余额 亿千百十万千百十元角分
月	日						
1	4	1	收到财政授权支付额度		5 7 8 5 0 0 0 0	贷	5 7 8 5 0 0 0 0
	8	2	财政直接支付电费		1 3 4 1 3 9 3	贷	5 9 1 9 1 3 9 3
	15	3	付会议费		2 2 0 0 0 0 0	贷	6 1 3 9 1 3 9 3
	15		付退休费		9 8 0 5 1 2	贷	6 2 3 7 1 9 0 5

（二）支出业务

事业单位支出是指其开展业务活动和其他活动所发生的各项资金耗费和损失。

1. 支出简介

事业单位支出主要包括事业支出、经营支出、上缴上级支出、对附属单位补助支出、其他支出等。

（1）事业支出，是指事业单位开展各项专业业务活动及辅助活动发生的支出。按照"基本支出"和"项目支出"，"财政补助支出"、"非财政专项资金支出"和"其他资金支出"等层级进行明细核算，并按照《政府收支分类科目》中"支出功能分类"相关科目进行明细核算；"基本支出"和"项目支出"明细科目下应当按照《政府收支分类科目》中"支出经济分类"的款级科目进行明细核算；同时在"项目支出"明细科目下按照具体项目进行明细核算。

（2）经营支出，是指事业单位在专业业务活动及辅助活动之外开展非独立核算经营活动发生的支出。应当按照经营活动类别、项目、《政府收支分类科目》中"支出功能分类"相关科目等进行明细核算。

（3）上缴上级支出，是事业单位按规定的标准或比例上缴上级单位的支出。

（4）对附属单位补助支出，是事业单位用财政补助收入之外的收入对附属单位补助发生的支出。应当按照接受补助单位、补助项目、《政府收支分类科目》中"支出功能分类"相关科目等进行明细核算。

（5）其他支出，是事业单位除事业支出、上缴上级支出、对附属单位补助支出、经营支出以外的各项支出，包括利息支出、捐赠支出、现金盘亏损失、资产处置损失、接受捐赠（调入）非流动资产发生的税费支出等。

2. 基本业务处理

业务5：2015年1月16日，购买财产综合险，以授权支付方式付款。

（1）根据财产保险发票，开出财政授权支付凭证付款（见表2-2-22和表2-2-23）。

表 2-2-22　　　　　　　　　× × 省保险业专用发票

INSURANCE TRADE INVOICE OF HUBEI　　　发票代码：132000530091

中国太平洋财产保险股份有限公司　　　发票号码：00005697

发　票　联　　　　　　　　　　　　　开票日期：2015/01/16

付款人：
Payer　兴宜中等职业学校

承保险种：
Coverage　财产保险综合险

保险单号：　　　　　　批单号：
Policy No. APINJ56321456B12003G End. No. 无

保险费金额（大写）：　　　　　　（小写）：
Premium Amount（In Words） 人民币壹万叁仟元整（In figures）RMB13 000.00

附注：
Remarks

经手人：　张敏　　复核：　罗同　　保险公司盖章：　中国太平洋财产保险股份有限公司
　　　　　　　　　　　　　　　　　　　　　　　　兴宜市经济开发区分公司发票专用

Handle　　　　Checked By　　Stamped By Insurance Company

地址　　　　　　　　　　　　　　　电话
Add. 兴宜市经济开发区友谊大厦305室　Tel. 012-83682549

第二联　发票联

表 2-2-23　　　　　　　　　财 政 授 权 支 付 凭 证

资金性质：预算内　　　2015年1月15日　　　　　　　编号：020GQ-00001

付款人	全 称	兴宜中等职业学校	收款人	全 称	中国太平洋财产保险股份有限公司 兴宜市经济开发区支公司
	账 号	656012357891		账 号	58967412300125
	开户行	交通银行兴宜市分行		开户行	建行兴宜市分行
一级预算单位		兴宜市教委	功能分类	类	205 教育
基层预算单位		兴宜中等职业学校		款	02 普通教育
归口处室		教科文处		项	05 中等教育
结算方式		转账	经济分类		30210 交通费

支付金额人民币（大写）	壹万叁仟元整	亿	千	百	十	万	千	百	十	元	角	分
						¥	1	3	0	0	0	0	0

用 途	财产综合险

上述款项已办理	备　注
银行盖章：　交通银行 　　　　　　转(745816)讫 　　　　　　兴宜市分行　　经办人：张飞 　　　　　　年　月　日	

第二联：退预算单位作回单

（2）根据上述原始凭证填制记账凭证，将原始凭证附于记账凭证后，并注明张数（见表 2-2-24）。

表 2-2-24

记 账 凭 证

2015 年 1 月 16 日　　　　　　　　　　　记字第 6 号

摘　　要	总账科目	明细科目	借方金额 千百十万千百十元角分	贷方金额 千百十万千百十元角分	√
购买财产保险综合险	事业支出	基本支出（财政补助支出）	1 3 0 0 0 0 0		附单据2张
	零余额账户用款额度			1 3 0 0 0 0 0	
合　　计			¥ 1 3 0 0 0 0 0	¥ 1 3 0 0 0 0 0	

财务主管：　　　　记账：　　　　出纳：　　　　审核：　　　　制单：刘莉

（3）根据记账凭证登记有关总账（见表 2-2-25 和表 2-2-26）。

表 2-2-25

总 分 类 账

科目名称：事业支出

2015年		凭证编号	摘要	借方 亿千百十万千百十元角分	贷方 亿千百十万千百十元角分	借或贷	余额 亿千百十万千百十元角分
月	日						
1	8	2	付电费	1 3 4 1 9 3		借	1 3 4 1 9 3
	15	3	付会议费	2 2 0 0 0 0 0		借	3 5 4 1 9 3
	15	4	付退休费	9 8 0 5 1 2		借	4 5 2 1 9 0 5
	16	6	购财产综合险	1 3 0 0 0 0 0		借	5 8 2 1 9 0 5

表 2-2-26　　　　　　　　　　总 分 类 账

科目名称：零余额账户用款额度

2015年		凭证编号	摘要	借方										贷方										借或贷	余额									
月	日			亿	千	百	十	万	千	百	十	元	角	分	亿	千	百	十	万	千	百	十	元	角	分		亿	千	百	十	万	千	百	十	元	角	分
1	4	1	收到财政授权支付额度				5	7	8	5	0	0	0	0												借				5	7	8	5	0	0	0	0
	16	6	购财产综合险																1	3	0	0	0	0	0	借				5	6	5	5	0	0	0	0

业务 6：2015 年 1 月 16 日，向金鑫五金水暖商店购维修材料，以授权支付方式付款。材料验收后当即交付使用。

（1）购进维修材料，取得发票，开出财政授权支付凭证，从预算内额度中付款，留下第二联记账（见表 2-2-27 至表 2-2-29）。

表 2-2-27　　　　　　　××省增值税普通发票　　　　　（普三）142010523101
　　　　　　　　　　　　　　　　　　　　　　　　　　　　　No.02246907
　　　　　　　　　　　　　　发 票 联　　　　　　　　　　2015 年 1 月 16 日

品名及规格	货款或劳务	单位	数量	单价	金　额
见清单					5 382.00
金额合计（大写）伍仟叁佰捌拾贰元零角零分					￥5 382.00

备注：
　　　金鑫五金水暖商店
　　　　发票专用章

②付款方报销凭证

单位盖章：　　　　　　复核人：　　　收款人：李甜　　　开票人：茹兰

表 2-2-28　　　　　　　　　　　销 货 计 数 单　　　　　　　　　　　第 1 页
柜别：五金水暖　　　　　　　　　2015 年 1 月 16 日　　　　　　　　　共 1 页

货号及品名	单位	数量	单价	金　额							收款人盖章
				万	千	百	十	元	角	分	
九牧王三角伐	个	50	18		9	0	0	0	0		
50 弯头	个	60	3			1	8	0	0	0	
50 直接	个	60	3			1	8	0	0	0	
50 下水管	根	40	2				8	0	0	0	
6×4 开泰内丝弯头	个	50	10			5	0	0	0	0	
略	略	略	略								
总　　　计				￥	5	3	8	2	0	0	

表 2-2-29　　　　　　　　　　　财 政 授 权 支 付 凭 证
资金性质：预算内　　　　　　　2015 年 1 月 16 日　　　　　　编号：020GQ-00002

付款人	全　称	兴宜中等职业学校	收款人	全　称	金鑫五金水暖商店
	账　号	656012357891		账　号	58967412300125
	开户行	交通银行兴宜市分行		开户行	建行兴宜市分行
一级预算单位		兴宜市教委	功能分类	类	205 教育
基层预算单位		兴宜中等职业学校		款	02 普通教育
归口处室		教科文处		项	05 中等教育
结算方式		转账	经济分类		30213 维修费
支付金额人民币（大写）		伍仟叁佰捌拾贰元整	亿 千 百 十 万 千 百 十 元 角 分		￥ 5 3 8 2 0 0
用途		维修			
	上述款项已办理		备　注		
银行盖章：	交通银行 转(745816)讫 兴宜市分行	经办人：张飞			
		年　月　日			

第二联：退预算单位作回单

（2）根据上述原始凭证填制记账凭证，将原始凭证附于记账凭证后，并注明张数（见表 2-2-30）。

表 2-2-30

记 账 凭 证

2015 年 1 月 17 日　　　　　　　　　　记字第 7 号

摘要	总账科目	明细科目	借方金额 千百十万千百十元角分	贷方金额 千百十万千百十元角分	√
购维修材料，验收后交付使用	事业支出	基本支出（财政补助支出）	5 3 8 2 0 0		
	零余额账户用款额度			5 3 8 2 0 0	
合　计			¥ 5 3 8 2 0 0	¥ 5 3 8 2 0 0	

财务主管：　　　　记账：　　　　出纳：　　　　审核：　　　　制单：刘莉

附单据 3 张

（3）根据记账凭证登记有关总账（见表2-2-31和表2-2-32）。

表 2-2-31

总 分 类 账

科目名称：事业支出

2015年		凭证编号	摘要	借方 亿千百十万千百十元角分	贷方 亿千百十万千百十元角分	借或贷	余额 亿千百十万千百十元角分
月	日						
1	8	2	付电费	1 3 4 1 3 9 3		借	1 3 4 1 3 9 3
	15	3	付会议费	2 2 0 0 0 0 0		借	3 5 4 1 3 9 3
	15	4	付退休费	9 8 0 5 1 2		借	4 5 2 1 9 0 5
	16	6	购财产综合险	1 3 0 0 0 0 0		借	5 8 2 1 9 0 5
	17	7	购维修材料，验收后交付使用	5 3 8 2 0 0		借	6 3 6 0 1 0 5

表 2-2-32   总 分 类 账

科目名称：零余额账户用款额度

2015年		凭证编号	摘要	借方 亿千百十万千百十元角分	贷方 亿千百十万千百十元角分	借或贷	余额 亿千百十万千百十元角分
月	日						
1	4	1	收到财政授权支付额度	5 7 8 5 0 0 0 0		借	5 7 8 5 0 0 0 0
	16	6	购财产综合险		1 3 0 0 0 0 0	借	5 6 5 5 0 0 0 0
	17	7	购维修材料，验收后交付使用		5 3 8 2 0 0	借	5 6 0 1 1 8 0 0

业务7：2015年1月18日，发放1月份工资，情况如下：财政直接支付为420 122.12元，其中失业保险2 750.00元，住房公积金39 497.00元，个人所得税5 989.12元。

（1）向财政部门、单位零余额账户代理银行提供工资明细表，财政直接支付部分，向财政部门提出直接支付申请，财政划付工资到职工个人账户后，单位收到直接支付入账通知（见表2-2-33和表2-2-34）。

表 2-2-33   2015 年 1 月工资汇总表

财政直接支付（应发数）		各种扣款	
项目	金额	项目	金额
基本工资	289 912.24	失业保险	2 750.00
津贴	130 209.88	住房公积金	39 497.00
		个人所得税	5 989.12
合计	420 122.12	合计	48 236.12

注：各种扣款在授权支付的"基本工资"中扣除。

表 2-2-34　　　　　　　　　　　　财政直接支付入账通知书

资金性质：预算内　　　　　　　　　　2015年1月18日　　　　　　　　　　编号：H0220Z3460

付款人	全称	交通银行财政零余额账户	收款人	全称	兴宜中等职业学校
	账号	860158018001640939		账号	656012357891
	开户行	交通银行兴宜市分行		开户行	工商银行兴宜市分行
一级预算单位		兴宜市教委	功能分类	类	205 教育
基层预算单位		兴宜中等职业学校		款	02 普通教育
归口处室		教科文处		项	05 中等教育
结算方式		转账	经济分类		30101 基本工资 30102 津贴补贴

支付金额人民币（大写）	叁拾柒万壹仟捌佰捌拾陆元零角零分	亿	千	百	十	万	千	百	十	元	角	分
				¥	3	7	1	8	8	6	0	0

用途	支付1月份工资

上列款项，已通过国库集中支付系统支付，请据此入账。	备注
（国库收付分局 章）	原申请号：800121—Z0307
年　月　日	凭证类型：直接支付

（2）根据上述原始凭证填制记账凭证，将原始凭证附于记账凭证后，并注明张数（见表 2-2-35 和表 2-2-36）。

表 2-2-35　　　　　　　　　　　　　记　账　凭　证

2015 年 1 月 18 日　　　　　　　　　　　　　　　　　　　记字第 8 号

摘要	总账科目	明细科目	借方金额										贷方金额										√
			千	百	十	万	千	百	十	元	角	分	千	百	十	万	千	百	十	元	角	分	
支付1月份工资	事业支出	基本支出（财政补助支出）			4	2	0	1	2	2	1	2											附单据1张
	应付职工薪酬	工资													2	8	9	9	1	2	2	4	
		津贴													1	3	0	2	0	9	8	8	
合计			¥		4	2	0	1	2	2	1	2	¥		4	2	0	1	2	2	1	2	

财务主管：　　　记账：　　　出纳：　　　审核：　　　制单：刘莉

表 2-2-36　　　　　　　　　　记　账　凭　证
2015 年 1 月 18 日　　　　　　　　记字第 9 号

摘　要	总账科目	明细科目	借方金额 千百十万千百十元角分	贷方金额 千百十万千百十元角分	√
支付1月份工资	应付职工薪酬	工资	2 8 9 9 1 2 2 4		
		津贴	1 3 0 2 0 9 8 8		
	财政补助加收入	基本支出		3 7 1 8 8 6 0 0	
	应缴税费	应交个人所得税		5 9 8 9 1 2	
	其他应付款	失业保险		2 7 5 0 0 0	
		住房公积金		3 9 4 9 7 0 0	
合　计			¥ 4 2 0 1 2 2 1 2	¥ 4 2 0 1 2 2 1 2	

附单据 1 张

财务主管：　　　记账：　　　出纳：　　　审核：　　　制单：刘莉

(3) 根据记账凭证登记有关总账（见表 2-2-37 至表 2-2-41）。

表 2-2-37　　　　　　　　　　总　分　类　账
科目名称：事业支出

2015年 月 日	凭证编号	摘　要	借方 亿千百十万千百十元角分	贷方 亿千百十万千百十元角分	借或贷	余　额 亿千百十万千百十元角分
1 8	2	付电费	1 3 4 1 3 9 3		借	1 3 4 1 3 9 3
15	3	付会议费	2 2 0 0 0 0 0		借	3 5 4 1 3 9 3
15	4	付退休费	9 8 0 5 1 2		借	4 5 2 1 9 0 5
16	6	购财产综合险	1 3 0 0 0 0 0		借	5 8 2 1 9 0 5
17	7	购维修材料，验收后交付使用	5 3 8 2 0 0		借	6 3 6 0 1 0 5
18	8	支付1月份工资	4 2 0 1 2 2 1 2		借	4 8 3 7 2 3 1 7

表 2-2-38　　　　　　　　　　　　　　总 分 类 账

科目名称：应付职工薪酬

2015年		凭证编号	摘要	借方										贷方										借或贷	余额									
月	日			亿	千	百	十	万	千	百	十	元	角	分	亿	千	百	十	万	千	百	十	元	角	分		亿	千	百	十	万	千	百	十	元	角	分
1	15	4	付退休费																	9	8	0	5	1	2	贷							9	8	0	5	1	2
	15	5	付退休费						9	8	0	5	1	2												平										0	0	0
	18	8	支付1月份工资																2	8	9	9	1	2	2	4	贷					2	8	9	9	1	2	2	4
	18	8	支付1月份津贴																1	3	0	2	0	9	8	8	贷					4	2	0	1	2	2	1	2
	18	9	支付1月份工资					2	8	9	9	1	2	2	4												贷					1	3	0	2	0	9	8	8
	18	9	支付1月份津贴					1	3	0	2	0	9	8	8												平									0	0	0

表 2-2-39　　　　　　　　　　　　　　总 分 类 账

科目名称：财政补助收入

2015年		凭证编号	摘要	借方										贷方										借或贷	余额									
月	日			亿	千	百	十	万	千	百	十	元	角	分	亿	千	百	十	万	千	百	十	元	角	分		亿	千	百	十	万	千	百	十	元	角	分
1	4	1	收到财政授权支付额度																5	7	8	5	0	0	0	0	贷					5	7	8	5	0	0	0	0
	8	2	财政直接支付电费																1	3	4	1	3	9	3		贷					5	9	1	9	1	3	9	3
	15	3	付会议费																	2	2	0	0	0	0	0	贷					6	1	3	9	1	3	9	3
	15	5	付退休费																		9	8	0	5	1	2	贷					6	2	3	7	1	9	0	5
	17	7	付1—6月工会经费																	4	6	1	5	0	0	0	贷					6	6	9	8	6	9	0	5
	18	9	支付1月份工资																3	7	1	8	8	6	0	0	贷				1	0	4	1	7	5	5	0	5

表 2-2-40　　　　　　　　　　　　　总　分　类　账

科目名称：应缴税费

2015年		凭证编号	摘要	借方 亿千百十万千百十元角分	贷方 亿千百十万千百十元角分	借或贷	余额 亿千百十万千百十元角分
月	日						
1	18	9	代扣1月份个人所得税		5 9 8 9 1 2	贷	5 9 8 9 1 2

表 2-2-41　　　　　　　　　　　　　总　分　类　账

科目名称：其他应付款

2015年		凭证编号	摘要	借方 亿千百十万千百十元角分	贷方 亿千百十万千百十元角分	借或贷	余额 亿千百十万千百十元角分
月	日						
1	18	9	代扣1月份失业保险		2 7 5 0 0 0 0	贷	2 7 5 0 0 0
	18	9	代扣1月份住房公积金		3 9 4 9 7 0 0	贷	4 2 2 4 7 0 0

业务8：2015年1月19日，以财政授权支付方式从单位零余额账户额度中划付5989.12元，交纳由单位代扣的职工个人所得税（见业务7）。

（1）备齐《扣缴个人所得税报告表》、《支付个人收入明细表》以及税务机关要求报送的其他有关资料，向税务部门申报纳税。税务部门审核无误后开出缴款书，兴宜中等职业学校根据缴款书开出财政授权支付凭证支付税款（见表2－2－42和表2－2－43）。

表2－2－42　　　　　　　　财政授权支付凭证

资金性质：预算内　　　　　2015年1月19日　　　　　编号：020GQ－00004

第二联：退预算单位作回单

付款人	全称	兴宜中等职业学校	收款人	全称	个人所得税（淮海金库）
	账号	656012357891		账号	54879125863
	开户行	交通银行兴宜市分行		开户行	建行江北支行

一级预算单位	兴宜市教委	功能分类	类	205 教育
基层预算单位	兴宜中等职业学校		款	02 普通教育
归口处室	教科文处		项	05 高等教育
结算方式	转账	经济分类		30101 基本工资

支付金额人民币（大写）	伍仟玖佰捌拾玖元壹角贰分	亿	千	百	十	万	千	百	十	元	角	分
							¥	5	9	8	9	1	2

用途	1月份个人所得税

备注

上述款项已办理

银行盖章：	交通银行转(745816)讫兴宜市分行	经办人：	张飞

年　月　日

表 2-2-43

中华人民共和国税收通用缴款书

51669343 号
（20092）兴地缴电

隶属关系：市
注册类型：其他类型
填发日期 2015 年 1 月 19 日
征收机关：兴宜征收局

缴款单位	代 码	0245689	预算科目	编 码	8203 （20093） 52097695
	全 称	交通中等职业学校		名 称	其他个人所得税
	开户行	工商银行兴宜市分行		级 次	中 60% 省 15% 市 12.5% 区 12.5%
	账 号	656012357891		收款国库	淮海金库

税款所属时期 2015-01-01 至 2015-01-31　　税款限缴日期　2015 年 2 月 7 日

品 目 名 称	课税数量	计税金额或销售收入	税率或单位税额	应缴税额	已缴或扣除额	实 缴 金 额									
						千	百	十	万	千	百	十	元	角	分
工资薪金所得		59 891.20		5 989.12						5	9	8	9	1	2
税 款 小 计									¥	5	9	8	9	1	2

教育费附加

堤防费　　　　　　　　交通银行转（745816）讫兴宜市分行

平抑副食品价格基金

| 金额合计（大写）伍仟玖佰捌拾玖元壹角贰分 | ¥ | 5 | 9 | 8 | 9 | 1 | 2 |

缴款单位（人）（盖章）　填票人 王庆　经办人（章）　陈丽

（兴宜市地方税务局 征收专用章）
路东所-09

上列款项已收妥并划转收款
单位账户　淮海金库收（587416）讫
国库（银行）盖章　年 月 日

备 注
正常一般认定申报

逾期不缴按税法规定加收滞纳金

（2）根据上述原始凭证填制记账凭证，将原始凭证附于记账凭证后，并注明张数（见表 2-2-44）。

表2-2-44　　　　　　　　　　　　记　账　凭　证

2015年1月19日　　　　　　　　　　　　　　　　记字第10号

摘　要	总账科目	明细科目	借方金额 千百十万千百十元角分	贷方金额 千百十万千百十元角分	√
支付代扣的个人所得税	应缴税费	应交个人所得税	598912		附单据2张
	零余额账户用款额度			598912	
合　　　计			¥598912	¥598912	

财务主管:　　　　　记账:　　　　　出纳:　　　　　审核:　　　　　制单:刘莉

(3) 根据记账凭证登记有关总账 (见表2-2-45和表2-2-46)。

表2-2-45　　　　　　　　　　　　总　分　类　账

科目名称:应缴税费

2015年		凭证编号	摘　要	借方 亿千百十万千百十元角分	贷方 亿千百十万千百十元角分	借或贷	余　额 亿千百十万千百十元角分
月	日						
1	18	9	代扣1月份个人所得税		598912	贷	598912
	19	10	支付代扣个人所得税	598912		平	000

表 2-2-46   总 分 类 账

科目名称：零余额账户用款额度

2015年		凭证编号	摘要	借方 亿千百十万千百十元角分	贷方 亿千百十万千百十元角分	借或贷	余额 亿千百十万千百十元角分
月	日						
1	4	1	收到财政授权支付额度	5 7 8 5 0 0 0 0		借	5 7 8 5 0 0 0 0
	16	6	购财产综合险		1 3 0 0 0 0 0	借	5 6 5 5 0 0 0 0
	17	7	购维修材料，验收后交付使用		5 3 8 2 0 0	借	5 6 0 1 1 8 0 0
	19	10	交纳个人所得税		5 9 8 9 1 2	借	5 5 4 1 2 8 8 8

业务9：2015年1月19日，兴宜中等职业学校以授权支付方式从单位零余额账户额度中划付 8 442.00元交纳失业保险金，其中个人缴纳 2 750.00元，已在工资中扣除（见业务7），单位缴纳 5 692.00元。

（1）兴宜市社会保险费由税务机构代征。兴宜中等职业学校向兴宜市税务部门报送社会保险费扣缴计算表、个人收入明细表，税务部门审核后开出缴款书，根据缴款书，兴宜中等职业学校开出财政授权支付凭证缴款（见表 2-2-47 和表 2-2-48）。

表 2-2-47   财 政 授 权 支 付 凭 证

资金性质：预算内   2015年1月19日   编号：020GQ-00005

付款人	全 称	兴宜中等职业学校	收款人	全 称	失业保险金（淮海金库）
	账 号	656012357891		账 号	54879125863
	开户行	交通银行兴宜市分行		开户行	建行江北支行
一级预算单位		兴宜市教委	功能分类	类	205 教育
基层预算单位		兴宜中等职业学校		款	02 普通教育
归口处室		教科文处		项	05 高等教育
结算方式		转账	经济分类		30104 社会保障缴费
支付金额人民币（大写）		捌仟肆佰肆拾贰元整		亿千百十万千百十元角分	¥ 8 4 4 2 0 0
用 途		1月社会保险费（单位）			
银行盖章	上述款项已办理 交通银行 转(745816)讫 兴宜市分行		经办人 张飞 年 月 日	备 注	

第二联：退预算单位作回单

表 2－2－48　　　　　　　　　中华人民共和国
　　　　　　　　　　　　　　税 收 通 用 缴 款 书

隶属关系：市　　　　　　　　　　　　　　　　　　　　　　（20092）兴地缴电
注册类型：其他类型　　　　　填发日期 2015 年 1 月 19 日　　征收机关：兴宜征收局

缴款单位	代　码	0245689		预算科目	编　码	8203　（20092）　51677970
	全　称	交通中等职业学校			名　称	失业保险金
	开户行	工商银行兴宜市分行			级　次	市 100%
	账　号	656012357891			收款国库	淮海金库

税款所属时期　2015－01－01 至 2015－01－31　　税款限缴日期　2015 年 2 月 7 日

品目名称	课税数量	计税金额或销售收入	税率或单位税额	应缴税额	已缴或扣除额	实缴金额 千 百 十 万 千 百 十 元 角 分
失业保险金				0.00		8 4 4 2 0 0
税　款　小　计						¥　　　8 4 4 2 0 0

教育费附加

堤防费　　　　　　　　　　　　交通银行
　　　　　　　　　　　　　　　转（745816）讫
平抑副食品价格基金　　　　　　兴宜市分行

金额合计（大写）捌仟肆佰肆拾贰元零角零分　　　　　　　　　¥　　　8 4 4 2 0 0

缴款单位（人）　填票人　　　（兴宜市地方税务局　　上列款项已收妥并划转收款　　　备　注
（盖章）　　　　王庆　　　　　征收专用章）
经办人（章）　　陈丽　　　　　路东所－09　　　　　单位账户　淮海金库　　　　　正常一般
　　　　　　　　　　　　　　　　　　　　　　　　　　　　　　收（587416）讫　　认定申报
　　　　　　　　　　　　　　　　　　　　　　　　国库（银行）盖章　年　月　日

　　　　　　　　　　　　　　逾期不缴按税法规定加收滞纳金

第一联（收据）国库（银行）收款盖章后退缴款单位（人）作完税凭证

（2）根据上述原始凭证填制记账凭证，将原始凭证附于记账凭证后，并注明张数（见表 2－2－49）。

表 2-2-49

记 账 凭 证

2015 年 1 月 19 日　　　　　　　　　　　　　　　　　记字第 11 号

摘　要	总账科目	明细科目	借方金额 千百十万千百十元角分	贷方金额 千百十万千百十元角分	√
缴纳失业保险	其他应付款	失业保险	2 7 5 0 0 0		
	事业支出	基本支出（财政补助支出）	5 6 9 2 0 0		
	零余额账户用款额度			8 4 4 2 0 0	
合　　计			¥ 8 4 4 2 0 0	¥ 8 4 4 2 0 0	

附单据 2 张

财务主管：　　　　记账：　　　　出纳：　　　　审核：　　　　制单：刘莉

（3）根据记账凭证登记有关总账（见表 2-2-50 至表 2-2-52）。

表 2-2-50

总 分 类 账

科目名称：零余额账户用款额度

2015 年		凭证编号	摘　要	借方 亿千百十万千百十元角分	贷方 亿千百十万千百十元角分	借或贷	余额 亿千百十万千百十元角分
月	日						
1	4	1	收到财政授权支付额度	5 7 8 5 0 0 0 0		借	5 7 8 5 0 0 0 0
	16	6	购财产综合险		1 3 0 0 0 0 0	借	5 6 5 5 0 0 0 0
	17	7	购维修材料，验收后交付使用		5 3 8 2 0 0	借	5 6 0 1 1 8 0 0
	19	10	交纳个人所得税		5 9 8 9 1 2	借	5 5 4 1 2 8 8 8
	19	11	交纳失业保险		8 4 4 2 0 0	借	5 4 5 6 8 6 8 8

表 2-2-51

总分类账

科目名称：其他应付款

2015年		凭证编号	摘要	借方	贷方	借或贷	余额
月	日			亿千百十万千百十元角分	亿千百十万千百十元角分		亿千百十万千百十元角分
1	18	9	代扣1月份失业保险		2 7 5 0 0 0	贷	2 7 5 0 0 0
	18	9	代扣1月份住房公积金		3 9 4 9 7 0 0	贷	4 2 2 4 7 0 0
	19	11	交纳失业保险	2 7 5 0 0 0		贷	3 9 4 9 7 0 0

表 2-2-52

总分类账

科目名称：事业支出

2015年		凭证编号	摘要	借方	贷方	借或贷	余额
月	日			亿千百十万千百十元角分	亿千百十万千百十元角分		亿千百十万千百十元角分
1	8	2	付电费	1 3 4 1 9 3		借	1 3 4 1 9 3
	15	3	付会议费	2 2 0 0 0 0 0		借	3 5 4 1 9 3
	15	4	付退休费	9 8 0 5 1 2		借	4 5 2 1 9 0 5
	16	6	购财产综合险	1 3 0 0 0 0 0		借	5 8 2 1 9 0 5
	17	7	购维修材料，验收后交付使用	5 3 8 2 0 0		借	6 3 6 0 1 0 5
	18	8	支付1月份工资	4 2 0 1 2 2 1 2		借	4 8 3 7 2 3 1 7
	19	11	交纳失业保险	5 6 9 2 0 0		借	4 8 9 4 1 5 1 7

业务10：2015年1月19日，兴宜中等职业学校以授权支付方式从单位零余额账户额度中划付78 994.00元交纳住房公积金，其中个人缴纳39 497.00元，已在工资中扣除（见业务7），单位交纳39 497.00元。

（1）向兴宜市住房资金管理中心划付住房公积金，住房公积金由税务部门代收。兴宜中等职业学校向税务部门报送住房公积金扣缴计算表、个人收入明细表，税务部门审核无误后开出缴款书，根据缴款书，兴宜中等职业学校开出财政授权支付凭证缴款（见表2-2-53和2-2-54）。

表2-2-53　　　　　　　　　财政授权支付凭证

资金性质：预算内　　　　　　2015年1月19日　　　　　　编号：020GQ-00007

付款人	全　称	兴宜中等职业学校	收款人	全　称	公积金
	账　号	656012357891		账　号	420105008019
	开户行	交通银行兴宜市分行		开户行	国库
一级预算单位		兴宜市教委	功能分类	类	205 教育
基层预算单位		兴宜中等职业学校		款	02 普通教育
归口处室		教科文处		项	05 高等教育
结算方式		转账	经济分类		30101 基本工资
支付金额人民币（大写）		柒万捌仟玖佰玖拾肆元整	亿 千 百 十 万 千 百 十 元 角 分		￥ 7 8 9 9 4 0 0
用途		1月份公积金（个人）			
上述款项已办理 银行盖章： 交通银行 转(745816)讫 兴宜市分行		经办人：张飞 年　月　日	备　注		

第二联：退预算单位作回单

表 2-2-54

中华人民共和国税收通用缴款书

（20053）兴国公

隶属关系：市
注册类型：其他类型
账　号：420105008019

填发日期 2015 年 1 月 19 日

征收机关：兴宜国税路东所

缴款单位	代　码	0245689		预算科目	编　码	公积金
	全　称	兴宜中等职业学校			名　称	公积金
	开户行	交通银行兴宜市分行			级　次	地（市）级
	账　号	656012357891			收款国库	住房公积金专户

税款所属时期　2015-01-01 至 2015-01-31　　　税款限缴日期　2015 年 2 月 7 日

品目名称	课税数量	计税金额或销售收入	税率或单位税额	应缴税额	已缴或扣除额	实缴金额 千 百 十 万 千 百 十 元 角 分
		394 970.00	0.20	0.00		7 8 9 9 4 0 0
税　款　小　计						¥　　　7 8 9 9 4 0 0
教育费附加						
堤防费			交通银行转（745816）讫兴宜市分行			
平抑副食品价格基金						
金额合计（大写）人民币柒万捌仟玖佰玖拾肆元零角零分						¥　　　7 8 9 9 4 0 0

缴款单位（人）（盖章）经办人（章）	税务机关兴宜国税（兴宜市地方税务局征收专用章）填票人　王志刚	上列款项已收妥并划转收款单位账户　淮海金库收（587416）讫国库（银行）盖章　年　月　日	备　注公积金开户行名称：8101734行号：80081278

第一联：由收款银行退回缴款单位作缴纳住房公积金的凭证

逾期不缴按税法规定加收滞纳金

（2）根据上述原始凭证填制记账凭证，将原始凭证附于记账凭证后，并注明张数（见表 2-2-55）。

表 2-2-55　　　　　　　　　　　记　账　凭　证
2015 年 1 月 19 日　　　　　　　　　　　记字第 12 号

摘要	总账科目	明细科目	借方金额 千百十万千百十元角分	贷方金额 千百十万千百十元角分	√
缴纳失业保险	其他应付款	住房公积金	3 9 4 9 7 0 0		
	事业支出	基本支出（财政补助支出）	3 9 4 9 7 0 0		
	零余额账户用款额度			7 8 9 9 4 0 0	
	合　　　计		¥ 7 8 9 9 4 0 0	¥ 7 8 9 9 4 0 0	

附单据 2 张

财务主管：　　　　　　记账：　　　　　出纳：　　　　　审核：　　　　　制单：刘莉

（3）根据记账凭证登记有关总账（见表 2-2-56 至表 2-2-58）。

表 2-2-56　　　　　　　　　　　总　分　类　账

科目名称：零余额账户用款额度

2015年		凭证	摘要	借方 亿千百十万千百十元角分	贷方 亿千百十万千百十元角分	借或贷	余额 亿千百十万千百十元角分
月	日	编号					
1	4	1	收到财政授权支付额度	5 7 8 5 0 0 0 0		借	5 7 8 5 0 0 0 0
	16	6	购财产综合险		1 3 0 0 0 0	借	5 6 5 5 0 0 0 0
	17	7	购维修材料，验收后交付使用		5 3 8 2 0 0	借	5 6 0 1 1 8 0 0
	19	10	交纳个人所得税		5 9 8 9 1 2	借	5 5 4 1 2 8 8 8
	19	11	交纳失业保险		8 4 4 2 0 0	借	5 4 5 6 8 6 8 8
	19	12	交纳住房公积金		7 8 9 9 4 0 0	借	4 6 6 6 9 2 8 8

表 2-2-57
科目名称：其他应付款

总 分 类 账

2015年		凭证编号	摘要	借方 亿千百十万千百十元角分	贷方 亿千百十万千百十元角分	借或贷	余额 亿千百十万千百十元角分
月	日						
1	18	9	代扣1月份失业保险		2 7 5 0 0 0	贷	2 7 5 0 0 0
	18	9	代扣1月份住房公积金		3 9 4 9 7 0 0	贷	4 2 2 4 7 0 0
	19	11	交纳失业保险	2 7 5 0 0 0		贷	3 9 4 9 7 0 0
	19	12	交纳住房公积金	3 9 4 9 7 0 0		平	0 0 0

表 2-2-58
科目名称：事业支出

总 分 类 账

2015年		凭证编号	摘要	借方 亿千百十万千百十元角分	贷方 亿千百十万千百十元角分	借或贷	余额 亿千百十万千百十元角分
月	日						
1	8	2	付电费	1 3 4 1 3 9 3		借	1 3 4 1 3 9 3
	15	3	付会议费	2 2 0 0 0 0 0		借	3 5 4 1 3 9 3
	15	4	付退休费	9 8 0 5 1 2		借	4 5 2 1 9 0 5
	16	6	购财产综合险	1 3 0 0 0 0 0		借	5 8 2 1 9 0 5
	17	7	购维修材料，验收后交付使用	5 3 8 2 0 0		借	6 3 6 0 1 0 5
	18	8	支付1月份工资	4 2 0 1 2 2 1 2		借	4 8 3 7 2 3 1 7
	19	11	交纳失业保险	5 6 9 2 0 0		借	4 8 9 4 1 5 1 7
	19	12	交纳住房公积金	3 9 4 9 7 0 0		借	5 2 8 9 1 2 1 7

业务11：2015年1月20日，兴宜市理工大学将上年12月份临时工工资1 600.00元从单位零余额账户额度中转账划付到个人工资账户。

（1）向代理银行提供工资表，并签发财政授权支付凭证（见表2-2-59至表2-2-60）。

表2-2-59　　　　　　　　　2014年12月临时工工资汇总表

序号	姓名	应发工资	扣发数	实发工资	签名
1	蓝剑	580.00	0.00	580.00	蓝剑
2	刘江	500.00	0.00	500.00	刘江
3	童毅	520.00	0.00	520.00	童毅
合计		1 600.00	0.00	1 600.00	

表2-2-60　　　　　　　　　　　财政授权支付凭证

资金性质：预算内　　　　　2015年1月20日　　　　　　编号：020GQ-00009

付款人	全称	兴宜中等职业学校	收款人	全称	工商银行工资代发账户
	账号	656012357891		账号	656018912357
	开户行	交通银行兴宜市分行		开户行	工商银行兴宜市分行
一级预算单位	兴宜市市教委	功能分类	类	205 教育	
基层预算单位	兴宜中等职业学校		款	02 普通教育	
归口处室	教科文处		项	05 中等教育	
结算方式	转账		经济分类	30226 劳务费	
支付金额人民币（大写）	壹仟陆佰元整			亿 千 百 十 万 千 百 十 元 角 分 ¥　　　　　　1 6 0 0 0 0	
用途	临时工工资				
银行盖章	上述款项已办理 交通银行 转(745816)讫 兴宜市分行	经办人	张飞 年　月　日	备注	

第二联：退预算单位作回单

（2）根据上述原始凭证填制记账凭证，将原始凭证附于记账凭证后，并注明张数（见表2-2-61）。

表 2-2-61　　　　　　　　　　　记 账 凭 证
2015 年 1 月 15 日　　　　　　　　　　　记字第 13 号

摘 要	总账科目	明细科目	借方金额 千百十万千百十元角分	贷方金额 千百十万千百十元角分	√
支付临时工工资	事业支出	基本支出（财政补助支出）	1 6 0 0 0 0		附单据2张
	零余额账户用款额度			1 6 0 0 0 0	
合　　　　计			¥ 　　1 6 0 0 0 0	¥ 　　1 6 0 0 0 0	

财务主管：　　　　记账：　　　　出纳：　　　　审核：　　　　制单：刘莉

（3）根据记账凭证登记有关总账（见表 2-2-62 和表 2-2-63）。

表 2-2-62　　　　　　　　　　　总 分 类 账

科目名称：事业支出

2015年		凭证编号	摘　要	借方 亿千百十万千百十元角分	贷方 亿千百十万千百十元角分	借或贷	余额 亿千百十万千百十元角分
月	日						
1	8	2	付电费	1 3 4 1 3 9 3		借	1 3 4 1 3 9 3
	15	3	付会议费	2 2 0 0 0 0 0		借	3 5 4 1 3 9 3
	15	4	付退休费	9 8 0 5 1 2		借	4 5 2 1 9 0 5
	16	6	购财产综合险	1 3 0 0 0 0 0		借	5 8 2 1 9 0 5
	17	7	购维修材料，验收后交付使用	5 3 8 2 0 0		借	6 3 6 0 1 0 5
	18	8	支付1月份工资	4 2 0 1 2 2 1 2		借	4 8 3 7 2 3 1 7
	19	11	交纳失业保险	5 6 9 2 0 0		借	4 8 9 4 1 5 1 7
	19	12	交纳住房公积金	3 9 4 9 7 0 0		借	5 2 8 9 1 2 1 7
	20	13	支付临时工工资	1 6 0 0 0 0		借	5 3 0 5 1 2 1 7

表 2－2－63　　　　　　　　　　　　总 分 类 账

科目名称：零余额账户用款额度

2015年		凭证编号	摘要	借方 亿千百十万千百十元角分	贷方 亿千百十万千百十元角分	借或贷	余额 亿千百十万千百十元角分
月	日						
1	4	1	收到财政授权支付额度	５７８５０００		借	５７８５０００
	16	6	购财产综合险		１３０００００	借	５６５５０００
	17	7	购维修材料，验收后交付使用		５３８２００	借	５６０１１８００
	19	10	交纳个人所得税		５９８９１２	借	５５４１２８８８
	19	11	交纳失业保险		８４４２００	借	５４５６８６８８
	19	12	交纳住房公积金		７８９９４００	借	４６６６９２８８
	20	13	支付临时工工资		１６００００	借	４６５０９２８８

业务 12：2015 年 1 月 21 日，兴宜中等职业学校开出授权支付凭证和现金支票从额度中提取现金 20 000.00 元备付差旅费借款。

（1）开出财政授权支付凭证，提取现金（见表 2－2－64 和表 2－2－65）。

表 2－2－64　　　　　　　财 政 授 权 支 付 凭 证

资金性质：预算内　　　　　2015 年 1 月 21 日　　　　　编号：020GQ－00010

付款人	全称	兴宜中等职业学校	收款人	全称	兴宜中等职业学校
	账号	656012357891		账号	656012357891
	开户行	交通银行兴宜市分行		开户行	工商银行兴宜市分行
一级预算单位		兴宜市市教委	功能分类	类	205 教育
基层预算单位		兴宜中等职业学校		款	02 普通教育
归口处室		教科文处		项	05 中等教育
结算方式		现付	经济分类		30211 差旅费
支付金额人民币（大写）		贰万元整	亿千百十万千百十元角分 ￥　　　　２００００００		
用途		差旅费借款			
银行盖章：	上述款项已办理 交通银行 转(745816)讫 兴宜市分行		经办人： 张飞 年　月　日	备注	

第二联：退预算单位作回单

表 2-2-65

交通银行

现金支票存根

$\frac{EH}{02}$ 11273531

科　　目 _____

对方科目 _____

出票日期 2015 年 1 月 21 日

收款人：兴宜交通大学
金额：20 000.00
用途：差旅费借款

（2）根据上述原始凭证填制记账凭证，将原始凭证附于记账凭证后，并注明张数（见表 2-2-66）。

表 2-2-66

记　账　凭　证

2015 年 1 月 21 日　　　　　　　　　记字第 14 号

摘　要	总账科目	明细科目	借方金额 千 百 十 万 千 百 十 元 角 分	贷方金额 千 百 十 万 千 百 十 元 角 分	√
提现	库存现金		2 0 0 0 0 0 0		
	零余额账户用款额度			2 0 0 0 0 0 0	
合　　计			¥ 2 0 0 0 0 0 0	¥ 2 0 0 0 0 0 0	

附单据 2 张

财务主管：　　　记账：　　　出纳：　　　审核：　　　制单：刘莉

（3）根据记账凭证登记有关总账（见表 2-2-67 和表 2-2-68）。

表 2-2-67   总 分 类 账

科目名称：零余额账户用款额度

2015年		凭证编号	摘要	借方 亿千百十万千百十元角分	贷方 亿千百十万千百十元角分	借或贷	余额 亿千百十万千百十元角分
月	日						
1	4	1	收到财政授权支付额度	5 7 8 5 0 0 0 0		借	5 7 8 5 0 0 0 0
	16	6	购财产综合险		1 3 0 0 0 0 0	借	5 6 5 5 0 0 0 0
	17	7	购维修材料，验收后交付使用		5 3 8 2 0 0	借	5 6 0 1 1 8 0 0
	19	10	交纳个人所得税		5 9 8 9 1 2	借	5 5 4 1 2 8 8 8
	19	11	交纳失业保险		8 4 4 2 0 0	借	5 4 5 6 8 6 8 8
	19	12	交纳住房公积金		7 8 9 9 4 0 0	借	4 6 6 6 9 2 8 8
	20	13	支付临时工工资		1 6 0 0 0 0	借	4 6 5 0 9 2 8 8
	21	14	提现		2 0 0 0 0 0	借	4 4 5 0 9 2 8 8

表 2-2-68   总 分 类 账

科目名称：库存现金

2015年		凭证编号	摘要	借方 亿千百十万千百十元角分	贷方 亿千百十万千百十元角分	借或贷	余额 亿千百十万千百十元角分
月	日						
1	4		上年结转			借	2 0 0 0 0
	21	14	提现	2 0 0 0 0 0		借	2 0 2 0 0 0

业务 13：2015 年 1 月 21 日，兴宜中等职业学校在秦岭酒店召开暑期教研工作会，会议费由财政直接支付到秦岭酒店。

（1）会议结束，据实结算，秦岭酒店开出发票，兴宜中等职业学校据以向财政提出直接支付申请。财政审核付款后，收到财政直接支付入通知书（见表 2-2-69 和表

2-2-70)。

表 2-2-69 **兴宜市服务业统一发票**
发 票 联
2015 年 1 月 21 日

付款方名称	兴宜中等职业学校		收款方名称	秦岭酒店									
摘 要	项 目	单 位	数 量	单 价	金 额								
					千	百	十	万	千	百	十	元	角	分
暑期教研工	住宿费						2	2	0	0	0	0	0
	餐费		秦岭酒店发票专用章				1	9	0	0	0	0	0
	资料费								7	3	0	0	0
	考察费						2	0	0	0	0	0	0
合计（大写）贰拾肆万捌仟叁佰元整					¥		2	4	8	3	0	0	0

开票人：张琴　　　　收款人：张琴　　　（收款方盖章有效）

第二联　发票

表 2-2-70 **财政直接支付入账通知书**

资金性质：预算内　　　　2015 年 1 月 21 日　　　　编号：H0220Z3461

付款人	全 称	交通银行财政零余额账户	收款人	全 称	秦岭酒店									
	账 号	15886001800093 9164		账 号	801580454500012									
	开户行	交通银行兴宜市分行		开户行	建设银行兴宜市分行									
一级预算单位	兴宜市教委		功能分类	类	205 教育									
基层预算单位	兴宜中等职业学校			款	02 普通教育									
归口处室	教科文处			项	05 中等教育									
结算方式	转账		经济分类		30215 会议费									
支付金额人民币（大写）	贰拾肆万捌仟叁佰元整				亿	千	百	十	万	千	百	十	元	角	分
						¥		2	4	8	3	0	0	0	0
用 途	会议费													
上列款项，已通过国库集中支付系统支付，请据此入账。　　年　月　日			备　注 原申请号：800121—Z0311 凭证类型：直接支付											

（2）根据上述原始凭证填制记账凭证，将原始凭证附于记账凭证后，并注明张数（见表 2-2-71）。

表 2-2-71

记 账 凭 证

2015 年 1 月 21 日　　　　　　　　　　记字第 15 号

摘要	总账科目	明细科目	借方金额	贷方金额	√
			千百十万千百十元角分	千百十万千百十元角分	
支付教研会会费	事业支出	项目支出（财政补助支出）（会议费）	2 4 8 3 0 0 0 0		附单据2张
		财政补助收入		2 4 8 3 0 0 0 0	
合　　计			¥ 2 4 8 3 0 0 0 0	¥ 2 4 8 3 0 0 0 0	

财务主管　　　　　记账　　　　　出纳　　　　　审核　　　　　制单 刘莉

（3）根据记账凭证登记有关总账（见表 2-2-72 和表 2-2-73）。

表 2-2-72　　　　　　　　　　总 分 类 账

科目名称：事业支出

2015年		凭证编号	摘要	借方	贷方	借或贷	余额
月	日			亿千百十万千百十元角分	亿千百十万千百十元角分		亿千百十万千百十元角分
1	8	2	付电费	1 3 4 1 3 9 3		借	1 3 4 1 3 9 3
	15	3	付会议费	2 2 0 0 0 0 0		借	3 5 4 1 3 9 3
	15	4	付退休费	9 8 0 5 1 2		借	4 5 2 1 9 0 5
	16	6	购财产综合险	1 3 0 0 0 0 0		借	5 8 2 1 9 0 5
	17	7	购维修材料，验收后交付使用	5 3 8 2 0 0		借	6 3 6 0 1 0 5
	18	8	支付1月份工资	4 2 0 1 2 2 1 2		借	4 8 3 7 2 3 1 7
	19	11	交纳失业保险	5 6 9 2 0 0		借	4 8 9 4 1 5 1 7
	19	12	交纳住房公积金	3 9 4 9 7 0 0		借	5 2 8 9 1 2 1 7
	20	13	支付临时工工资	1 6 0 0 0 0		借	5 3 0 5 1 2 1 7
	21	15	支付教研会会议费	2 4 8 3 0 0 0 0		借	7 7 8 8 1 2 1 7

表 2-2-73　　　　　　　　　　　　总 分 类 账

科目名称：财政补助收入

2015年		凭证编号	摘要	借方 亿千百十万千百十元角分	贷方 亿千百十万千百十元角分	借或贷	余额 亿千百十万千百十元角分
月	日						
1	4	1	收到财政授权支付额度	5 7 8 5 0 0 0 0		借	5 7 8 5 0 0 0 0
	8	2	财政直接支付电费		1 3 4 1 3 9 3	贷	5 9 1 9 3 9 3
	15	3	付会议费		2 2 0 0 0 0 0	贷	3 5 4 1 3 9 3
	15	5	付退休费		9 8 0 5 1 2	贷	6 2 3 7 1 9 05
	17	7	付1—6月工会经费		4 6 1 5 0 0 0	贷	6 6 9 8 6 9 05
	18	9	支付1月份工资		3 7 1 8 8 6 0 0	贷	1 0 4 1 7 5 5 05
	21	15	支付教研会会议费		2 4 8 3 0 0 0 0	贷	1 2 9 0 0 5 5 05

业务14： 2015年1月22日，兴宜中等职业学校向政府采购定点单位美达办公用品有限责任公司购买办公用品一批，款项通过财政直接支付给美达办公设备有限责任公司。

（1）向美达办公用品有限责任公司提出采购需求，公司供货并开出发票，兴宜中等职业学校验货后，向财政提出直接支付申请，财政审核无误付款后，向学校发送直接支付入账通知书（见表2-2-74至表2-2-76）。

表 2-2-74　　　　　　　　　××省增值税普通发票
　　　　　　　　　　　　　　发 票 联

（普三）231420105101
No 06924072
2015年1月22日

品名及规格	货款或劳务	单位	数量	单价	金额
见清单					
		兴宜市办公用品定点采购专用章 兴宜市政府采购中心			
金额合计（大写）捌仟玖佰元整			￥8 900.00		

② 付款方报销凭证

备注：

单位盖章：　　复核人：　　　　　　收款人：李甜　　　　　　开票人：刘博

表 2-2-75　　　　　　　兴宜美达办公用品有限责任公司
销　售　单

收货单位：兴宜中等职业学校　　　　2015 年 1 月 22 日

货物名称	单位	数量	单价（元）	金额（元）
HP27 墨盒	个	5	165.00	825.00
油印纸	令	60	135.00	810.00
旗舰 A4 复印纸	箱	2	188.00	376.00
略	略	略	略	略
合计（大写）捌仟玖佰元整				￥8 900.00

开户银行：建行江北分理处
账　　号：01000007489

送货单位签章：美达办公用品有限责任公司发票专用章

表 2-2-76　　　　　　　财政直接支付入账通知书

资金性质：预算内　　　　2015 年 1 月 22 日　　　　编号：H0220Z3462

付款人	全　称	交通银行财政零余额账户	收款人	全　称	美达办公设备有限责任公司
	账　号	158860018000939164		账　号	01000007489
	开户行	交通银行兴宜市分行		开户行	建设银行江北分理处
一级预算单位		兴宜市教委	功能分类	类	205 教育
基层预算单位		兴宜理工大学		款	02 普通教育
归口处室		教科文处		项	05 高等教育
结算方式		转账	经济分类		30201 办公费
支付金额人民币（大写）		捌仟玖佰元整	亿千百十万千百十元角分		￥8 9 0 0 0 0
用途		办公费			

上列款项，已通过国库集中支付系统支付，请据此入账。
（国库收付分局　印章）
　年　月　日

备　注
原申请号：800121—Z0342
凭证类型：直接支付

（2）根据上述原始凭证填制记账凭证，将原始凭证附于记账凭证后，并注明张数（见表 2-2-77）。

表 2-2-77　　　　　　　　　　　　记　账　凭　证

2015 年 1 月 22 日　　　　　　　　　　　　　　　　　第 16 号

摘　要	借方金额	贷方金额	总账科目	明细科目	√
购买办公用品	事业支出	基本支出（财政补助支出）	8 9 0 0 0 0		附单据 3 张
		财政补助收入		8 9 0 0 0 0	
合　　　计			¥ 8 9 0 0 0 0	¥ 8 9 0 0 0 0	

财务主管：　　　　记账：　　　　出纳：　　　　审核：　　　　制单：刘莉

(3) 根据记账凭证登记有关总账（见表 2-2-78 至表 2-2-79）。

表 2-2-78　　　　　　　　　　　　总　分　类　账

科目名称：事业支出

2015 年		凭证编号	摘　要	借方	贷方	借或贷	余额
月	日			亿千百十万千百十元角分	亿千百十万千百十元角分		亿千百十万千百十元角分
1	8	2	付电费	1 3 4 1 3 9 3		借	1 3 4 1 3 9 3
	15	3	付会议费	2 2 0 0 0 0		借	3 5 4 1 3 9 3
	15	4	付退休费	9 8 0 5 1 2		借	4 5 2 1 9 0 5
	16	6	购财产综合险	1 3 0 0 0 0		借	5 8 2 1 9 0 5
	17	7	购维修材料，验收后交付使用	5 3 8 2 0 0		借	6 3 6 0 1 0 5
	18	8	付 1 月份工资	4 2 0 1 2 2 1 2		借	4 8 3 7 2 3 1 7
	19	11	交纳失业保险	5 6 9 2 0 0		借	4 8 9 4 1 5 1 7
	19	12	交纳住房公积金	3 9 4 9 7 0 0		借	5 2 8 9 1 2 1 7
	20	13	支付临时工工资	1 6 0 0 0 0		借	5 3 0 5 1 2 1 7
	21	15	支付教研会会议费	2 4 8 3 0 0 0		借	7 7 8 8 1 2 1 7
	22	16	购买办公用品	8 9 0 0 0 0		借	7 8 7 7 1 2 1 7

表 2-2-79

总 分 类 账

科目名称：财政补助收入

2015年 月	日	凭证编号	摘要	借方	贷方	借或贷	余额
1	4	1	收到财政授权支付额度		578 500 00	贷	578 500 00
	8	2	财政直接支付电费		13 413 93	贷	591 913 93
	15	3	付会议费		22 000 00	贷	613 913 93
	15	5	付退休费		9 805 12	贷	623 719 05
	17	7	付1—6月工会经费		46 150 00	贷	669 869 05
	18	9	支付1月份工资		371 886 00	贷	1 041 755 05
	21	14	支付教研会会议费		248 300 00	贷	1 290 055 05
	22	16	购买办公用品		8 900 00	贷	1 298 955 05

（三）往来款项业务

往来款项是指事业单位在经济活动中与有关单位和个人发生的待结算款项。

实行国库集中收付后，事业单位除财政拨款、事业收入外，还可能有一些小额零星的收入或临时性收入，这些收入不进预算单位零余额账户，也不进预算外资金专户，而是进往来财政专户（简称"财政专户"），因此，将事业单位除财政拨款、事业收入以外的收入，也放在往来款项中介绍。

1. 业务简介

事业单位的往来款项可分为债权、债务两个方面。债权指的是各种应收及预付款，包括应收账款、应收票据、预付账款和其他应收款等；债务指的是各种应付及暂收款，包括应付票据、应付账款、预收账款、应缴税费、其他应收款等。应收账款、应收票据、应付票据、应付账款、预收账款等业务主要在进行内部成本核算的事业单位中发生，不进行内部成本核算的事业单位一般不涉及此类业务。

（1）应收账款，是事业单位因提供劳务、开展有偿服务以及销售产品等业务形成的应收而未收的款项。

（2）应收票据，是事业单位在采用商业汇票结算方式下，因销售商品从事经营活动而持有的、尚未到期兑现的商业汇票。

（3）预付账款，是指事业单位因购买商品或劳务预先付给供应单位的款项。

（4）其他应收款，是指除财政应返还额度、应收票据、应收账款、预付账款以外的其他应收、暂付款项。如职工预借的差旅费、拨付给内部有关部门的备用金、应向职工收取的各种垫付款项等。

(5) 应付票据,是事业单位对外发生债务时,开出并承兑的商业汇票,包括银行承兑汇票和商业承兑汇票。

(6) 应付账款,是指因购买材料、商品或接受劳务供应等而发生的债务。

(7) 预收账款,是指事业单位按照合同规定向购货单位或接受劳务单位预收的款项,如预收货款、租金、报刊杂志订阅费等。

(8) 应缴税费,是事业单位按税法规定应缴纳的各项税费。主要有:城市维护建设税、教育费附加、增值税、房产税、城镇土地使用税、车船税、个人所得税、企业所得税等。

(9) 其他应付款,是指事业单位除应缴税费、应缴国库款、应缴财政专户款、应付职工薪酬、应付票据、应付账款、预收账款之外的其他各项偿还期限在 1 年内(含 1 年)的应付及暂收款项,如存入保证金等。

2. 基本业务处理

业务 15:2015 年 1 月 22 日,栾姝、吴明、李靖三人经批准外出参加会议,向财务部门借差旅费现金 20 000.00 元。

(1) 凭批准的会议通知向财务部门申请借款,填写"借支单",财务审核无误后付给现金(见表 2-2-80)。

表 2-2-80

借 支 单

2015 年 1 月 22 日   部门:教务处

借支人姓名	栾姝、吴明、李靖				
借支事由	参加会议				
人民币(大写)	贰万元整		¥20 000.00		现金付讫
核准	张成	会计 罗红	出纳 刘芸	借支人	栾姝

(2) 根据上述原始凭证填制记账凭证,将原始凭证附于记账凭证后,并注明张数(见表 2-2-81)。

表 2-2-81　　　　　　　　　　　　　记　账　凭　证

2015 年 1 月 22 日　　　　　　　　　　　　　　　　第 17 号

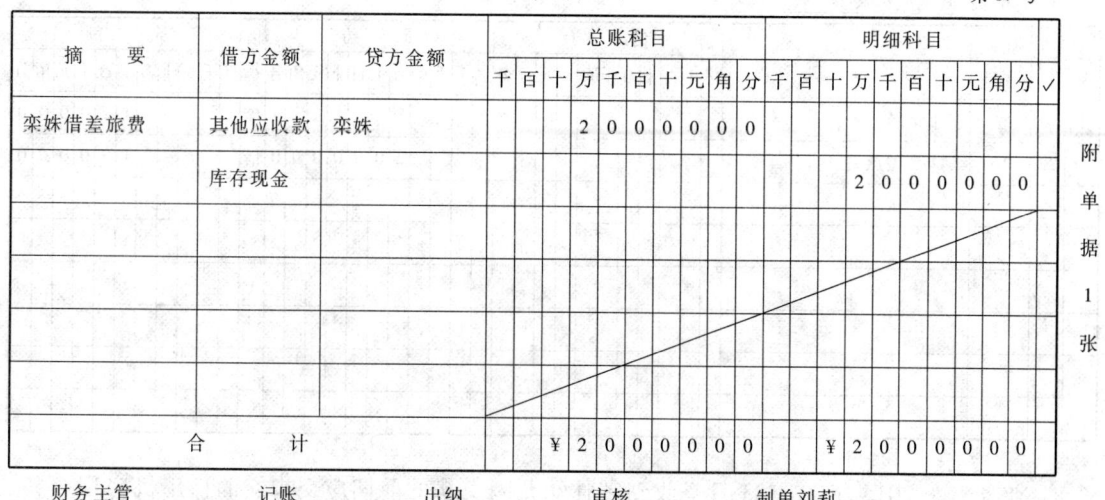

财务主管　　　　记账　　　　出纳　　　　审核　　　　制单 刘莉

（3）根据记账凭证登记有关总账（见表 2-2-82 至表 2-2-83）。

表 2-2-82　　　　　　　　　　　　　总　分　类　账

科目名称：库存现金

2015年		凭证编号	摘　要	借　方	贷　方	借或贷	余　额
月	日			亿千百十万千百十元角分	亿千百十万千百十元角分		亿千百十万千百十元角分
1	4		上年结转			借	2 0 0 0 0
	21	13	提现	2 0 0 0 0 0 0		借	2 0 2 0 0 0 0
	22	16	栾姝借差旅费		2 0 0 0 0 0 0	借	2 0 0 0 0

表 2-2-83　　　　　　　　　　　总 分 类 账

科目名称：其他应付款

2015年		凭证编号	摘要	借方 亿千百十万千百十元角分	贷方 亿千百十万千百十元角分	借或贷	余额 亿千百十万千百十元角分
月	日						
1	4		上年结转			借	1 2 0 0 0 0
	22	16	栾姝借差旅费		2 0 0 0 0 0 0	借	2 1 2 0 0 0 0

业务 16：2015 年 1 月 23 日，收到密林幼儿园交来的前期应交未交的租用机房租金共计 6 500.00 元。

（1）收到密林幼儿园交来的前期应交未交的租用机房租金（见表 2-2-84 至表 2-2-85）。

表 2-2-84　　　　　　　　　××省行政事业单位收款收据　　　　　　　　5386801

2015 年 1 月 23 日　　（2015）

今收到	密林幼儿园	系付	租金
人民币（大写）	陆仟伍佰元整	￥6 500.00	
收款单位（公章）	兴宜中等职业学校 财务专用章	会计（章）	收款人（章）刘芸

第三联：记账凭证

说明：本收据用于行政事业单位之间、系统内部及单位与个人之间非经营性往来款项的结算。

　　　本收据禁止用于收取行政事业性收费、政府性基金。

表 2-2-85　　　　　　　　　　交 通 银 行

现 金 支 票 存 根

$\dfrac{EH}{02}$　11273330

科　目 _____

对方科目 _____

出票日期 2015 年 1 月 23 日

收款人	兴宜中等职业学校
金　额	6 500.00
用　途	租用机房租金

（2）根据上述原始凭证填制记账凭证，将原始凭证附于记账凭证后，并注明张数（见表 2-2-86）。

表 2-2-86

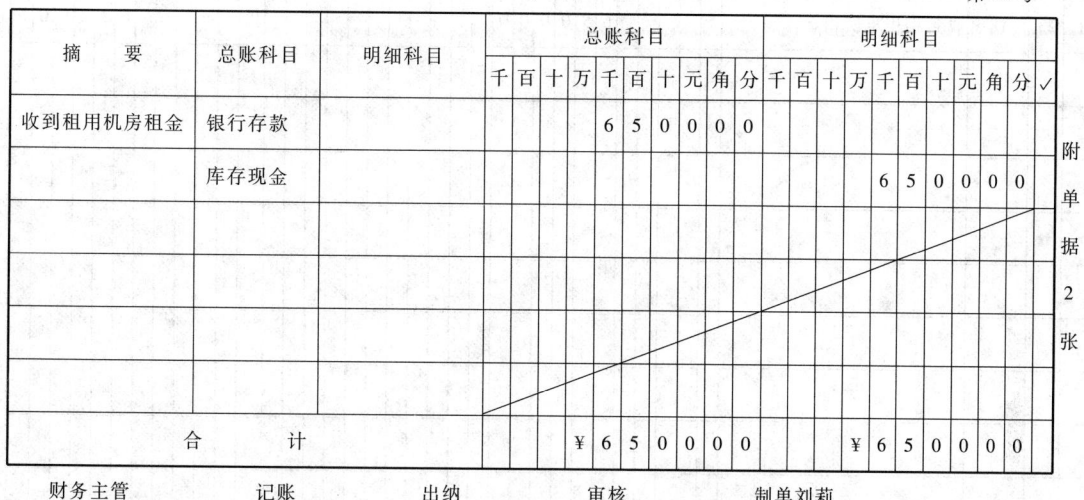

（3）根据记账凭证登记有关总账（见表 2-2-87 至表 2-2-88）。

表 2-2-87   总 分 类 账

科目名称：银行存款

2015年		凭证编号	摘 要	借 方										贷 方										借或贷	余 额									
月	日			亿	千	百	十	万	千	百	十	元	角	分	亿	千	百	十	万	千	百	十	元	角	分		亿	千	百	十	万	千	百	十	元	角	分
1	23	18	收到租用机房租金						6	5	0	0	0	0												借						6	5	0	0	0	0

表 2-2-88　　　　　　　　　　　总　分　类　账

科目名称：应收账款

2015年		凭证编号	摘要	借方 亿千百十万千百十元角分	贷方 亿千百十万千百十元角分	借或贷	余额 亿千百十万千百十元角分
月	日						
1	23	18	收到租用机房租金	6 5 0 0 0 0		借	6 5 0 0 0 0

业务 17：2015 年 1 月 25 日，收到密林幼儿园预交的幼师入职前培训费 5000 元，款项已存入银行。

（1）收到密林幼儿园预交的幼师入职前培训费 5 000 元，财务部门开出收款收据，且款项已存入银行（见表 2-2-89 至表 2-2-90）。

表 2-2-89　　　　　　　　××省行政事业单位收款收据　　　　　　　5386886

2015 年 1 月 25 日　　（2015）

今收到　密林幼儿园　　　　　　　　　系付　预交培训费

人民币（大写）　伍仟元整　　　　　　　￥5 000.00

收款单位（公章）　兴宜中等职业学校财务专用章　　会计（章）　　　收款人（章）刘芸

第三联：记账凭证

说明：本收据用于行政事业单位之间、系统内部及单位与个人之间非经营性往来款项的结算。
　　　本收据禁止用于收取行政事业性收费、政府性基金。

表 2-2-90

交通银行
现金支票存根
$\dfrac{EH}{02}$ 11273331

科　　目 _____
对方科目 _____
出票日期 2015 年 1 月 25 日

收款人：兴宜中等职业学校
金　　额：5 000.00
用　　途：预收培训费

（2）根据上述原始凭证填制记账凭证，将原始凭证附于记账凭证后，并注明张数（见表 2-2-91）。

表 2-2-91

记 账 凭 证

2015 年 1 月 25 日　　　　　　　　　记字第 19 号

摘　要	总账科目	明细科目	借方金额										贷方金额										√
			千	百	十	万	千	百	十	元	角	分	千	百	十	万	千	百	十	元	角	分	
预收培训费	银行存款						5	0	0	0	0	0											
	预收账款																	5	0	0	0	0	0	
合　计			¥				5	0	0	0	0	0	¥				5	0	0	0	0	0	

附单据 2 张

财务主管　　　　记账　　　　出纳　　　　审核　　　　制单 刘莉

（3）根据记账凭证登记有关总账（见表 2-2-92 至表 2-2-93）。

表 2-2-92 总分类账

科目名称：银行存款

2015年		凭证编号	摘要	借方 亿千百十万千百十元角分	贷方 亿千百十万千百十元角分	借或贷	余额 亿千百十万千百十元角分
月	日						
1	23	18	收到租用机房租金	6 5 0 0 0 0		借	6 5 0 0 0 0
	25	19	预收培训款	5 0 0 0 0 0		借	1 1 5 0 0 0 0

表 2-2-93 总分类账

科目名称：预收账款

2015年		凭证编号	摘要	借方 亿千百十万千百十元角分	贷方 亿千百十万千百十元角分	借或贷	余额 亿千百十万千百十元角分
月	日						
1	25	19	预收培训款		5 0 0 0 0 0	贷	5 0 0 0 0 0

业务18：2015年1月28日，栾姝等三人出差回来，经核准报销差旅费18 600.00元，余款1 400.00元以现金退回。

（1）栾姝等三人出差回来，清理各种费用单据，填"出差旅费报销单"，将各费用单据附于其后，按规定办理签字手续后交财务处报销，同时退回余款，财务处收款后开给收据（见表2-2-94至表2-2-95）。

表2-2-94　　　　　　　　　　　　　出差旅费报销单

填报日期 2015 年 1 月 28 日

姓名：栾姝、吴明、李靖				出差事由：会议							
起止时间及地点				车船费	通宵车	在途补助		住勤补助		住宿费	其他	
月	日	起点	月	日	终点	金额	金额	天数	金额	天数	金额	金额	摘要	金额
1	19	兴宜	1	20	哈尔滨	4 800.00（飞机）						4 000.00	会务费	2 000.00
1	28	哈尔滨	1	28	兴宜	4 800.00（飞机）							其他	3 000.00
		小　计				9 600.00						4 000.00		5 000.00
合计（大写）人民币壹万捌仟陆佰元整							预支 20 000.00		核销 18 600.00			退补 退 1 400.00		
主管：刘涛			会计：殷俊				出纳：刘芸				出差人：栾姝、吴明、李靖			

附单据14张

表2-2-95　　　　　　　　　　　　××省行政事业单位收款收据　　　　　　　5386910

2014 年 1 月 28 日　　　（2004）

今收到	栾姝	系付	差旅费余额
人民币（大写）	壹仟肆佰元整	￥1 400.00	
收款单位（公章）	兴宜中等职业学校财务专用章	会计（章）	收款人（章）刘芸

第三联：记账凭证

说明：本收据用于行政事业单位之间、系统内部及单位与个人之间非经营性往来款项的结算。
本收据禁止用于收取行政事业性收费、政府性基金。

（2）根据上述原始凭证填制记账凭证，将原始凭证附于记账凭证后，并注明张数（见表2-2-96）。

表 2-2-96

记 账 凭 证

2015 年 1 月 25 日　　　　　　　　　　　　　第 20 号

摘　要	总账科目	明细科目	借方金额 千百十万千百十元角分	贷方金额 千百十万千百十元角分	√
栾姝等三人报销 差旅费	事业支出—基本支出（日常公用经费）		1 8 6 0 0 0 0		附单据 2 张
	库存现金			1 4 0 0 0 0	
	其他应收款	栾姝		2 0 0 0 0 0	
合　　　计			￥1 8 6 0 0 0 0	￥1 8 6 0 0 0 0	

财务主管　　　　记账　　　　出纳　　　　审核　　　　制单 刘莉

（3）根据记账凭证登记有关总账（见表 2-2-97 至表 2-2-99）。

表 2-2-97

总 分 类 账

科目名称：事业支出

2015 年 月 日	凭证编号	摘　要	借方 亿千百十万千百十元角分	贷方 亿千百十万千百十元角分	借或贷	余额 亿千百十万千百十元角分
1　8	2	付电费	1 3 4 1 3 9 3		借	1 3 4 1 3 9 3
15	3	付会议费	2 2 0 0 0 0 0		借	3 5 4 1 3 9 3
15	4	付退休费	9 8 0 5 1 2		借	4 5 2 1 9 0 5
16	6	购财产综合险	1 3 0 0 0 0 0		借	5 8 2 1 9 0 5
17	7	购维修材料，验收后交付使用	5 3 8 2 0 0		借	6 3 6 0 1 0 5
18	8	支付 1 月份工资	4 2 0 1 2 2 1 2		借	4 8 3 7 2 8 1 7
19	11	交纳失业保险	5 6 9 2 0 0		借	4 8 9 4 1 5 1 7
19	12	交纳住房公积金	3 9 4 9 7 0 0		借	5 2 8 9 1 2 1 7
20	13	支付临时工工资	1 6 0 0 0 0		借	5 3 0 5 1 2 1 7
21	15	支付教研会会议费	2 4 8 3 0 0 0 0		借	7 7 8 8 1 2 1 7
22	16	购买办公用品	8 9 0 0 0 0		借	7 8 7 7 1 2 1 7
28	20	栾姝报销差旅费	1 8 6 0 0 0 0		借	8 0 6 3 1 2 1 7

表 2-2-98

总 分 类 账

科目名称：库存现金

2015年		凭证编号	摘要	借方 亿千百十万千百十元角分	贷方 亿千百十万千百十元角分	借或贷	余额 亿千百十万千百十元角分
月	日						
1	4		上年结转			借	2 0 0 0 0
	21	14	提现	2 0 0 0 0 0 0		借	2 0 2 0 0 0 0
	22	16	栾姝借差旅费		2 0 0 0 0 0 0	借	2 0 0 0 0
	28	20	栾姝报销差旅费退余款	1 4 0 0 0 0		借	1 6 0 0 0 0

表 2-2-99

总 分 类 账

科目名称：其他应付款

2015年		凭证编号	摘要	借方 亿千百十万千百十元角分	贷方 亿千百十万千百十元角分	借或贷	余额 亿千百十万千百十元角分
月	日						
1	4		上年结转			借	1 2 0 0 0 0
	22	16	栾姝借差旅费		2 0 0 0 0 0 0	借	2 1 2 0 0 0 0
	28	20	栾姝报销差旅费	2 0 0 0 0 0 0		借	1 2 0 0 0 0

（四）月末、年终业务

1. 月末业务

月末主要是对本月业务进行清理，检查本月发生的经济业务是否全部登记入账，并进行账账、账证、账实核对，在核对一致的基础上，进行月度结账，结出"本月合计"、"本月止累计"，并以"本月止累计"数为依据编制月报。事业单位月报主要有资产负债表、收入支出表等，此处主要练习资产负债表的编制方法。

（1）转账，结转收入支出类账户，填制记账凭证（见表 2-2-100 和表 2-2-101）。

表 2-2-100

记 账 凭 证

2015 年 1 月 31 日　　　　　　　　　　　记字第 21 号

摘　要	总账科目	明细科目	借方金额 千百十万千百十元角分	贷方金额 千百十万千百十元角分	√
结转财政补助收入	财政补助收入		1 2 9 8 9 5 5 0 5		
	财政补助结转			1 2 9 8 9 5 5 0 5	
合　　计			¥ 1 2 9 8 9 5 0 5	¥ 1 2 9 8 9 5 0 5	

附单据　　张

财务主管　　　记账　　　出纳　　　审核　　　制单 刘莉

表 2-2-101

记 账 凭 证

2015 年 1 月 31 日　　　　　　　　　　　记字第 22 号

摘　要	总账科目	明细科目	借方金额 千百十万千百十元角分	贷方金额 千百十万千百十元角分	√
结转事业支出	财政补助结转		8 0 6 3 1 2 1 7		
	事业支出	基本支出（财政补助支出）		8 0 6 3 1 2 1 7	
合　　计			¥ 8 0 6 3 1 2 1 7	¥ 8 0 6 3 1 2 1 7	

附单据　　张

财务主管　　　记账　　　出纳　　　审核　　　制单 刘莉

（2）根据记账凭证登记有关总账（见表 2-2-102 至表 2-2-104）。

表 2-2-102　　　　　　　　　　　　总 分 类 账

科目名称：财政补助收入

2015年 月	日	凭证编号	摘　要	借方	贷方	借或贷	余额
1	4	1	收到财政授权支付额度		578500 00	贷	578500 00
	8	2	财政直接支付电费		1341 93	贷	591913 93
	15	3	付会议费		22000 00	贷	613913 93
	15	5	付退休费		9805 12	贷	623719 05
	17	7	付1—6月工会经费		46150 00	贷	669869 05
	18	9	支付1月份工资		371886 00	贷	1041755 05
	21	15	支付教研会会议费		248300 00	贷	1290055 05
	22	16	购买办公用品		8900 00	贷	1298955 05
	31	21	结转财政补助收入	1298955 05		平	0 00

表 2-2-103　　　　　　　　　　　　总 分 类 账

科目名称：事业支出

2015年 月	日	凭证编号	摘　要	借方	贷方	借或贷	余额
1	8	2	付电费	1341 93		借	1341 93
	15	3	付会议费	22000 00		借	35341 93
	15	4	付退休费	9805 12		借	45219 05
	16	6	购财产综合险	13000 00		借	58219 05
	17	7	购维修材料，验收后交付使用	5382 00		借	63601 05
	18	8	支付1月份工资	420291 12		借	483723 17
	19	11	交纳失业保险	5692 00		借	489415 17
	19	12	交纳住房公积金	39497 00		借	528912 17
	20	13	支付临时工工资	1600 00		借	530512 17
	21	15	支付教研会会议费	248300 00		借	778712 17
	22	16	购买办公用品	8900 00		借	787712 17
	28	20	栾姝报销差旅费	18600 00		借	806312 17
	31	22	结转事业支出		806312 17	平	0 00

表 2-2-104　　　　　　　　　　总 分 类 账

科目名称：财政补助结转

2015年		凭证编号	摘要	借方 亿千百十万千百十元角分	贷方 亿千百十万千百十元角分	借或贷	余额 亿千百十万千百十元角分
月	日						
1	31	21	结转财政补助收入	1 2 9 8 9 5 5 0 5		借	1 2 9 8 9 5 5 0 5
	31	22	结转事业支出		8 0 6 3 1 2 1 7	借	4 9 2 6 4 2 8 8

（3）结账，结出各有关账户的"本月合计"和"本月止累计"数（见表 2-2-105 至表 2-2-116）。

表 2-2-105　　　　　　　　　　总 分 类 账

科目名称：应缴税费

2015年		凭证编号	摘要	借方 亿千百十万千百十元角分	贷方 亿千百十万千百十元角分	借或贷	余额 亿千百十万千百十元角分
月	日						
1	18	9	代扣1月份个人所得税		5 9 8 9 1 2	贷	5 9 8 9 1 2
	19	10	支付代扣个人所得税	5 9 8 9 1 2		平	0 0 0
	31		本月合计	5 9 8 9 1 2	5 9 8 9 1 2	平	0 0 0
	31		本月止累计	5 9 8 9 1 2	5 9 8 9 1 2	平	0 0 0

表 2-2-106　　　　　　　　　　　总 分 类 账

科目名称：财政补助收入

2015年		凭证编号	摘要	借方 (亿千百十万千百十元角分)	贷方 (亿千百十万千百十元角分)	借或贷	余额 (亿千百十万千百十元角分)
月	日						
1	4	1	收到财政授权支付额度		5 7 8 5 0 0 0 0	贷	5 7 8 5 0 0 0 0
	8	2	财政直接支付电费		1 3 4 1 3 9 3	贷	5 9 1 9 1 3 9 3
	15	3	付会议费		2 2 0 0 0 0 0	贷	6 1 3 9 1 3 9 3
	15	5	付退休费		9 8 0 5 1 2	贷	6 2 3 7 1 9 0 5
	17	7	付1—6月工会经费		4 6 1 5 0 0 0	贷	6 6 9 8 6 9 0 5
	18	9	支付1月份工资		3 7 1 8 8 6 0 0	贷	1 0 4 1 7 5 5 0 5
	21	15	支付教研会会议费		2 4 8 3 0 0 0 0	贷	1 2 9 0 0 5 5 0 5
	22	16	购买办公用品		8 9 0 0 0 0	贷	1 2 9 8 9 5 5 0 5
	31	21	结转财政补助收入	1 2 9 8 9 5 5 0 5		平	0 0 0
	31		本月合计	1 2 9 8 9 5 5 0 5	1 2 9 8 9 5 5 0 5	平	0 0 0
	31		本月止累计	1 2 9 8 9 5 5 0 5	1 2 9 8 9 5 5 0 5	平	0 0 0

表 2-2-107　　　　　　　　　　　总 分 类 账

科目名称：库存现金

2015年		凭证编号	摘要	借方 (亿千百十万千百十元角分)	贷方 (亿千百十万千百十元角分)	借或贷	余额 (亿千百十万千百十元角分)
月	日						
1	4		上年结转			借	2 0 0 0 0
	21	14	提现	2 0 0 0 0 0 0		借	2 0 2 0 0 0 0
	22	16	栾姝借差旅费		2 0 0 0 0 0 0	借	2 0 0 0 0
	28	20	栾姝报销差旅费退余款	1 4 0 0 0 0		借	1 6 0 0 0 0
	31		本月合计	2 1 4 0 0 0 0	2 0 0 0 0 0 0	借	1 6 0 0 0 0
	31		本月止累计	2 1 4 0 0 0 0	2 0 0 0 0 0 0	借	1 6 0 0 0 0

表 2-2-108

总分类账

科目名称：银行存款

2015年		凭证编号	摘要	借方 亿千百十万千百十元角分	贷方 亿千百十万千百十元角分	借或贷	余额 亿千百十万千百十元角分
月	日						
1	23	18	收到租用机房租金	6 5 0 0 0 0		借	6 5 0 0 0 0
	25	19	预收培训款	5 0 0 0 0 0		借	1 1 5 0 0 0 0
	31		本月合计	1 1 5 0 0 0 0		借	1 1 5 0 0 0 0
	31		本月止累计	1 1 5 0 0 0 0		借	1 1 5 0 0 0 0

表 2-2-109

总分类账

科目名称：零余额账户用款额度

2015年		凭证编号	摘要	借方 亿千百十万千百十元角分	贷方 亿千百十万千百十元角分	借或贷	余额 亿千百十万千百十元角分
月	日						
1	4	1	收到财政授权支付额度	5 7 8 5 0 0 0 0		借	5 7 8 5 0 0 0 0
	16	5	购财产综合险		1 3 0 0 0 0 0	借	5 6 5 5 0 0 0 0
	17	7	购维修材料，验收后交付使用		5 3 8 2 0 0	借	5 6 0 1 1 8 0 0
	19	10	交纳个人所得税		5 9 8 9 1 2	借	5 5 4 1 2 8 8 8
	19	11	交纳失业保险		8 4 4 2 0 0	借	5 4 5 6 8 6 8 8
	19	12	交纳住房公积金		7 8 9 9 4 0 0	借	4 6 6 6 9 2 8 8
	20	13	支付临时工工资		1 6 0 0 0 0	借	4 6 5 0 9 2 8 8
	21	14	提现		2 0 0 0 0 0	借	4 4 5 0 9 2 8 8
	31		本月合计	5 7 8 5 0 0 0 0	1 3 3 4 0 7 1 2	借	4 4 5 0 9 2 8 8
	31		本月止累计	5 7 8 5 0 0 0 0	1 3 3 4 0 7 1 2	借	4 4 5 0 9 2 8 8

表 2-2-110

科目名称：应收账款

总分类账

2015年		凭证编号	摘要	借方 亿千百十万千百十元角分	贷方 亿千百十万千百十元角分	借或贷	余额 亿千百十万千百十元角分
月	日						
1	23	18	收到租用机房租金	6 5 0 0 0 0		借	6 5 0 0 0 0
	31		本月合计	6 5 0 0 0 0		借	6 5 0 0 0 0
	31		本月止累计	6 5 0 0 0 0		借	6 5 0 0 0 0

表 2-2-111

科目名称：其他应收款

总分类账

2015年		凭证编号	摘要	借方 亿千百十万千百十元角分	贷方 亿千百十万千百十元角分	借或贷	余额 亿千百十万千百十元角分
月	日						
1	4		上年结转			借	1 2 0 0 0 0
	22	16	栾姝借差旅费	2 0 0 0 0 0		借	2 1 2 0 0 0 0
	28	20	栾姝报销差旅费		2 0 0 0 0 0	借	1 2 0 0 0 0
	31		本月合计	2 0 0 0 0 0	2 0 0 0 0 0	借	1 2 0 0 0 0
	31		本月止累计	2 0 0 0 0 0	2 0 0 0 0 0	借	1 2 0 0 0 0

表 2-2-112

总分类账

科目名称：预收账款

2015年 月	日	凭证编号	摘要	借方 亿千百十万千百十元角分	贷方 亿千百十万千百十元角分	借或贷	余额 亿千百十万千百十元角分
1	25	19	预收培训款		5 0 0 0 0 0	贷	5 0 0 0 0 0
	31		本月合计		5 0 0 0 0 0	贷	5 0 0 0 0 0
	31		本月止累计	5 0 0 0 0 0		贷	5 0 0 0 0 0

表 2-2-113

总分类账

科目名称：事业支出

2015年 月	日	凭证编号	摘要	借方 亿千百十万千百十元角分	贷方 亿千百十万千百十元角分	借或贷	余额 亿千百十万千百十元角分
1	8	2	付电费	1 3 4 1 9 3		借	1 3 4 1 9 3
	15	3	付会议费	2 2 0 0 0 0		借	3 5 4 1 9 3
	15	4	付退休费	9 8 0 5 1 2		借	4 5 2 1 9 0 5
	16	6	购财产综合险	1 3 0 0 0 0 0		借	5 8 2 1 9 0 5
	17	7	购维修材料，验收后交付使用	5 3 8 2 0 0		借	6 3 6 0 1 0 5
	18	8	支付1月份工资	4 2 0 1 2 2 1 2		借	4 8 3 7 2 3 1 7
	19	11	交纳失业保险	5 6 9 2 0 0		借	4 8 9 4 1 5 1 7
	19	12	交纳住房公积金	3 9 4 9 7 0 0		借	5 2 8 9 1 2 1 7
	20	13	支付临时工工资	1 6 0 0 0 0		借	5 3 0 5 1 2 1 7
	21	15	支付教研会会议费	2 4 8 3 0 0 0 0		借	7 7 8 8 1 2 1 7
	22	16	购买办公用品	8 9 0 0 0 0		借	7 8 7 7 1 2 1 7
	28	20	栾姝报销差旅费	1 8 6 0 0 0 0		借	8 0 6 3 1 2 1 7
	31	22	结转事业支出		8 0 6 3 1 2 1 7	平	0 0 0
	31		本月合计	8 0 6 3 1 2 1 7	8 0 6 3 1 2 1 7	借	0 0 0
	31		本月止累计	8 0 6 3 1 2 1 7	8 0 6 3 1 2 1 7	借	0 0 0

表 2-2-114

总 分 类 账

科目名称：<u>应付职工薪酬</u>

2015年		凭证编号	摘要	借方 (亿千百十万千百十元角分)	贷方 (亿千百十万千百十元角分)	借或贷	余额 (亿千百十万千百十元角分)
月	日						
1	15	4	付退休费		9 8 0 5 1 2	贷	9 8 0 5 1 2
	15	5	付退休费	9 8 0 5 1 2		平	0
	18	8	支付1月份工资		2 8 9 9 1 2 2 4	贷	2 8 9 9 1 2 2 4
	18	8	支付1月份津贴		1 3 0 2 0 9 8 8	贷	4 2 0 1 2 2 1 2
	18	9	支付1月份工资	2 8 9 9 1 2 2 4		贷	1 3 0 2 0 9 8 8
	18	9	支付1月份津贴	1 3 0 2 0 9 8 8		平	0 0 0
	31		本月合计	4 2 9 9 2 7 2 4	4 2 9 9 2 7 2 4	平	0 0 0
	31		本月止累计	4 2 9 9 2 7 2 4	4 2 9 9 2 7 2 4	平	0 0 0

表 2-2-115

总 分 类 账

科目名称：<u>其他应付款</u>

2015年		凭证编号	摘要	借方 (亿千百十万千百十元角分)	贷方 (亿千百十万千百十元角分)	借或贷	余额 (亿千百十万千百十元角分)
月	日						
1	18	9	代扣1月份失业保险		2 7 5 0 0 0	贷	2 7 5 0 0 0
	18	9	代扣1月份住房公积金		3 9 4 9 7 0 0	贷	4 2 2 4 7 0 0
	19	11	交纳失业保险	2 7 5 0 0 0		贷	3 9 4 9 7 0 0
	19	12	交纳住房公积金	3 9 4 9 7 0 0		平	0 0 0
	31		本月合计	4 2 2 4 7 0 0	4 2 2 4 7 0 0	平	0 0 0
	31		本月止累计	4 2 2 4 7 0 0	4 2 2 4 7 0 0	平	0 0 0

表 2-2-116　　　　　　　　　　　　　总 分 类 账

科目名称：财政补助结转

2015年		凭证编号	摘要	借方										贷方										借或贷	余额										
月	日			亿	千	百	十	万	千	百	十	元	角	分	亿	千	百	十	万	千	百	十	元	角	分		亿	千	百	十	万	千	百	十	元	角	分
1	31	21	结转财政补助收入			1	2	9	8	9	5	5	0	5												借			1	2	9	8	9	5	5	0	5
	31	22	结转事业支出																8	0	6	3	1	2	1	7	借					4	9	2	6	4	2	8	8
	31		本月合计			1	2	9	8	9	5	5	0	5					8	0	6	3	1	2	1	7	借					4	9	2	6	4	2	8	8
	31		本月止累计			1	2	9	8	9	5	5	0	5					8	0	6	3	1	2	1	7	借					4	9	2	6	4	2	8	8

（4）编制月报（见表2-2-117）。

表 2-2-117　　　　　　　　　　　　　资 产 负 债 表

编制单位：兴宜中等职业学校　　　　　2015年1月31日　　　　　　　　　　会事业01表
单位：元

资　　产	期末余额	年初余额（略）	负债和净资产	期末余额	年初余额（略）
流动资产：			流动负债：		
货币资金	458 192.88		短期借款		
短期投资			应缴税费		
财政应返还额度			应缴国库款		
应收票据			应缴财政专户款		
应收账款	6 500.00		应付职工薪酬		
预付账款			应付票据		

续表

资　产	期末余额	年初余额(略)	负债和净资产	期末余额	年初余额(略)
其他应收款	1 200.00		应付账款		
存货	33 150.00		预收账款	5 000.00	
其他流动资产			其他应付款		
流动资产合计	499 042.88		其他流动负债		
非流动资产：			流动负债合计	5 000.00	
长期投资			非流动负债：		
固定资产	20 000 000.00		长期借款		
固定资产原价			长期应付款		
减：累计折旧			非流动负债合计	0.00	
在建工程			负债合计	5 000.00	
无形资产			净资产：		
无形资产原价			事业基金	1 400.00	
减：累计摊销			非流动资产基金	20 000 000.00	
待处置资产损溢			专用基金		
非流动资产合计	20 000 000.00		财政补助结转	492 642.88	
			财政补助结余		
			非财政补助结转		
			非财政补助结余		
			1. 事业结余		
			2. 经营结余		
			净资产合计	20 494 042.88	
资产总计	20 499 042.88		负债和净资产总计	20 499 042.88	

2. 年终业务

事业单位的年终业务包括年终清理、年终结账、编制年报三方面内容。

(1) 年终清理。年终清理是对单位全年预算资金收支、其他资金收支活动进行全面清理、核对、整理和结算的工作。年终清理是事业单位编报年度决算的一个重要环节，是保证决算报表数字真实、内容完整、报送及时的一项基础工作。年终清理的内容与行政单位类似。

(2) 年终结账。年终清理完毕，在账目核对相符的基础上进行年终结账。年终结账工作，一般分为三个步骤，即：年终转账、结清旧账和记入新账。

①年终转账。账目核对无误后，首先计算出各账户借方、贷方的12月份合计数和全年累计数，结出12月末的余额；其次根据各总账账户12月末的余额编制12月份的"资产负债表"，并试算平衡；最后按规定将零余额账户的余额注销，并将应对冲结转的各个收支账

户的余额按年终冲转办法，填制 12 月 31 日的记账凭证（无原始凭证）办理结账冲转，并登记入账。

设兴宜中等职业学校 2015 年 12 月末各有关总账账户的资料见表 2-2-118。

表 2-2-118

科目名称	年初数	12 月末余额	科目名称	年初数	12 月末余额
库存现金	200	1 600	预收账款		5 000
银行存款		11 500	事业基金	1 400	1 400
零余额账户用款额度		445 092.88	非流动资产基金	20 000 000	123 500 000
应收账款		6 500	财政补助收入		4 674 370.60
其他应收款	1 200	1 200	事业收入（专项收入）		1 111 569.65
固定资产	20 000 000		其他收入（专项收入）		261 845.85
事业支出（财政补助支出）		4 671 542.90			
合计	20 001 400	5 137 435.78	合计	20 001 400	129 554 186.10

a. 结账，计算出各账户借方、贷方的 12 月份合计数和全年累计数，结出 12 月末的余额。方法与行政单位会计一样，参见行政单位会计业务分类实例的年终业务部分。

b. 办理年终转账。

第一，直接填制记账凭证，注销零余额账户用款额度余额，并登记有关总账（总账的登记略）（见表 2-2-119）。

表 2-2-119　　　　　　　　　记　账　凭　证
2015 年 12 月 31 日　　　　　　　　　　记字第 23 号

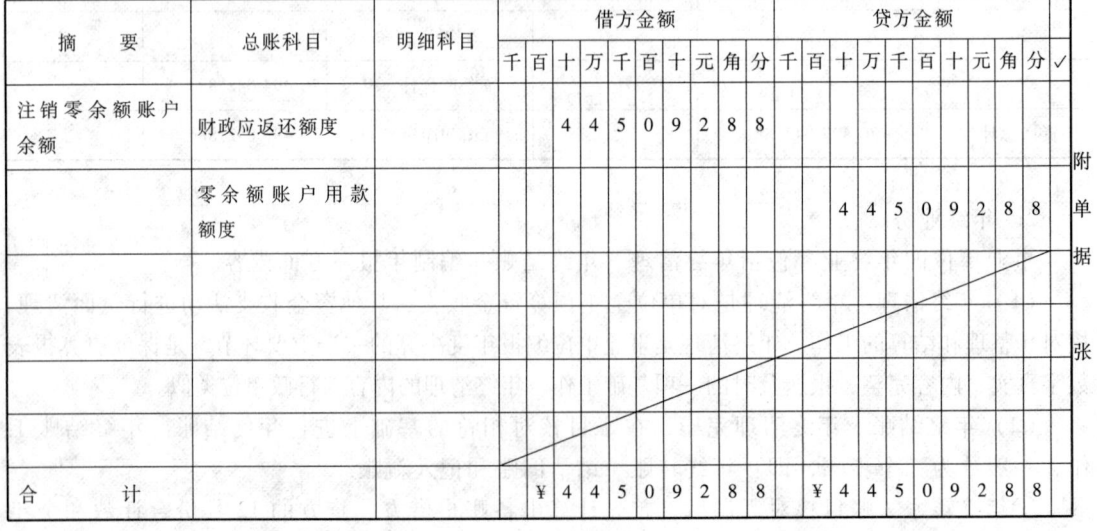

第二，直接填制记账凭证，按年终转账的办法结转收入和支出，并登记有关总账（总账的登记略）（见表 2-2-120 至表 2-2-122）。

表 2-2-120

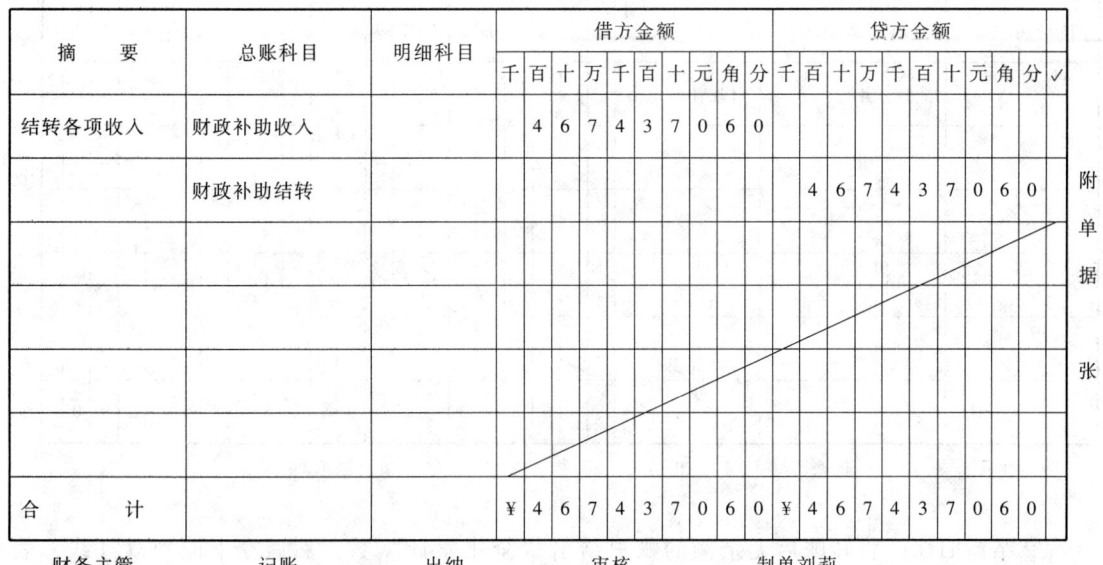

表 2-2-121

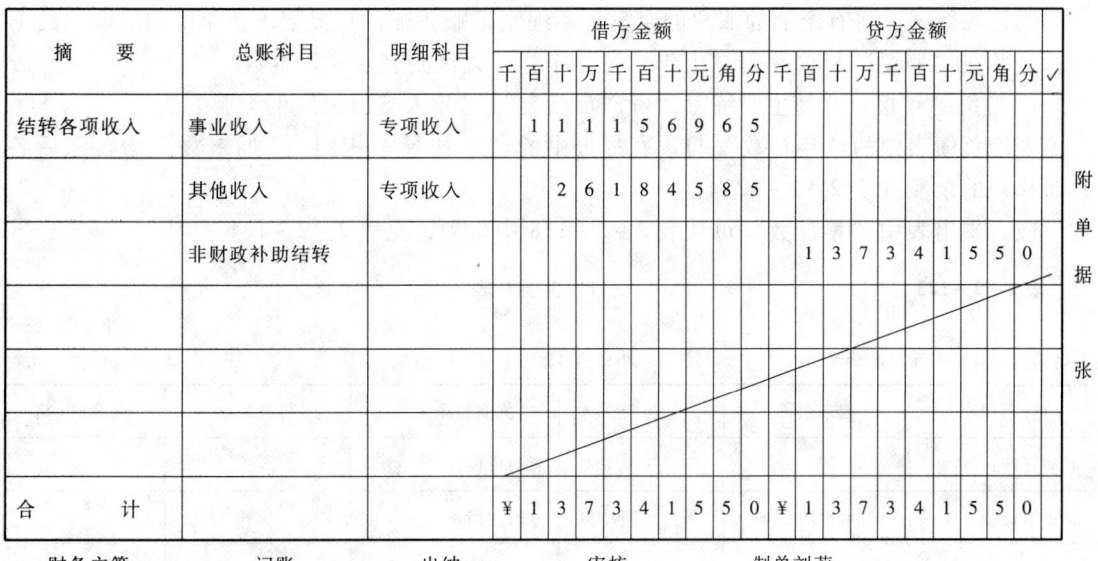

表 2-2-122

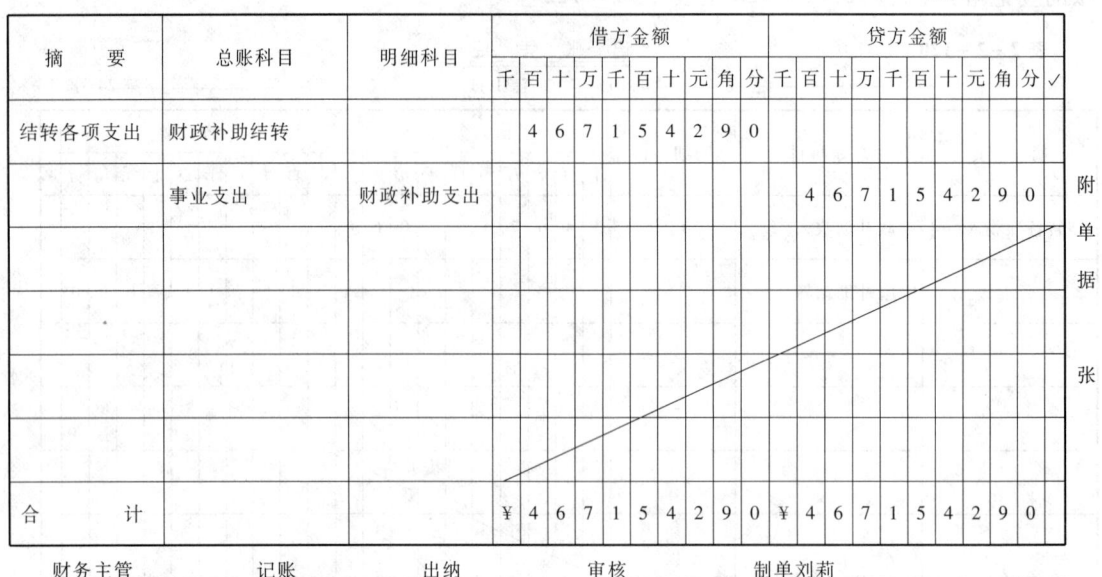

记 账 凭 证

2015年12月31日　　　　　　　　　　　记字第26号

②结清旧账。将转账后无余额的账户结出"全年累计"数，然后在下面划双红线，表示本账户全部结清。对年终有余额的账户，在"本月止累计"数下行的"摘要"栏内注明"结转下年"字样，再在下面划双红线，表示年终余额转入新账，结束旧账（结账方法同行政单位会计，这里不重复）。

③记入新账。将有余额的账户的余额，不编制记账凭证，直接记入新年度相应账户的第一行，并在"摘要"栏内注明"上年结转"字样，以区别新年度发生数（略）。

（3）编制年报。此处主要练习"资产负债表"、"收入支出表"的编制方法。

资产负债表中的"年初数"与该表月报中的"年初数"相同，"期末数"为转账后各总账账户的余额（表2-2-123）。

收入支出表中"累计数"可从表2-2-118中得到，见表2-2-124。

表 2-2-123　　　　　　　　　　资 产 负 债 表

会事业01表

编制单位：兴宜中等职业学校　　　　2015年12月31日　　　　　　　　　单位：元

资产	期末余额	年初余额	负债和净资产	期末余额	年初余额（略）
流动资产：			流动负债：		
货币资金	458 192.88	200.00	短期借款		
短期投资			应缴税费		
财政应返还额度			应缴国库款		

续表

资产	期末余额	年初余额	负债和净资产	期末余额	年初余额(略)
应收票据			应缴财政专户款		
应收账款	6 500.00		应付职工薪酬		
预付账款			应付票据		
其他应收款	1 200.00	1 200.00	应付账款		
存货	912 522.60		预收账款	5 000.00	
其他流动资产			其他应付款		
流动资产合计	1 378 415.48	1 400.00	其他流动负债		
非流动资产:			流动负债合计	5 000.00	0.00
长期投资			非流动负债:		
固定资产	20 000 000.00	20 000 000.00	长期借款		
固定资产原价			长期应付款		
减:累计折旧			非流动负债合计	0.00	0.00
在建工程			负债合计	5 000.00	0.00
无形资产			净资产:		
无形资产原价			事业基金		1 400.00
减:累计摊销			非流动资产基金	20 000 000.00	20 000 000.00
待处置资产损溢			专用基金		
非流动资产合计	20 000 000.00	20 000 000.00	财政补助结转		
			财政补助结余		
			非财政补助结转	1 373 415.50	
			非财政补助结余		
			1. 事业结余		
			2. 经营结余		
			净资产合计	21 373 415.50	20 001 400.00
资产总计	21 378 415.48	20 001 400.00	负债和净资产总计	21 378 415.50	20 001 400.00

表 2-2-124

收 入 支 出 表

会事业02表

编制单位：兴宜中等职业学校　　　　　2015年12月31日　　　　　　　　　　　　单位：元

项　目	本月数（略）	本年累计数
一、本期财政补助结转结余	0.00	2 827.70
财政补助收入		4 674 370.60
减：事业支出（财政补助支出）		4 671 542.90
二、本期事业结转结余	0.00	1 373 415.50
（一）事业类收入	0.00	1 373 415.50
1. 事业收入		1 111 569.65
2. 上级补助收入		
3. 附属单位上缴收入		
4. 其他收入		261 845.85
其中：捐赠收入		
减：（二）事业类支出	0.00	0.00
1. 事业支出（非财政补助支出）		
2. 上缴上级支出		
3. 对附属单位补助支出		
4. 其他支出		
三、本期经营结余	0.00	0.00
经营收入		
减：经营支出		
四、弥补以前年度亏损后的经营结余	0.00	0.00
五、本年非财政补助结转结余	0	1 373 415.50
减：非财政补助结转		1 373 415.50
六、本年非财政补助结余	0.00	0.00
减：应缴企业所得税		
减：提取专用基金		
七、转入事业基金	0.00	0.00

负责人：　　　　　　　制表：

第二节 事业单位会计综合实训

一、实训目的与要求

本实训资料来自北方中等职业学校,该中等职业学校为事业单位。通过综合实训,使学生体验事业单位会计账务处理的全过程,增强处理会计实务的能力。具体要求如下:

第一,根据原始凭证填制记账凭证;

第二,登记总账,总账登记完毕,进行账证核对,核对一致后进行月度结账;

第三,编制12月份的资产负债表;

第四,办理年终转账并结束旧账,编制年报(资产负债表、收入支出表、财政补助收入支出表)。

二、账务处理实训练习

(一) 基本资料

1. 北方中等职业学校基本情况

开户银行:中国工商银行紫荆市分行

单位零余额账号:56987125893458

往来财政专户账号:125618210208556

单位地址:紫荆市南区林荫大道320号

出纳:张奕

会计:孟林

本月财政批准的用款计划数为100万元,其中预算内经费60万元(授权支付额度为30万),预算外经费40万元(授权支付额度为21万元)。

2. 各账户期初资料(见表2-2-125)。

表2-2-125

单位:元

科目名称	年初数	11月末累计余额	科目名称	年初数	11月末累计余额
库存现金	300	60	其他应付款		53 000
零余额账户用款额度		18 440	非流动资产基金	280 000 000	284 300 000
银行存款	6 800	51 135	事业基金	38 100	38 100
财政应返还额度	31 000		财政补助收入		6 058 850
固定资产	280 000 000	284 300 000	事业收入		5 938 240
其他应收款		10 000	其他收入		2 814 945
事业支出		14 823 500			
总 计	280 038 100	299 203 135	总 计	280 038 100	299 203 135

（二）经济业务及账务处理实训练习

第一部分：月度业务账务处理练习。

第一环节：记账凭证填制练习。要求根据给出的原始凭证，并填制记账凭证。

业务1：2015年12月1日，接到代理银行通知，本月财政授权支付额度已下达（见表2-2-126至表2-2-128）。

表 2-2-126　　　　　　　**授权支付额度到账通知书**

2015 年 11 月 30 日

北方中等职业学校（预算单位）　　　　　　　　　　　　　编号：H022005-RSL-0101

单位零余额账号：56987125893458　　　　　　　　　　　　第1页/共1页

你单位12月份的授权支付额度已经市财政局批准，特予通知。

资金性质：预算内　　　　　　　　　　　　　　　　　　　金额单位：元

预算科目		财政授权支付额度	备注
科目编号	科目名称		
1301	普通教育	300 000.00	
本页小计		¥300 000.00	
合计金额（大写）叁拾万元整	合计金额（小写）	¥300 000.00	

银行（盖章）：工商银行紫荆市支行会计业务公章　　复核（盖章）：李明　　经办人（盖章）：陈程

注：本通知一式二份。第一份：预算单位作记账凭证；第二份：代理银行存档备查。

表 2-2-127　　　　　　　**授权支付额度到账通知书**

2015 年 11 月 30 日

北方中等职业学校（预算单位）　　　　　　　　　　　　　编号：H022005-RSL-0102

单位零余额账号：56987125893458　　　　　　　　　　　　第1页/共1页

你单位12月份的授权支付额度已经市财政局批准，特予通知。

资金性质：预算外　　　　　　　　　　　　　　　　　　　金额单位：元

预算科目		财政授权支付额度	备注
科目编号	科目名称		
1301	普通教育	210 000.00	
本页小计		¥210 000.00	
合计金额（大写）贰拾壹万元整	合计金额（小写）	¥210 000.00	

银行（盖章）：工商银行紫荆市支行会计业务公章　　复核（盖章）：李明　　经办人（盖章）：陈程

注：本通知一式二份。第一份：预算单位作记账凭证；第二份：代理银行存档备查。

表 2-2-128　　　　　　　　　　　记 账 凭 证

年　月　日　　　　　　　　　　　　　字第　　号

摘　要	总账科目	明细科目	借方金额 千百十万千百十元角分	贷方金额 千百十万千百十元角分	√
合　计					

财务主管　　　　记账　　　　出纳　　　　审核　　　　制单

附单据　　张

业务 2：2015 年 12 月 2 日，开出财政授权支付凭证，从财政补助收入中提取现金报销职工进修培训费（见表 2-2-129 至表 2-2-133）。

表 2-2-129　　　　　　　　　　财政授权支付凭证

资金性质：预算内　　　　　　2015 年 12 月 2 日　　　　　　　编号：636GQ-00001

付款人	全　称	北方中等职业学校	收款人	全　称	北方中等职业学校
	账　号	56987125893458		账　号	56987125893458
	开户行	工商银行紫荆市支行		开户行	工商银行紫荆市支行
一级预算单位	紫荆市教委		功能分类	类	205 教育
基层预算单位	北方中等职业学校			款	02 普通教育
归口处室	教科文处			项	05 中等教育
结算方式	现付		经济分类		30216 培训费
支付金额人民币（大写）	贰仟伍佰元整		亿千百十万千百十元角分　¥250000		
用　途	职工进修学习费				
银行盖章：	上述款项已办理 中国工商银行 转（42659）讫 紫荆市支行 年　月　日		经办人： 张通飞	备　注	

第二联：退预算单位作回单

表2-2-130

中国工商银行
现金支票存根

$\dfrac{EH}{02}$ 2 7 1 1 3 5 3 5

科　　目 ＿＿＿＿＿＿＿
对方科目 ＿＿＿＿＿＿＿
出票日期 2015年12月2日

| 收款人：北方中等职业学校 |
| 金　　额：2 500.00 |
| 用　　途：职工进修学习费 |

表2-2-131

××省学校专用收费票据

2015年12月2日

(2005) No002486

学　号	Y050001B1005		姓　名	向明	
收费项目	收费标准	收费金额	收费项目	收费标准	收费金额
学费	2 300.00			.00	
	.00			.00	
	.00			.00	
	.00			.00	
	.00			.00	
合计金额（大写）	貳仟叁佰元整		合计金额（小写）		2 300.00

表2-2-132

记　账　凭　证

年　月　日　　　　　　　字第　号

摘　要	总账科目	明细科目	借方金额 千百十万千百十元角分	贷方金额 千百十万千百十元角分	附单据张 ✓
合　计					

财务主管　　　　记账　　　　出纳　　　　审核　　　　制单

表2-2-133

记　账　凭　证

年　月　日　　　　　　　字第　号

摘　要	总账科目	明细科目	借方金额 千百十万千百十元角分	贷方金额 千百十万千百十元角分	附单据张 ✓
合　计					

财务主管　　　　记账　　　　出纳　　　　审核　　　　制单

业务3：2015年12月2日，工商管理高级研修班开班，请专家就《人际营销》进行专题讲座，开出财政授权支付凭证，从财政补助收入中提取现金支付讲课费（见表2-2-134至表2-2-137）。

表2-2-134　　　　　　　　　　　　支 出 证 明 单

2015年12月2日

支出科目	摘　要	金　额							缺乏正式单据之原因
		万	千	百	十	元	角	分	
	外聘专家讲座		2	0	0	0	0	0	
									付讫

合计人民币（大写）　贰仟零佰零拾零元零角零分　　¥2 000.00

核准：王波　　　　复核：　　　　证明：刘念　　　　经手：赵朋

表2-2-135　　　　　　　　　　　　财政授权支付凭证

资金性质：预算内　　　　　　　2015年12月2日　　　　　　　编号：636GQ-00003

付款人	全　称	北方中等职业学校		收款人	全　称	北方中等职业学校									
	账　号	56987125893458			账　号	56987125893458									
	开户行	工商银行紫荆市支行			开户行	工商银行紫荆市支行									
一级预算单位		紫荆市教委		功能分类	类	205 教育									
基层预算单位		北方中等职业学校			款	02 普通教育									
归口处室		教科文处			项	05 中等教育									
结算方式		现付		经济分类		30226 劳务费									
支付金额人民币（大写）		贰仟元整				亿	千	百	十	万	千	百	十	元	角	分
											¥	2	0	0	0	0	0
用　途		外聘专家课酬													
银行盖章：	上述款项已办理 中国工商银行 转(42659)讫 紫荆市支行		经办人：张越	备　注											
	年　月　日														

第二联：退预算单位作回单

表 2-2-136

中国工商银行
现金支票存根

$\dfrac{EH}{02}$ 27113536

科　目 ＿＿＿＿＿＿＿＿
对方科目 ＿＿＿＿＿＿＿＿
出票日期 2015 年 12 月 2 日

收款人：北方中等职业学校
金　额：2 000.00
用　途：外聘专家课酬

表 2-2-137

记 账 凭 证

年　月　日　　　　　　　　　字第　号

摘 要	总账科目	明细科目	借方金额										贷方金额										附单据
			千	百	十	万	千	百	十	元	角	分	千	百	十	万	千	百	十	元	角	分	√
合　计																								张

财务主管　　　记账　　　出纳　　　审核　　　制单

业务 4：2015 年 12 月 3 日，开出财政授权支付凭证，以学校事业收入支付外聘教师 11 月份课酬（见表 2-2-138 至表 2-2-140）。

表 2-2-138

财政授权支付凭证

资金性质：预算外　　　　　　　2015 年 12 月 3 日　　　　　　　编号：636GQ-00004

付款人	全 称	北方中等职业学校	收款人	全 称	外聘教师工资账户
	账 号	56987125893458		账 号	
	开户行	工商银行紫荆市支行		开户行	工商银行紫荆市支行
一级预算单位		紫荆市教委	功能分类	类	205 教育
基层预算单位		北方中等职业学校		款	02 普通教育
归口处室		教科文处		项	05 中等教育
结算方式		转账	经济分类		30226 劳务费
支付金额人民币（大写）		叁万玖仟元整			亿 千 百 十 万 千 百 十 元 角 分 　　　　¥ 3 9 0 0 0 0 0
用 途		11 月外聘教师课酬			
银行盖章		上述款项已办理 中国工商银行 转（42659）讫 紫荆市支行	经办人：张红	备 注	
		年　月　日			

表 2-2-139　　　　北方中等职业学校外聘教师 2015 年 11 月份课酬发放表

姓名	课时	课贴	作业	车贴	金额合计	签名
张兰	50	1 250	40	30	1 320	李兰
赵刚	48	1 200	40	30	1 270	黄刚
（略）	（略）	（略）	（略）	（略）	（略）	（略）
合计	1 316	31 000	1 250	750	39 000	

表 2-2-140　　　　　　　　　记　账　凭　证

　　　　　　　　　　　　　　　　年　月　日　　　　　　　　　　　　　字第　号

摘　要	总账科目	明细科目	借方金额 千百十万千百十元角分	贷方金额 千百十万千百十元角分	√
合　计					

财务主管　　　　　记账　　　　　出纳　　　　　审核　　　　　制单

　　业务 5：2015 年 12 月 3 日，开出财政授权支付凭证，以财政补助收入支付路桥费（见表 2-2-141 至表 2-2-143）。

表 2-2-141　　　　　　　　　财政授权支付凭证

资金性质：预算内　　　　　　　2015 年 12 月 3 日　　　　　　　编号：636GQ-00005

付款人	全　称	北方中等职业学校	收款人	全　称	紫荆市路桥收费管理中心
	账　号	56987125893458		账　号	8564789123587
	开户行	工商银行紫荆市支行		开户行	中国银行紫荆市支行

一级预算单位	紫荆市教委	功能分类	类	205 教育
基层预算单位	北方中等职业学校		款	02 普通教育
归口处室	教科文处		项	05 中等教育
结算方式	转账	经济分类		30210 交通费
支付金额人民币（大写）	壹万肆仟元整	亿千百十万千百十元角分 ￥1 4 0 0 0 0 0		
用　途	路桥费			

银行盖章：	上述款项已办理 中国工商银行 转（42659）讫 紫荆市支行 年　月　日	经办人：李聂	备　注	

第二联：退预算单位作回单

表 2-2-142　　　　　　　××省紫荆市代收行政事业性收费收据

收款日期：　　　　　　　　2015 年 12 月 3 日　　　　　　　　　　　（2015）No 0400530

执法行政机关	紫荆市路桥收费中心	缴款通知书编号	0123988
缴款单位或个人	北方中等职业学校		

项　目	千	百	十	万	千	百	十	元	角	分	备　注
收费金额				¥	1	4	0	0	0	0	
加收滞纳金金额											
合　计				¥	1	4	0	0	0	0	

金额人民币（大写）　壹万肆仟零佰零拾零元零角零分

代收机构盖章	紫荆市城市路桥收费管理中心 年费征收专用章	收款人	
		复核员	

第一联 收据（代收点收款盖章后退缴款人）

表 2-2-143　　　　　　　　　　记　账　凭　证

　　　　　　　　　　　　　　　　　　年　月　日　　　　　　　　　　　　　字第　　号

摘　要	科　目		借方金额									贷方金额								
	总账科目	明细科目	千	百	十	万	千	百	十	元	角	分	千	百	十	万	千	百	十	元	角	分
合　计																						

财务主管　　　　　记账　　　　　出纳　　　　　审核　　　　　制单

附单据　张

业务 6：2015 年 12 月 3 日，开出财政授权支付凭证，以财政补助收入支付 2016 年报刊订阅费（见表 2-2-144 至表 2-2-146）。

表 2-2-144　　　　　　　　　　财政授权支付凭证

资金性质：预算内　　　　　　　2015 年 12 月 3 日　　　　　　　编号：636GQ-00006

付款人	全　称	北方中等职业学校	收款人	全　称	紫荆市邮政局
	账　号	56987125893458		账　号	2358785647891
	开户行	工商银行紫荆市支行		开户行	中国银行紫荆市支行

一级预算单位	紫荆市教委	功能分类	类	205 教育
基层预算单位	北方中等职业学校		款	02 普通教育
归口处室	教科文处		项	05 中等教育
结算方式	转账	经济分类		30201 办公费

支付金额人民币（大写）	壹万捌仟肆佰伍拾元整	亿	千	百	十	万	千	百	十	元	角	分
					¥	1	8	4	5	0	0	0

用　途	订报费

	上述款项已办理		备　注	
银行盖章：	中国工商银行 转（42659）讫 紫荆市支行	经办人：张盈		
	年　月　日			

第二联：退预算单位作回单

表 2-2-145　　　　　　　　**紫荆市邮政局大宗报刊费专用发票**　　　　邮　政　三　联
　　　　　　　　　　　　　　　　　　　　　　　　　　　　　　　　　　　　　（2009）地 A

地址：沿江大道 105 号　　　　　　　　　　　　　投递局名：　　　　00386

单位：北方中等职业学校　　　　　　　　　　　　投递段别：4

　　　　　　　　　　　　　　　　　　　　　　　经手人：张敏

大宗清单起止号码	起止日期	共计款项
21189—21191	2016 年 1—12 月	18 450.00 元

款额大写：捌仟肆佰伍拾元

订户注意
1. 本发票如有涂改或未加盖日戳和经手人员名章无效。
2. 如有查询等事项请交验本发票。
3. 本发票无发票号无效。
4. 本发票手工填写无效。

（盖章：紫荆 2015.12.03 庆丰 1）

第二联：发票

表 2-2-146　　　　　　　　　记　账　凭　证

　　　　　　　　　　　年　月　日　　　　　　　　　　　　字第　号

摘要	总账科目	明细科目	借方金额 千 百 十 万 千 百 十 元 角 分	贷方金额 千 百 十 万 千 百 十 元 角 分	√
合计					

财务主管　　　　记账　　　　出纳　　　　审核　　　　制单

附单据　张

业务 7：2015 年 12 月 3 日，开出财政授权支付凭证，以学校事业收入支付 11 月份电话费（见表 2-2-147 至表 2-2-149）。

表 2-2-147　　　　　　　　　　　財政授权支付凭证

资金性质：预算外　　　　　　　2015 年 12 月 3 日　　　　　　　　　　编号：636GQ-00007

付款人	全称	北方中等职业学校	收款人	全称	××省电信有限公司紫荆市分公司
	账号	56987125893458		账号	58697485612032
	开户行	工商银行紫荆市支行		开户行	交通银行紫荆市支行

一级预算单位	紫荆市教委	功能分类	类	205 教育
基层预算单位	北方中等职业学校		款	02 普通教育
归口处室	教科文处		项	05 中等教育
结算方式	转账	经济分类		30207 邮电费

支付金额人民币（大写）	伍仟肆佰叁拾叁元整	亿	千	百	十	万	千	百	十	元	角	分
							¥	5	4	3	3	0	0

用途	11 月份电话费

银行盖章：	上述款项已办理 中国工商银行 转（42659）讫 紫荆市支行	经办人：	张喻	备注
	年　月　日			

表 2-2-148　　　　　××省电信有限公司紫荆分公司电话费专用发票

电信四联（2004）地　　　　　　　　　　　　　　　　　　　　　　　　201001-7204242

发　票　联　　　　　　　　　　　　　　　　日期：2015 年 12 月 3 日

付款方	全称	北方中等职业学校		收款方	全称	××省电信有限公司紫荆市分公司
	账号	56987125893458			账号	58697485612032
	开户行	工商银行紫荆市支行	行号 8853129		开户行	交通银行紫荆市支行

委收金额	支付金额人民币（大写）	伍仟肆佰叁拾叁元整	亿	千	百	十	万	千	百	十	元	角	分
								¥	5	4	3	3	0	0

款项性质	2015 年 11 月份电话费	合同号码	00465809	寄附单证张数	

备注：业务号码 84621946　号码个 58　托收批次 1
IP 标准长途　　10.50　　手续费　　　1.00
国内长途费　　121.59　　月租费　　2 092
市话费　　　　3 207.91

××省电信有限公司
紫荆分公司
发票专用章

合　计　　5 433.00　　　　　　　　　收款方盖章有效

表 2-2-149

记 账 凭 证

年 月 日　　　　　　　　　　　　字第　号

摘要	总账科目	明细科目	借方金额 千百十万千百十元角分	贷方金额 千百十万千百十元角分	√
合 计					

附单据　张

财务主管　　　　　记账　　　　　出纳　　　　　审核　　　　　制单

业务8：2015年12月4日，购买机动车保险，以财政补助收入直接支付保险费（见表2-2-150至表2-2-152）。

表 2-2-150

保险业专用发票
INSURANCE TRADE INVOICE

发 票 联　　　　　　开票日期：2013/12/04

付款人：
Payer　北方中等职业学校

承保险种：
Coverage　一般机动车辆保险

保险单号：　　　　　　　　　　批单号：PDAA3256145640006839
Policy No　PDAA3256145640006839　　　End. No

保险费金额（大写）：　　　　　　　（小写）：
Premium Amount（In Words）人民币肆仟玖佰元整　　（In figures）　RMB 4 900.00

附注：
Remarks　业务员：张桐

经手人　张勇　　复核　罗东　　保险公司盖章　　中国人民财产保险股份有限公司
Handle　　　　Checked By　　Stamped By Insurance Company　明阳市闸北区支公司发票专用章

地址：　　　　　　　　　　　　电话：
Add.　　　　　　　　　　　　　Tel.

第二联 发票联

表 2－2－151　　　　　　　　　　财政直接支付入账通知书

资金性质：预算内　　　　　　　　　2015 年 12 月 4 日　　　　　　　编号：B001223－88700－32108

付款人	全　称	工商银行财政零余额账户	收款人	全　称	中国人民财产保险股份有限公司紫荆市闸北区支公司
	账　号	71255698895834		账　号	54879125863
	开户行	工商银行紫荆市支行		开户行	建行南京路办事处
一级预算单位		紫荆市教委	功能分类	类	205 教育
基层预算单位		北方中等职业学校		款	02 普通教育
归口处室		教科文处		项	05 中等教育
结算方式		转账	经济分类		30210 交通费

支付金额人民币（大写）	肆仟玖佰元整	亿	千	百	十	万	千	百	十	元	角	分
						¥	4	9	0	0	0	0

用　途	一般机动车辆保险

上列款项，已通过国库集中支付系统支付，请据此入账。

年　　月　　日

备　注

原申请号：92313—Z0274
凭证类型：直接支付

（盖章：紫荆市财政局国库收付分局）

表 2－2－152　　　　　　　　　　　记　账　凭　证

年　月　日　　　　　　　　　　　　　　　　　　字第　　号

摘　要	总账科目	明细科目	借方金额										贷方金额										√附单据张
			千	百	十	万	千	百	十	元	角	分	千	百	十	万	千	百	十	元	角	分	
合　计																								

财务主管　　　　　　记账　　　　　　出纳　　　　　　审核　　　　　　制单

业务 9：2015 年 12 月 4 日，购买财产保险综合险，开出财政授权支付凭证，以财政补助收入支付保险费（见表 2－2－153 至表 2－2－155）。

表 2-2-153　　　　　　　××省保险业专用发票
　　　　　　　　　　INSURANCE TRADE INVOICE OF HUBEI　　　发票代码：000132539100
　　　　　　　　　　　　　　　　　　　　　　　　　　　　　　发票号码：00009756
　　　　　　　　　　　　中国太平洋财产保险股份有限公司
　　　　　　　　　　　　　　　发　票　联　　　　　开票日期：2015/12/04

付款人： Payer	北方中等职业学校	
承保险种： Coverage	财产保险综合险	
保险单号： Policy No	AMINY14556326B46001G	批单号： End. No　无
保险费金额（大写）： Premium Amount（In Words）	人民币壹万捌仟元整	（小写）： （In figures）　RMB 18 000.00
附注： Remarks		

经手人 Handle	张晴	复核 Checked By	罗岚	保险公司盖章： Stamped By Insurance Company	中国太平洋财产保险股份有限公司 明阳市南区支公司发票专用章
地址： Add.	紫荆市南区鹏程大厦203室			电话： Tel. 043-8534296	

第二联　发票联

表 2-2-154　　　　　　　　　　财政授权支付凭证

资金性质：预算内　　　　2015 年 12 月 4 日　　　　　　　　编号：636GQ-00008

付款人	全 称	北方中等职业学校	收款人	全 称	中国太平洋财产保险股份有限公司 紫荆市南区支公司
	账 号	56987125893458		账 号	58967412300125
	开户行	工商银行紫荆市支行		开户行	建设银行紫荆市支行
一级预算单位		紫荆市教委	功能 分类	类	205 教育
基层预算单位		北方中等职业学校		款	02 普通教育
归口处室		教科文处		项	05 中等教育
结算方式		转账	经济分类		30210 交通费

支付金额人民币 （大写）	壹万捌仟元整	亿	千	百	十	万	千	百	十	元	角	分
					¥	1	8	0	0	0	0	0

| 用　途 | 财产综合险 |

| 银行盖章： | 上述款项已办理
中国工商银行
转（42659）讫
紫荆市支行
年　月　日 | 经办人： | 张畅 | 备　注 | |

第二联：退预算单位作回单

表 2-2-155　　　　　　　　　　　记 账 凭 证

　　　　　　　　　　　　　　　年　月　日　　　　　　　　　　　　　　　　字第　　号

摘要	总账科目	明细科目	借方金额										贷方金额										√
			千	百	十	万	千	百	十	元	角	分	千	百	十	万	千	百	十	元	角	分	
合　计																							

附单据　张

财务主管　　　　　　记账　　　　　　出纳　　　　　　审核　　　　　　制单

业务10：2015年12月5日，购买维修材料，开出财政授权支付凭证，以财政补助收入付款（见表2-2-156至表2-2-159）。

表 2-2-156　　　　　　　　　　××省增值税普通发票
　　　　　　　　　　　　　　　　　发　票　联

品名及规格	货款或劳务	单位	数量	单价	金　　额
见清单					7 382.00
金额合计（大写）人民币柒仟叁佰捌拾贰元零角零分					￥7 382.00
备注					
单位盖章：方杨五金水暖商店发票专用章		复核人：	收款人：李秋		开票人：茹姻

②付款方报销凭证

表 2-2-157　　　　　　　　　　销 货 计 数 单　　　　　　　　　　　第 1 页
　　　　柜别：　　　　　　　　　　2015年12月5日　　　　　　　　　　　共 1 页

货号及品名	单位	数量	单价	金　　额							收款人盖章
				十	万	千	百	十	元	角	分	
金牛PP管	根	50	15				7	5	0	0	0	
兰花水龙头	个	60	7				4	2	0	0	0	
SLD水龙头	个	60	15				9	0	0	0	0	
飞利浦9W节能灯	个	40	18				7	2	0	0	0	
⋮	⋮	⋮	⋮									
⋮	⋮	⋮	⋮									
总　　计				￥		7	3	8	2	0	0	

表 2-2-158　　　　　　　　　财政授权支付凭证
资金性质：预算内　　　　　　2015 年 12 月 5 日　　　　　　　　编号：636GQ-00009

付款人	全　称	北方中等职业学校	收款人	全　称	方正五金水暖商店
	账　号	56987125893458		账　号	58967412300125
	开户行	工商银行紫荆市支行		开户行	建行紫荆市支行
一级预算单位		紫荆市教委	功能分类	类	205 教育
基层预算单位		北方中等职业学校		款	02 普通教育
归口处室		教科文处		项	05 中等教育
结算方式		转账	经济分类		30213 维修费

支付金额人民币（大写）	柒仟叁佰捌拾贰元整	亿	千	百	十	万	千	百	十	元	角	分
						¥	7	3	8	2	0	0

用　途	维修

上述款项已办理	备　注
银行盖章：中国工商银行 转(42659)讫 紫荆市支行　经办人：张萌 年　月　日	

第二联：退预算单位作回单

表 2-2-159　　　　　　　　　　记 账 凭 证
　　　　　　　　　　　　　　　　年　月　日　　　　　　　　　　　字第　号

摘　要	总账科目	明细科目	借方金额										贷方金额										√
			千	百	十	万	千	百	十	元	角	分	千	百	十	万	千	百	十	元	角	分	
合　计																							

财务主管　　　　　记账　　　　　出纳　　　　　审核　　　　　制单

附单据　张

业务 11：2015 年 12 月 7 日，发放 12 月份工资。工资由财政直接支付，具体发放金额见"2015 年 12 月份工资汇总表"。财政直接支付，由学校向财政部门提出直接支付申请，财政支付后，财政向学校发送"财政直接支付入账通知书"（见表 2-2-160 至表 2-2-163）。

表 2-2-160　　　　　　　　　　　2015 年 12 月份工资汇总表

财政直接支付（应发数）		各种扣款	
项目	金额	项目	金额
基本工资	261 452.12	失业保险	3 500.00
津贴	165 123.00	住房公积金	49 952.00
退休费	47 858.00	个人所得税	6 000.12
合计	474 433.12	合计	59 452.12

注：各种扣款在财政授权支付的"基本工资"中扣除。

表 2-2-161　　　　　　　　　　　财政直接支付入账通知书

资金性质：预算内　　　　　　2015 年 12 月 7 日　　　　　　编号：B001223-88700-32113

付款人	全称	工商银行财政零余额账户	收款人	全称	北方中等职业学校
	账号	71255698895834		账号	56987125893458
	开户行	工商银行紫荆市支行		开户行	工商银行紫荆市支行
一级预算单位		紫荆市教委	功能分类	类	205 教育
基层预算单位		北方中等职业学校		款	02 普通教育
归口处室		教科文处		项	05 中等教育
结算方式		转账	经济分类		30101 基本工资 30102 津贴
支付金额人民币（大写）		肆拾壹万肆仟玖佰捌拾壹元整			￥ 4 1 4 9 8 1 0 0
用途		工资			
上列款项，已通过国库集中支付系统支付，请据此入账。			备注		原申请号：92313—Z0290 凭证类型：直接支付

表 2-2-162　　　　　　　　　　　记　账　凭　证

　　　　　　　　　　　　　　　　年　月　日　　　　　　　　　　　　　　字第　号

摘要	总账科目	明细科目	借方金额									贷方金额									√
			千	百	十	万	千	百	十	元	角	分	千	百	十	万	千	百	十	元	角	分	
合计																						

财务主管　　　　　记账　　　　　出纳　　　　　审核　　　　　制单

表 2-2-163　　　　　　　　　　记　账　凭　证

年　月　日　　　　　　　　　　　　　　　　　　字第　　号

摘　要	总账科目	明细科目	借方金额 千百十万千百十元角分	贷方金额 千百十万千百十元角分	√
合　计					

财务主管　　　　记账　　　　出纳　　　　审核　　　　制单

附单据　　张

业务 12：2015 年 12 月 8 日，划付由单位代扣代缴的个人所得税（见业务 11），开出财政授权支付凭证，以财政补助收入支付（见表 2-2-164 至表 2-2-166）。

表 2-2-164　　　　　　　　　财政授权支付凭证

资金性质：预算外　　　　2015 年 12 月 8 日　　　　编号：636GQ-00011

付款人	全　称	北方中等职业学校	收款人	全　称	个人所得税（紫荆金库）
	账　号	56987125893458		账　号	54879125863
	开户行	工商银行紫荆市支行		开户行	建行江北支行

一级预算单位	紫荆市教委	功能分类	类	205 教育
基层预算单位	北方中等职业学校		款	02 普通教育
归口处室	教科文处		项	05 中等教育
结算方式	转账	经济分类	30101 基本工资	

支付金额人民币（大写）	陆仟元零壹角贰分	亿千百十万千百十元角分 ￥ 6 0 0 0 1 2

用　途	交 12 月个人所得税

银行盖章：	上述款项已办理 中国工商银行 转（42659）讫 紫荆市支行 年　月　日	经办人： 张喻	备　注

第二联：退预算单位作回单

表 2-2-165

中华人民共和国税收通用缴款书

(20092) 紫地缴电

隶属关系：市　　　　　　　　　　　　　　征收机关：紫荆征收局
注册类型：其他类型　　　　　　填发日期 2015 年 12 月 8 日

缴款单位	代　码	0586931		预算科目	编　码	8203　(20053)　52097695
	全　称	北方中等职业学校			名　称	其他个人所得税
	开户行	工商银行紫荆市支行			级　次	中60% 省15% 市12.5% 区12.5%
	账　号	56987125893458			收款国库	紫荆金库

税款所属时期 2015-12-01 至 2015-12-31　　税款限缴日期 2016 年 1 月 7 日

品目名称	课税数量	计税金额或销售收入	税率或单位税额	应缴税额	已缴或扣除额	实　缴　金　额								
						千	百	十	万	千	百	十	元	角	分
工资薪所得				6 000.12						6	0	0	0	1	2
税　款　小　计															
教育费附加															
堤防费															
平抑副食品价格基金															

中国工商银行转(42659)讫 紫荆市支行

金额合计（大写）　陆仟零佰零拾零元壹角贰分　　　　¥ 6 0 0 0 1 2

缴款单位（人）（盖章）	填票人　杨艳　张璇　康桥所	上列款项已收妥并划转收款单位账户　紫荆金库收(576539)讫	备　注
经办人（章）		国库（银行）盖章　年 月 日	正常一般认定申报

（紫荆市地方税务局 征收专用章）

逾期不缴按税法规定加收滞纳金

表 2-2-166

记　账　凭　证

年　月　日　　　　　　　　　字第　号

摘　要	总账科目	明细科目	借方金额									贷方金额									√
			千	百	十	万	千	百	十	元	角	分	千	百	十	万	千	百	十	元	角	分	
合　计																							

财务主管　　　记账　　　出纳　　　审核　　　制单

业务 13：2015 年 12 月 8 日，向社会保障部门划付从工资中代扣的个人应交的失业保险费（见业务 11），开出财政授权支付凭证，以财政补助收入支付（见表 2-2-167 至表 2-2-169）。

表 2-2-167　　　　　　　　　**财政授权支付凭证**

资金性质：预算内　　　　　　2015 年 12 月 8 日　　　　　　编号：636GQ-00012

付款人	全称	北方中等职业学校	收款人	全称	失业保险金（紫荆金库）
	账号	56987125893458		账号	54879125863
	开户行	工商银行紫荆市支行		开户行	建行江北支行

一级预算单位	紫荆市教委	功能分类	类	205 教育
基层预算单位	北方中等职业学校		款	02 普通教育
归口处室	教科文处		项	05 中等教育
结算方式	转账	经济分类		30101 基本工资

支付金额人民币（大写）	叁仟伍佰元整	亿	千	百	十	万	千	百	十	元	角	分
							¥	3	5	0	0	0	0

用途：交 12 月份失业保险

银行盖章：中国工商银行 转（42659）讫 紫荆市支行　　经办人：张喻

第二联：退预算单位作回单

表 2-2-168　　　　　　　　　**中华人民共和国税收通用缴款书**

　　　　　　　　　　　　　　　　　　　　　　　　　　（20092）紫地缴电

隶属关系：市　　　　　　　　　　　　　　　　　　　征收机关：紫荆征收局
注册类型：其他类型　　　　　填发日期 2015 年 12 月 8 日

缴款单位	代码	0586931	预算科目	编码	8302　（20052）51677970
	全称	北方中等职业学校		名称	失业保险金
	开户行	工商银行紫荆市支行		级次	市 100%
	账号	56987125893458	收款国库		紫荆金库

税款所属时期 2015-12-01 至 2015-12-31　　　　税款限缴日期 2016 年 1 月 7 日

品目名称	课税数量	计税金额或销售收入	税率或单位税额	应缴税额	已缴或扣除额	实缴金额							
						千	百	十	万	千	百	十	元	角	分
失业保险金			0.00						3	5	0	0	0	0
税款小计														
教育费附加														
堤防费			中国工商银行 转（42659）讫 紫荆市支行											
平抑副食品价格基金														

金额合计（大写）　叁仟伍佰零拾零元零角零分　　　　　　　　¥　3 5 0 0 0 0

缴款单位（人）（盖章）	填票人 杨艳	明阳市地方税务局 征收专用章	上列款项已收妥并划转收款		备注
经办人（章）	张璇 康桥所		单位账户	紫荆金库 收（576539）讫	正常一般 认定申报
			国库（银行）盖章　年　月　日		

逾期不缴按税法规定加收滞纳金

第一联（收据）国库（银行）收款盖章后退缴款单位（人）作完税凭证

表 2-2-169　　　　　　　　　　记 账 凭 证

年　月　日　　　　　　　　　　　　　　字第　号

摘　要	总账科目	明细科目	借方金额 千百十万千百十元角分	贷方金额 千百十万千百十元角分	√
合　计					

财务主管　　　　记账　　　　出纳　　　　审核　　　　制单

附单据　张

业务 14： 2015 年 12 月 9 日，向住房资金管理中心划付从工资中代扣的应由个人交纳的住房公积金（见业务 11），开出财政授权支付凭证，以财政补助收入支付（见表 2-2-170 至表 2-2-172）。

表 2-2-170　　　　　　　　　　财政授权支付凭证

资金性质：预算内　　　　　　　2015 年 12 月 9 日　　　　　　　编号：636GQ-00013

付款人	全　称	北方中等职业学校	收款人	全　称	公积金
	账　号	56987125893458		账　号	320105003215
	开户行	工商银行紫荆市支行		开户行	国库
一级预算单位		紫荆市教委	功能分类	类	205 教育
基层预算单位		北方中等职业学校		款	02 普通教育
归口处室		教科文处		项	05 中等教育
结算方式		转账	经济分类		30101 基本工资
支付金额人民币（大写）		肆万玖仟玖佰伍拾贰元整	亿千百十万千百十元角分 ¥ 4 9 9 5 2 0 0		
用　途		交 12 月公积金			
银行盖章	上述款项已办理 中国工商银行 转（42659）讫 紫荆市支行 　年　月　日		经办人：张喻	备　注	

第二联：退预算单位作回单

表 2-2-171

中华人民共和国税收通用缴款书

（20093）紫国公

隶属关系：市
注册类型：其他类型
填发日期 2015 年 12 月 9 日
征收机关：紫荆国税路东所

缴款单位	代 码	0586931			预算科目	编 码	公积金								
	全 称	北方中等职业学校				名 称	公积金								
	开户行	工商银行紫荆市支行				级 次	地（市）级								
	账 号	56987125893458			收款国库		住房公积金专户								

税款所属时期 2015-12-01 至 2015-12-30　　税款限缴日期 2016 年 1 月 7 日

品目名称	课税数量	计税金额或销售收入	税率或单位税额	应缴税额	已缴或扣除额	实缴金额								
						千	百	十	万	千	百	十	元	角	分
住房公积金		249 760.00	0.20	0.00					4	9	9	5	2	0	0
税 款 小 计															
教育费附加															
堤防费															
平抑副食品价格基金															

（中国工商银行转（42659）讫 紫荆市支行）

金额合计（大写）　人民币肆万玖仟玖佰伍拾贰元零角零分　　¥ 4 9 9 5 2 0 0

缴款单位（人）（盖章）经办人（章）	税务机关 紫荆国税 （紫荆市国家税务局征税专用章） 填票人 钟祥	上列款项已收妥并划转收款单位账户 （紫荆金库收（576539）讫） 国库（银行）盖章　年 月 日	备 注 公积金开户行名称： 885326 行号：83831261

逾期不缴按税法规定加收滞纳金

第一联 由收款银行退回缴款单位作缴纳住房公积金的凭证

表 2-2-172

记 账 凭 证

年 月 日　　　　　　　　　　　　　　字第　号

摘 要	总账科目	明细科目	借方金额									贷方金额									√
			千	百	十	万	千	百	十	元	角	分	千	百	十	万	千	百	十	元	角	分	
合 计																						

财务主管　　　记账　　　出纳　　　审核　　　制单

附单据　张

业务 15：2015 年 12 月 10 日，支付临时工工资，开出财政授权支付凭证，以事业收入支付（见表 2-2-173 至表 2-2-175）。

表 2-2-173　　　　　　　　　2015 年 12 月临时工工资汇总表

序号	姓　名	应发工资	扣发数	实发工资	备　注
1	陈雨	500.00	0.00	500.00	
2	范妮	480.00	0.00	480.00	
3	刘纯	520.00	0.00	520.00	
⋮	⋮	⋮	⋮	⋮	
⋮	⋮	⋮	⋮	⋮	
合　计		3 200.00	0.00	3 200.00	

表 2-2-174　　　　　　　　　　　财政授权支付凭证

资金性质：预算外　　　　　　2015 年 12 月 10 日　　　　　　编号：636GQ-00014

付款人	全　称	北方中等职业学校	收款人	全　称	北方中等职业学校
	账　号	56987125893458		账　号	56987125893458
	开户行	工商银行紫荆市支行		开户行	工商银行紫荆市支行

一级预算单位	紫荆市教委	功能分类	类	205 教育
基层预算单位	北方中等职业学校		款	02 普通教育
归口处室	教科文处		项	05 中等教育
结算方式	转账	经济分类		30226 劳务费

支付金额人民币（大写）	叁仟贰佰元整	亿	千	百	十	万	千	百	十	元	角	分
						¥	3	2	0	0	0	0

用　途	支付临时工工资		
	上述款项已办理	备　注	
银行盖章：	中国工商银行 转(42659)讫 紫荆市支行	经办人：张喻	
	年　月　日		

第二联：退预算单位作回单

表 2-2-175　　　　　　　　　　　记　账　凭　证

年　月　日　　　　　　　　　　　　　　　　　　　　　　字第　　号

摘　要	总账科目	明细科目	借方金额										贷方金额										√
			千	百	十	万	千	百	十	元	角	分	千	百	十	万	千	百	十	元	角	分	
合　计																							

财务主管　　　　　记账　　　　　出纳　　　　　审核　　　　　制单

附单据　张

业务 16：2015 年 12 月 10 日，向星火文具用品商店购买文具等办公用品，开出财政授权支付凭证，以事业收入支付。文具验收后当即交付使用（见表 2-2-176 至表 2-2-178）。

表 2-2-176　　　　　　　　　　财政授权支付凭证

资金性质：预算外　　　　　　　2015 年 12 月 10 日　　　　　　　编号：636GQ-00016

付款人	全　称	北方中等职业学校	收款人	全　称	紫荆市星火文具用品商店
	账　号	56987125893458		账　号	860270000000098741
	开户行	工商银行紫荆市支行		开户行	交通银行南京路支行
一级预算单位		紫荆市教委	功能分类	类	205 教育
基层预算单位		北方中等职业学校		款	02 普通教育
归口处室		教科文处		项	05 中等教育
结算方式		转账	经济分类		30201 办公费

支付金额人民币（大写）	贰仟柒佰元整	亿	千	百	十	万	千	百	十	元	角	分
							¥	2	7	0	0	0	0

用途	购文具及油墨

上述款项已办理		备　注	
银行盖章：中国工商银行 转（42659）讫 紫荆市支行 年 月 日	经办人：张喻		

表 2-2-177　　　　　　　紫荆市星火文化用品商店零售发票

　　　　　　　　　　　（第二联：发票联）　　　　　　　　　2015 年 12 月 10 日

品　称	规格	单位	数量	单价	金　额						
					万	千	百	十	元	角	分
文具、油墨						2	7	0	0	0	0
		紫荆市星火文化用品商店 发票专用章									
金额（大写）	人民币贰仟柒佰零拾零元零角零分				¥	2	7	0	0	0	0
备　注											

此联为报销凭证

复核人：　　　　　　　售货人：赵建明

表 2-2-178　　　　　　　　　　　记　账　凭　证

　　　　　　　　　　　　　　　　年 月 日　　　　　　　　　字第　号

摘　要	总账科目	明细科目	借方金额										贷方金额										附单据
			千	百	十	万	千	百	十	元	角	分	千	百	十	万	千	百	十	元	角	分	√
合　计																							

张

财务主管　　　　　记账　　　　　出纳　　　　　审核　　　　　制单

业务17：2015年12月11日，赵鹏报销接待哈尔滨工业大学客人学习交流费用，开出财政授权支付凭证，从财政补助收入中提取现金支付（见表2-2-179至表2-2-182）。

表2-2-179

支出证明单

2015年12月11日

支出科目	摘要	金额							缺乏正式单据之原因
		万	千	百	十	元	角	分	
	接待哈工大客人			3	9	0	0	0	付讫
合计人民币（大写） 叁佰玖拾元零角零分 ¥390.00									

核准：王波　　复核：　　证明：刘念　　经手：赵朋

附原始单据3张

表2-2-180

财政授权支付凭证

资金性质：预算内　　2015年12月11日　　编号：636GQ-00017

付款人	全称	北方中等职业学校	收款人	全称	北方中等职业学校
	账号	56987125893458		账号	56987125893458
	开户行	工商银行紫荆市支行		开户行	工商银行紫荆市支行

一级预算单位	紫荆市教委	功能分类	类	205 教育
基层预算单位	北方中等职业学校		款	02 普通教育
归口处室	教科文处		项	05 中等教育
结算方式	现付	经济分类		30217 招待费

支付金额人民币（大写）	叁佰玖拾元整	亿	千	百	十	万	千	百	十	元	角	分
							¥	3	9	0	0	0

用途	招待费		
银行盖章	上述款项已办理 中国工商银行 转(35897)讫 紫荆市支行 年 月 日	经办人：张喻	备注

第二联：退预算单位作回单

表 2-2-181

中国工商银行
现金支票存根
$\frac{EH}{02}$ 27113557

科　目＿＿＿＿＿＿＿
对方科目＿＿＿＿＿＿＿
出票日期 2015 年 12 月 11 日

收款人：北方中等职业学校
金　额：390.00
用　途：招待费

表 2-2-182

记 账 凭 证

年　月　日　　　　　　　　　　　　　　　　字第　号

摘　要	总账科目	明细科目	借方金额 千百十万千百十元角分	贷方金额 千百十万千百十元角分	√
合　计					

财务主管　　　　记账　　　　出纳　　　　审核　　　　制单

业务 18：2015 年 12 月 11 日，学生韩韵因个人原因申请退学，经学校研究同意其请求。韩韵交回学费缴纳收据，学校向其退学费 2 700 元，开出财政授权支付凭证，从事业收入中提取现金支付（见表 2-2-183 至表 2-2-187）。

表 2-2-183

支 出 证 明 单

2015 年 12 月 11 日

支出科目	摘　要	金　额 万千百十元角分	缺乏正式单据之原因
	退学费	2 7 0 0 0 0	
			付　讫

合计人民币（大写）　贰仟柒佰零拾零元零角零分　￥2 700.00

核准：王波　　　复核：　　　证明：刘念　　　经手：韩韵

表2－2－184　　　　××省非税收入一般缴款书（收据）4　　　No7894158296338

填制日期2015年12月12日　　执收单位名称：北方中等职业学校　　执收单位编号：71101110087　　组织机构代码：44128994557

付款人	全称	韩韵	收款人	全称	紫荆市财政局预算外资金财政专户
	账号			账号	224441010178954
	开户行			开户行	商业银行秦风营业部

币种：人民币　　金额（大写）伍仟肆佰元整　　　　（小写）5 400.00

用途：学费

项目编码	收入项目名称	单位	数量	收缴标准	金额
10327	普通高校学费	生、年	1		5 400.00

执收单位（盖章）：北方中等职业学校财务专用章　　经办人（签章）：　　备注：

校验码：34FA

表2－2－185　　　　　　财政授权支付凭证

资金性质：预算外　　2015年12月12日　　编号：636GQ－00018

付款人	全称	北方中等职业学校	收款人	全称	北方中等职业学校
	账号	56987125893458		账号	56987125893458
	开户行	工商银行紫荆市支行		开户行	工商银行紫荆市支行

一级预算单位	紫荆市教委	功能分类	类	205 教育
基层预算单位	北方中等职业学校		款	02 普通教育
归口处室	教科文处		项	05 中等教育
结算方式	现付	经济分类		

支付金额人民币（大写）	贰仟柒佰元整	亿	千	百	十	万	千	百	十	元	角	分
						¥	2	7	0	0	0	0

用途：退学费

上述款项已办理

银行盖章：中国工商银行转（35897）讫 紫荆市支行　　经办人：张倩　　年　月　日

备注

第二联：退预算单位作回单

表 2-2-186

中国工商银行
现金支票存根

$\dfrac{EH}{02}$ 27113558

科　目 _____
对方科目 _____
出票日期 2015 年 12 月 12 日

| 收款人：北方中等职业学校 |
| 金　额：2 700.00 |
| 用　途：退学费 |

表 2-2-187

记 账 凭 证

年　月　日　　　　　　　　　　　　　　　　　字第　号

摘　要	总账科目	明细科目	借方金额 千百十万千百十元角分	贷方金额 千百十万千百十元角分	√
合　计					

财务主管　　　　记账　　　　出纳　　　　审核　　　　制单

附单据　张

业务 19：2015 年 12 月 13 日，开出财政授权支付凭证，以财政补助收入向市城市路桥收费管理中心支付城市路桥车辆通行费（见表 2-2-188 至表 2-2-191）。

表 2-2-188　　　　　××省非税收入一般缴款书（收据）4　　　　No4157898238963

填制日期 2015 年 12 月 13 日　　执收单位名称：路桥收费管理中心　　执收单位编号：71101110098
　　　　　　　　　　　　　　　　　　　　　　　　　　　　　　　　组织机构代码：44128994585

付款人	全　称	北方中等职业学校	收款人	全　称	紫荆市财政局预算资金财政专户
	账　号	56987125893458		账　号	224441010178954
	开户行	工商银行紫荆市支行		开户行	市商业银行秦风营业部

| 币种：人民币 | 金额（大写）壹仟叁佰玖拾元整 | （小写）1 390.00 |
| 用　途 | | |

项目编码	收入项目名称	单位	数量	收缴标准	金额
	城市路桥车辆通行费（专户）	辆	1		1 390.00

执收单位（盖章）　　　经办人（签章）　　　　　　　备注：

紫荆市城市路桥收费管理中心
非税收入收款专用章

校验码：63TA

表 2-2-189　　　　　　　　　　　　支 出 证 明 单

2015 年 12 月 13 日

支出科目	摘要	金额							缺乏正式单据之原因
		万	千	百	十	元	角	分	
	城市路桥车辆通行费		1	3	9	0	0	0	
合计人民币（大写）　壹仟叁佰玖拾零元零角零分　　　¥ 1 390.00									

核准：王波　　　　　复核：　　　　　证明：刘念　　　　　经手：张生

表 2-2-190　　　　　　　　　　　　财政授权支付凭证

资金性质：预算内　　　　　2015 年 12 月 13 日　　　　　编号：636GQ-00019

付款人	全　称	北方中等职业学校	收款人	全　称	紫荆市财政局预算资金财政专户									
	账　号	56987125893458		账　号	224441010178954									
	开户行	工商银行紫荆市支行		开户行	市商业银行营业部									
一级预算单位		紫荆市教委	功能分类	类	205 教育									
基层预算单位		北方中等职业学校		款	02 普通教育									
归口处室		教科文处		项	05 中等教育									
结算方式		转账	经济分类		30210 交通费									
支付金额人民币（大写）		壹仟叁佰玖拾元整			亿	千	百	十	万	千	百	十	元	角	分
										¥	1	3	9	0	0	0
用　途		城市路桥车辆通行费												
银行盖章：	上述款项已办理 中国工商银行 转（42659）讫 紫荆市支行 年　月　日		经办人：张喻		备　注									

表 2-2-191　　　　　　　　　　　　记 账 凭 证

年　月　日　　　　　　　　　　　　　　　　　　　　　　　　字第　号

摘要	总账科目	明细科目	借方金额									贷方金额									√
			千	百	十	万	千	百	十	元	角	分	千	百	十	万	千	百	十	元	角	分	
合 计																						

财务主管　　　　　记账　　　　　出纳　　　　　审核　　　　　制单

业务20：2015 年 12 月 14 日，向江南家具厂购置讲台，开出财政授权支付凭证，以事业收入支付货款（见表 2-2-192 至表 2-2-195）。

表 2-2-192　　　　　　　　　××省工业企业统一发票
发 票 联

购货单位名称：北方中等职业学校　　　　　　　　　　　　　　2015 年 12 月 14 日

货物及规格	等级	单位	数量	单价	金　额						
					十万	万	千	百	拾	元	角	分
讲台		张	10	510.00		5	1	0	0	0	0
金额（大写）伍仟壹佰零拾零元零角零分					¥	5	1	0	0	0	0
备　注											

开票单位盖章：紫荆市江南家具厂发票专用章　　收款人：0056　　开票人：吕永开

②客户收执

表 2-2-193　　　　　　　　　　　财政授权支付凭证

资金性质：预算外　　　　　　2015 年 12 月 14 日　　　　　编号：636GQ-00020

付款人	全　称	北方中等职业学校	收款人	全　称	紫荆市江南家具厂
	账　号	56987125893458		账　号	8104-8835
	开户行	工商银行紫荆市支行		开户行	工商银行紫荆市支行
一级预算单位		紫荆市教委	功能分类	类	205 教育
基层预算单位		北方中等职业学校		款	02 普通教育
归口处室		教科文处		项	05 中等教育
结算方式		转账	经济分类		31003 专用设备购置费
支付金额人民币（大写）		伍仟壹佰元整	亿千百十万千百十元角分		¥510000
用途		购讲台			
银行盖章：中国工商银行转(42659)讫 紫荆市支行　年　月　日		上述款项已办理 经办人：张喻	备　注		

第二联：退预算单位作回单

表 2－2－194

记 账 凭 证

年　月　日　　　　　　　字第　号

摘　要	总账科目	明细科目	借方金额 千百十万千百十元角分	贷方金额 千百十万千百十元角分	√
合　计					

财务主管　　　记账　　　出纳　　　审核　　　制单

表 2－2－195

记 账 凭 证

年　月　日　　　　　　　字第　号

摘　要	总账科目	明细科目	借方金额 千百十万千百十元角分	贷方金额 千百十万千百十元角分	√
合　计					

财务主管　　　记账　　　出纳　　　审核　　　制单

业务 21：2015 年 12 月 14 日，向明阳保健食品有限责任公司购买节日物资，开出财政授权支付凭证，以财政补助收入支付货款（见表 2－2－196 至表 2－2－198）。

表 2－2－196　　　　　××省工业企业统一发票

发　票　联

2015 年 12 月 14 日

购货单位名称：北方中等职业学校

货物及规格	等级	单位	数量	单价	金　额 十万千百十元角分
E20		提	280	30	8 4 0 0 0 0
F20		提	280	30	8 4 0 0 0 0
金额（大写）拾壹万陆仟捌佰零拾零元零角零分					1 6 8 0 0 0 0
备　注					

开票单位盖章：明阳保健食品有限责任公司发票专用章　　　　收款人：李文　　　　开票人：杨嵩

表 2-2-197　　　　　　　　　财政授权支付凭证

资金性质：预算内　　　　　　2015 年 12 月 15 日　　　　　　编号：636GQ-00021

付款人	全称	北方中等职业学校	收款人	全称	明阳保健食品有限责任公司
	账号	56987125893458		账号	5856978412365897
	开户行	工商银行紫荆市支行		开户行	建行洪山支行

一级预算单位	紫荆市教委	功能分类	类	205 教育
基层预算单位	北方中等职业学校		款	02 普通教育
归口处室	教科文处		项	05 中等教育
结算方式	转账	经济分类		30229 福利费

支付金额人民币（大写）	壹万陆仟捌佰元整	亿	千	百	十	万	千	百	十	元	角	分
						¥1	6	8	0	0	0	0

用途	购节日物资

银行盖章：	上述款项已办理　中国工商银行 转(42659)讫 紫荆市支行　年　月　日	经办人： 张喻	备注	

第二联：退预算单位作回单

表 2-2-198　　　　　　　　　　记　账　凭　证

　　　　　　　　　　　　　　　　　　年　月　日　　　　　　　　　　　　　字第　号

摘要	总账科目	明细科目	借方金额										贷方金额										√
			千	百	十	万	千	百	十	元	角	分	千	百	十	万	千	百	十	元	角	分	
合计																							

财务主管　　　　　记账　　　　　出纳　　　　　审核　　　　　制单

附单据　张

业务 22：2015 年 12 月 15 日，以学校事业收入直接支付电费（见表 2-2-199 至表 2-2-201）。

表 2-2-199　　　　　××省电力公司电费发票　　　　×国税 A (2009)

（第二联：发票）　　　No. 1041579

户号：00894007　　　收款日期 2015 年 12 月 15 日　　　客户申请号：12789255455

户名	北方中等职业学校				地址	南区林荫大道320号	
款项性质	电费						
用电信息及收费详情		平段	峰段	谷段	无功	收费项目	单价	金额
	止码	43 489				平段电荷	0.6232	12 464.00
	起码	23 489				计费电量		20 000
	倍率	1				还贷基金	0.0200	400.00
	电量	20 000				库区基金	0.0020	40.00
						城镇附加	0.0100	200.00
						农网维护	0.0188	376.00
合计金额（大写）壹万叁仟肆佰捌拾元整					合计金额（小写）￥13 480.00		

收费专用章：××省电力公司紫荆供电公司发票专用章

收款人：3303　　开票人：3303　　合同号：57W58741

第二联：付款方报销凭证

表 2-2-200　　　　　财政直接支付入账通知书

资金性质：预算外　　　2015 年 12 月 15 日　　　编号：B001223-88700-07657

付款人	全称	工商银行财政零余额账户	收款人	全称	××省电力公司紫荆供电公司
	账号	71255698895834		账号	996-000147-0058
	开户行	工商银行紫荆市支行		开户行	招商银行紫荆市支行
一级预算单位		紫荆市教委	功能分类	类	205 教育
基层预算单位		北方中等职业学校		款	02 普通教育
归口处室		教科文处		项	05 中等教育
结算方式		转账	经济分类		30206 电费
支付金额人民币（大写）		壹万叁仟肆佰捌拾元整	亿 千 百 十 万 千 百 十 元 角 分 ￥ 1 3 4 8 0 0 0		
用途		付电费			
上列款项，已通过国库集中支付系统支付，请据此入账。 年 月 日			备注 原申请号：92313—Z0290 凭证类型：直接支付		

表 2-2-201　　　　　　　　　　记　账　凭　证

年　月　日　　　　　　　　　　　字第　号

摘　要	总账科目	明细科目	借方金额 千百十万千百十元角分	贷方金额 千百十万千百十元角分	√
合　计					

财务主管　　　　记账　　　　出纳　　　　审核　　　　制单

附单据　张

业务 23：2015 年 12 月 15 日，以财政补助收入直接支付雨阳物业管理公司物业管理费（见表 2-2-202 至表 2-2-204）。

表 2-2-202　　　　　　　　　**紫荆市服务业统一发票**

发　票　联

2015 年 12 月 15 日

付款方名称	北方中等职业学校			收款方名称		雨阳物业管理有限公司									
摘　要	项　目	单　位	数　量	单　价		金　额									
					千	百	十	万	千	百	十	元	角	分	
11月份物业管理费	保洁员劳务费						1	0	7	0	0	0	0	0	
合计（大写）壹万零柒佰元整						¥	1	0	7	0	0	0	0	0	

第二联：发票

开票人：钱明　　　　　　　收款人：钱明　　　　　　　（收款方盖章有效）　雨阳物业管理公司发票专用章

表 2-2-203　　　　　　　　**财政直接支付入账通知书**

资金性质：预算内　　　　2015 年 12 月 15 日　　　　编号：B001223-88700-07660

付款人	全　称	工商银行财政零余额账户	收款人	全　称	雨阳物业管理有限公司
	账　号	71255698895834		账　号	8014500580454701
	开户行	工商银行紫荆市支行		开户行	建设银行
一级预算单位		紫荆市教委	功能分类	类	205 教育
基层预算单位		北方中等职业学校		款	02 普通教育
归口处室		教科文处		项	05 中等教育
结算方式		转账	经济分类		30209 物业管理费
支付金额人民币（大写）		壹万零柒佰元整	亿千百十万千百十元角分 ¥ 1 0 7 0 0 0 0		
用　途		物业管理费			
上列款项，已通过国库集中支付系统支付，请据此入账。 　　　　年　月　日			备　注 原申请号：92313—Z0290 凭证类型：直接支付		

紫荆市财政局国库收付分局

表 2-2-204

记 账 凭 证

年 月 日　　　　　　　　　　　　　　　　字第　　号

摘要	总账科目	明细科目	借方金额 千百十万千百十元角分	贷方金额 千百十万千百十元角分	√
合　计					

财务主管　　　　　记账　　　　　出纳　　　　　审核　　　　　制单

附单据　　张

业务 24：2015 年 12 月 15 日，通过政府采购购置教学用电脑及显示器，以学校事业收入直接支付（见表 2-2-205 至表 2-2-208）。

表 2-2-205　　　　　　　　　　××省增值税普通发票

购货单位：北方中等职业学校　　　　发 票 联　　　　　　2015 年 12 月 16 日

品名及规格	货款或劳务	单位	数量	单价	金　额
商祺 N260-160		台	50	4 600.00	230 000.00
17″纯平显示器		台	50	400.00	20 000.00
	紫荆市办公用品定点采购专用章 紫荆市政府采购中心				
金额合计（大写）贰拾伍万元整					￥250 000.00
备注：					
单位盖章：现代系统集成有限责任公司发票专用章	复核人：		收款人：李甜		开票人：刘强

② 付款方报销凭证

表 2-2-206　　　　　　　　　**财政直接支付入账通知书**

资金性质：预算外　　　2015 年 12 月 16 日　　　　编号：B001223-88700-07661

付款人	全　称	工商银行财政零余额账户	收款人	全　称	现代系统集成有限责任公司
	账　号	71255698895834		账　号	578411290008
	开户行	工商银行紫荆市支行		开户行	工商银行
一级预算单位		紫荆市教委	功能分类	类	205 教育
基层预算单位		北方中等职业学校		款	02 普通教育
归口处室		教科文处		项	05 中等教育
结算方式		转账	经济分类		31003 专用设备购置费
支付金额人民币（大写）		贰拾伍万元整		亿千百十万千百十元角分 ￥ 2 5 0 0 0 0 0 0	
用　途		专用设备购置			
上列款项，已通过国库集中支付系统支付，请据此入账。 　　　　　年　　月　　日			备　注 原申请号：92313-Z0290 凭证类型：直接支付		

（紫荆市财政局 国库收付分局 印章）

表 2-2-207

记 账 凭 证

年 月 日 　　　　　　　　　　　字第　号

摘 要	总账科目	明细科目	借方金额 千百十万千百十元角分	贷方金额 千百十万千百十元角分	√
合 计					

财务主管　　　　　记账　　　　　出纳　　　　　审核　　　　　制单

附单据　张

表 2-2-208

记 账 凭 证

年 月 日 　　　　　　　　　　　字第　号

摘 要	总账科目	明细科目	借方金额 千百十万千百十元角分	贷方金额 千百十万千百十元角分	√
合 计					

财务主管　　　　　记账　　　　　出纳　　　　　审核　　　　　制单

附单据　张

业务 25：2015 年 12 月 16 日，收到吴欣交来门面租金，填现金缴款单缴财政往来专户（见表 2-2-209 至表 2-2-211）。

表 2-2-209　　　　　　　　××省行政事业单位收款收据　　　　　　　　6953801

2015 年 12 月 16 日　　（2009）

今收到　吴欣　　　　　　　　　　　　　　系付　门面租金

人民币（大写）壹仟贰佰元整　　　　　　　　　　　¥1 200.00

收款单位（公章）[北方中等职业学校 财务专用章]　　　会计（章）　　　收款人（章）张奕

第三联：记账凭证

说明：本收据用于行政事业单位之间、系统内部及单位与个人之间非经营性往来款项的结算。

本收据禁止用于收取行政事业性收费、政府性基金。

表 2-2-210　　　　　　　　　　中国工商银行现金交款单

账别：　　　　　　　　　　　　2015 年 12 月 16 日　　　　　　　　　　　　　　　No.0063959

交款单位	吴欣							收款单位		北方中等职业学校							
款项来源	门面租金							账号		125618210208556		开户银行			紫荆市支行		
大写金额	人民币壹仟贰佰元整							拾亿	千	百	十	万	千	百	十	元	角	分
													1	2	0	0	0	0
券别	壹佰元	伍拾元	贰拾元	拾元	伍元	贰元	壹元	伍角	贰角	壹角	伍分	贰分	壹分	合计金额		收款银行盖章 年 月 日		
整把券																		
零张券																		

第一联：银行盖章后退收款单位

客户须知：
1. 提交本凭证前，请客户确认填写内容完整、无误。
2. 客户保证所交款项来源合法。

复核：　　　　　经办：

表 2-2-211　　　　　　　　　　　　　记　账　凭　证

　　　　　　　　　　　　　　　　　　　　年　月　日　　　　　　　　　　　　　字第　号

摘　要	总账科目	明细科目	借方金额										贷方金额									√
			千	百	十	万	千	百	十	元	角	分	千	百	十	万	千	百	十	元	角	分
合　计																						

财务主管　　　　记账　　　　出纳　　　　审核　　　　制单

附单据　张

业务 26：2015 年 12 月 17 日，收到财政拨入的下岗职工再就业培训款（见表 2-2-212 至表 2-2-213）。

表 2-2-212　　　　　　　　　　财政性资金专用拨款书

　　　　　　　　　　　　　　拨款日期：2015 年 12 月 17 日　　　　　　　（2004）№25843369

付款人	全　称	紫荆市再就业资金专户		收款人	全　称	北方中等职业学校								
	账　号	4210587954561222			账　号	125618210208566								
	开户行	交行营业部			开户行	工商银行紫荆市支行								
拨款金额	人民币叁拾贰万壹仟元整					亿	千	百	十	万	千	百	十	元	角	分
							¥	3	2	1	0	0	0	0	0
用　途	培训补贴														
财政盖章	（紫荆市财政局财务专用章 财务章）		负责人章 向梅 经手人章 王欣		收款单位开户行转账日期　年　月　日 中国工商银行 转（42659）讫 紫荆市支行 （收款单位开户银行盖章）	复核员 记账员　　　　月　日								

第四联：银行盖章 此联由收款单位开户银行盖章转交收款单位开户

表 2-2-213　　　　　　　　　记　账　凭　证

年　月　日　　　　　　　　　　　　　字第　号

摘　要	总账科目	明细科目	借方金额										贷方金额										√
			千	百	十	万	千	百	十	元	角	分	千	百	十	万	千	百	十	元	角	分	
合　计																							

财务主管　　　　　　记账　　　　　　出纳　　　　　　审核　　　　　　制单

附单据　张

业务 27：2015 年 12 月 18 日，收到学生罗欢交来的书抄费，填现金缴款单缴预算外资金财政专户（见表 2-2-214 至表 2-2-216）。

表 2-2-214　　　　　××省行政事业单位收款收据　　　　　　　　6 953 825

2015 年 12 月 18 日　（2009）

今收到　罗欢　　　　　　　　　　　　　　系付　书抄费

人民币（大写）伍佰元整　　　　　　　　　　　　¥500.00

收款单位（公章）北方中等职业学校财务专用章　　　会计（章）　　收款人（章）张奕

第三联：记账凭证

说明：本收据用于行政事业单位之间、系统内部及单位与个人之间非经营性往来款项的结算。
　　　本收据禁止用于收取行政事业性收费、政府性基金。

表 2-2-215　　　　　　中国工商银行现金交款单

2015 年 12 月 18 日　　　　　　　　　　　　　　　No.0063960

账别：

交款单位	罗欢							收款单位	北方中等职业学校								
款项来源	书抄费							账号	125618210208556			开户银行	紫荆市支行				
大写金额	（币种）人民币伍佰元整							拾亿	千	百	十	万	千	百	十	元	角	分
													5	0	0	0	0
券别	壹佰元	伍拾元	贰拾元	拾元	伍元	贰元	壹元	伍角	贰角	壹角	伍分	贰分	壹分	合计金额				
														收款银行盖章　　年　月　日				
整把券																		
零张券																		

（现金讫章　中国工商银行紫荆市支行　2015.12.18）

客户须知　1. 提交本凭证前，请客户确认填写内容完整、无误。
　　　　　2. 客户保证所交款项来源合法。　　　　　　　　　复核：　　　　经办：

第一联：银行盖章后退收款单位

表 2-2-216　　　　　　　　　　记　账　凭　证

年　月　日　　　　　　　　　　　　　字第　号

摘　要	总账科目	明细科目	借方金额 千百十万千百十元角分	贷方金额 千百十万千百十元角分	√
合　计					

附单据　　张

财务主管　　　　　记账　　　　　出纳　　　　　审核　　　　　制单

业务 28：2015 年 12 月 18 日，收到流星足球队交来的足球场租金，填现金缴款单缴财政往来专户（见表 2-2-217 至表 2-2-219）。

表 2-2-217　　　　　　××省行政事业单位收款收据　　　　　　6953828

2015 年 12 月 20 日　　（2009）

今收到　流星足球学校　　　　　　　　　　系付　足球场租金

人民币（大写）　叁仟贰佰元整　　　　　　　￥3 200.00

收款单位（公章）　北方中等职业学校财务专用章　　会计（章）　　收款人（章）张奕

第三联：记账凭证

说明：本收据用于行政事业单位之间、系统内部及单位与个人之间非经营性往来款项的结算。
本收据禁止用于收取行政事业性收费、政府性基金。

表 2-2-218　　　　　　　中国工商银行现金交款单

账别：　　　　　　　2015 年 12 月 20 日　　　　　　　No.0063961

交款单位	流星足球学校	收款单位	北方中等职业学校		
款项来源	球场租金	账号	125618210208556	开户银行	
大写金额	（币种）人民币叁仟贰佰元整			拾亿千百十万千百十元角分 3 2 0 0 0 0	
券别	壹伍贰拾伍壹贰壹伍壹 佰拾拾元元元元角角分分分 元元元		合计金额	收款银行盖章　年　月　日	
整把券					
零张券					

第一联：银行盖章后退收款单位

客户须知：
1. 提交本凭证前，请客户确认填写内容完整、无误。
2. 客户保证所交款项来源合法。　　　　　复核：　　　　　经办：

表 2-2-219

记 账 凭 证

年 月 日　　　　　　　　　　　　　　字第　号

摘要	总账科目	明细科目	借方金额	贷方金额	√
			千百十万千百十元角分	千百十万千百十元角分	
合计					

财务主管　　　　记账　　　　出纳　　　　审核　　　　制单

业务29：2015年12月22日，收到职工陈凯交回差旅费欠款，填现金缴款单送存银行（见表2-2-220至表2-2-222）。

表 2-2-220　　　　　××省行政事业单位收款收据　　　　　5386927
2015年12月22日　（2009）

今收到　陈凯　　　　　　　　　　　　　　　　系付　差旅费欠款

人民币（大写）壹仟元整　　　　　　　　　　¥1 000.00

收款单位（公章）[北方中等职业学校 财务专用章]　　会计（章）　　收款人（章）张奕

说明：本收据用于行政事业单位之间、系统内部及单位与个人之间非经营性往来款项的结算。
　　　本收据禁止用于收取行政事业性收费、政府性基金。

表 2-2-221　　　　**中国工商银行现金交款单**

账别：　　　　　　2015年12月22日　　　　　　　　　No.0063961

交款单位	陈凯			收款单位	北方中等职业学校		
款项来源	差旅费欠款			账号	56987125893458	开户银行	工商银行紫荆市分行
大写金额	（币种）人民币壹仟元整				拾亿 千 百 十 万 千 百 十 元 角 分		
					¥　　　　　 1 0 0 0 0 0		
券别	壹佰元 伍拾元 贰拾元 拾元 伍元 贰元 壹元 伍角 贰角 壹角 伍分 贰分 壹分				合计金额	收款银行盖章	
整把券							年　月　日
零张券							

客户须知：1. 提交本凭证前，请客户确认填写内容完整、无误。
　　　　　2. 客户保证所交款项来源合法。　　　　　　　复核：　　　　　经办：

表 2-2-222　　　　　　　　　　　记　账　凭　证
　　　　　　　　　　　　　　　　　　年　月　日　　　　　　　　　　　　　　　字　第　号

摘要	总账科目	明细科目	借方金额 千百十万千百十元角分	贷方金额 千百十万千百十元角分	√
合　计					

财务主管　　　　记账　　　　出纳　　　　审核　　　　制单

附单据　　张

业务30：2015年12月24日，购买无尘粉笔，验收后交付使用，签发财政授权支付凭证，以财政补助收入付款（见表2-2-223至表2-2-225）。

表 2-2-223　　　　　　　　　　财政授权支付凭证
　　　资金性质：预算内　　　　　　　2015年12月24日　　　　　　　编号：636GQ-00022

付款人	全　称	北方中等职业学校	收款人	全　称	文韬文化用品商品
	账　号	56987125893458		账　号	17-10678991145876
	开户行	工商银行紫荆市支行		开户行	农行崇仁支行458973

一级预算单位	紫荆市教委	功能分类	款	205 教育
基层预算单位	北方中等职业学校		项	02 普通教育
归口处室	教科文处		类	05 中等教育
结算方式	转账	经济分类		30218 专用材料费

支付金额人民币（大写）	壹仟柒佰元整	亿千百十万千百十元角分 ￥1 7 0 0 0 0

用　途	购无尘粉笔

银行盖章：	上述款项已办理 中国工商银行 转(46529)讫 紫荆市支行 年　月　日	经办人：张喻	备　注

表 2-2-224　　　　　　　　　××省商品零售统一发票　　　　　国税 A（2003）

发 票 联　　　　　　　　　　　　　　　　No. 2962596

购货单位：北方中等职业学校　　　　　　　　　　　　　　　　2015 年 12 月 24 日

货物名称	规格	单位	数量	单价	金　额							
					万	仟	佰	拾	元	角	分
无尘粉笔		箱	25	68.00		1	7	0	0	0	0
	文韬文化用品商店 发票专用章										
金额（大写）　壹仟柒佰零拾零元零角零分					¥	1	7	0	0	0	0
备注：											

表 2-2-225　　　　　　　　　　记　账　凭　证

　　　　　　　　　　　　　　　年　月　日　　　　　　　　　　　　　　　　字第　号

摘　要	总账科目	明细科目	借方金额										贷方金额										√
			千	百	十	万	千	百	十	元	角	分	千	百	十	万	千	百	十	元	角	分	
合　计																							

财务主管　　　　　　　记账　　　　　　　出纳　　　　　　　审核　　　　　　　制单

业务 31：2015 年 12 月 25 日，付水费，以学校事业收入直接支付（见表 2-2-226 至表 2-2-228）。

表 2-2-226　　　　　　　　　　财政直接支付入账通知书

资金性质：预算外　　　　　　　　　2015 年 12 月 25 日　　　　　编号：B001223-88700-32318

付款人	全　称	工商银行财政零余额账户	收款人	全　称	紫荆市水务集团
	账　号	71255698895834		账　号	89457210000796
	开户行	工商银行紫荆市支行		开户行	商业银行北湖支行
一级预算单位		紫荆市教委	功能分类	款	205 教育
基层预算单位		北方中等职业学校		款	02 普通教育
归口处室		教科文处		项	05 中等教育
结算方式		转账	经济分类		30205 水费

支付金额人民币（大写）	贰万玖仟壹佰叁拾陆元伍角壹分	亿	千	百	十	万	千	百	十	元	角	分
						¥	2	9	1	3	6	5	1

用　途	付水费

上列款项，已通过国库集中支付系统支付，请据　　　　　　　备　注
此入账。
　　年　月　日　　　　　　　　　　　　　　　　　原申请号：92313-Z0290
　　　　　　　　　　　　　　　　　　　　　　　　凭证类型：直接支付

表 2-2-227　　　　　　**紫荆市水务集团有限公司水费发票**

G410104312201　　　　　　　　　　发　票　联

开票时间：2015-12-25

用户名称	北方中等职业学校			用户代码	048888158			
用户地址	和平大道113号			批　号				
月份	起码	止码	水量	水费单价	水费	资源费单价	资源费	滞纳金　小计
200501	482203	014011	35971	0.80	28 776.80	0.01	359.71	0.00　29 136.51

应收（大写）贰万玖仟壹佰叁拾陆元伍角壹分　　　¥ 29 136.51

实收 29 136.51　　　　　上期余额 0.00　　　　　本欺余额 0.00

　　　　　　　　　　　　　　　　　　　　　　　　　　收费员：E062

②此联作报销凭证

表 2-2-228　　　　　　　　　　记　账　凭　证

　　　　　　　　　　　　　　　年　月　日　　　　　　　　　　　字第　号

摘　要	总账科目	明细科目	借方金额 千百十万千百十元角分	贷方金额 千百十万千百十元角分	√
合　计					

财务主管　　　　记账　　　　出纳　　　　审核　　　　制单

附单据　张

业务32：2015年12月26日，收到苗苗幼儿园交来礼堂租金（转账支票，支票号码4495），填进账单缴入财政往来专户（见表2-2-229至表2-2-231）。

表 2-2-229　　　　　　××省行政事业单位收款收据　　　　　　6953830

　　　　　　　　　　　2015年12月26日　　（2009）

今收到	苗苗幼儿园	系付	礼堂租金
人民币（大写）肆仟元整		¥ 4 000.00	
收款单位（公章）北方中等职业学校 财务专用章		会计（章）	收款人（章）张奕

第三联：记账凭证

说明：本收据用于行政事业单位之间、系统内部及单位与个人之间非经营性往来款项的结算。

　　　本收据禁止用于收取行政事业性收费、政府性基金。

表 2-2-230

中国工商银行进账单（收账通知）

2015 年 12 月 23 日

支票号码：4495　　　　　　　　　　　　　　　3

收款人	全 称	北方中等职业学校
	账 号	125618210208566
	开户银行	工商银行紫荆市支行

人民币	千	百	十	万	千	百	十	元	角	分
				¥	4	0	0	0	0	0

出票人	全 称	苗苗幼儿园
	账 号	002-331-8957
	开户银行	建设银行梅苑分理处

票据种类	转	票据张数	1

收款人开户银行盖章　中国工商银行
转（42659）讫
紫荆市支行

表 2-2-231

记 账 凭 证

年 月 日　　　　　　　　　　　　　　字第　号

摘 要	总账科目	明细科目	借方金额	贷方金额	√
			千百十万千百十元角分	千百十万千百十元角分	
合 计					

财务主管　　　记账　　　出纳　　　审核　　　制单

附单据　张

业务 33：2015 年 12 月 26 日，向云海科技有限公司购进网络安全设备（属项目预算），款项由学校事业收入直接支付（见表 2-2-232 至表 2-2-235）。

表 2-2-232

××省增值税普通发票

发 票 联

品名及规格	货款或劳务	单位	数量	单价	金额
网络安全设备购置					196 000.00
	紫荆市办公用品定点采购专用章				
金额合计（大写）壹拾玖万陆仟元整	紫荆市政府采购中心				¥196 000.00
备注：					

单位盖章：云海科技有限责任公司发票专用章　　复核人：　　收款人：李甜　　开票人：刘博

表 2-2-233　　　　　　　　**财政直接支付入账通知书**

资金性质：预算外　　　　　　2015 年 12 月 26 日　　　　　　编号：B001223-88700-07682

付款人	全 称	工商银行财政零余额账户	收款人	全 称	利玛科技有限责任公司
	账 号	71255698895834		账 号	8587945121140001
	开户行	工商银行紫荆市支行		开户行	工商银行

一级预算单位	紫荆市教委	功能分类	类	205 教育
基层预算单位	北方中等职业学校		款	02 普通教育
归口处室	教科文处		项	05 中等教育
结算方式	转账	经济分类		30205 水费

支付金额人民币（大写）	壹拾玖万陆仟元整	亿	千	百	十	万	千	百	十	元	角	分
			¥	1	9	6	0	0	0	0	0	0

用 途	专用设备购置

上列款项，已通过国库集中支付系统支付，请据此入账。

备　注
原申请号：92313—Z0290
凭证类型：直接支付

年　月　日

表 2-2-234　　　　　　　　**记　账　凭　证**

年　月　日　　　　　　　　　　字第　号

摘 要	总账科目	明细科目	借方金额										贷方金额										√
			千	百	十	万	千	百	十	元	角	分	千	百	十	万	千	百	十	元	角	分	
合　计																							

财务主管　　　　记账　　　　出纳　　　　审核　　　　制单

表 2-2-235　　　　　　　　**记　账　凭　证**

年　月　日　　　　　　　　　　字第　号

摘 要	总账科目	明细科目	借方金额										贷方金额										√
			千	百	十	万	千	百	十	元	角	分	千	百	十	万	千	百	十	元	角	分	
合　计																							

财务主管　　　　记账　　　　出纳　　　　审核　　　　制单

业务34：2015年12月31日，月末计提固定资产折旧（见表2-2-236至表2-2-237）。

表2-2-236 固定资产折旧计算表
2015年12月31日

固定资产类别	月初应计折旧的固定资产原值	月综合折旧率‰	月折旧额
房屋	200 000 000.00	0.42‰	840 000.00
电子设备	84 000 000.00	2.78‰	2 335 200.00
汽车	300 000.00	1.67‰	5 010.00
合计	284 300 000.00		3 180 210.00

制表：孟林　　　　　　　　　　　　　　　　　　审核：李明

表2-2-237 记 账 凭 证
年 月 日　　　　　　　　　　字第　号

摘　要	总账科目	明细科目	借方金额 千百十万千百十元角分	贷方金额 千百十万千百十元角分	√
合　计					

财务主管　　　　记账　　　　出纳　　　　审核　　　　制单

附单据　张

第二环节：账簿登记和月报编制练习。根据上述记账凭证登记总账，总账登记完后进行月度结账，结出"本月合计"和"本月止累计"，根据"本月止累计"数编制12月份的资产负债表。

1. 登记总账（见表2-2-238至表2-2-250）

表 2-2-238

2015年		凭证号	摘要	借方金额									贷方金额									借或贷	余额								
月	日			千	百	十	万	千	百	十	元	角	分	千	百	十	万	千	百	十	元	角	分		千	百	十	万	千	百	十	元	角	分

表 2-2-239

2015年		凭证号	摘要	借方金额										贷方金额										借或贷	余额									
月	日			千	百	十	万	千	百	十	元	角	分	千	百	十	万	千	百	十	元	角	分		千	百	十	万	千	百	十	元	角	分

表 2-2-240

2015年		凭证号	摘要	借方金额										贷方金额										借或贷	余额									
月	日			千	百	十	万	千	百	十	元	角	分	千	百	十	万	千	百	十	元	角	分		千	百	十	万	千	百	十	元	角	分

表 2-2-241

2015年		凭证号	摘要	借方金额										贷方金额										借或贷	余额									
月	日			千	百	十	万	千	百	十	元	角	分	千	百	十	万	千	百	十	元	角	分		千	百	十	万	千	百	十	元	角	分

表 2-2-242

2015年		凭证号	摘要	借方金额										贷方金额										借或贷	余额									
月	日			千	百	十	万	千	百	十	元	角	分	千	百	十	万	千	百	十	元	角	分		千	百	十	万	千	百	十	元	角	分

表 2-2-243

2015年		凭证号	摘要	借方金额										贷方金额										借或贷	余额									
月	日			千	百	十	万	千	百	十	元	角	分	千	百	十	万	千	百	十	元	角	分		千	百	十	万	千	百	十	元	角	分

表 2-2-244

2015年		凭证号	摘要	借方金额										贷方金额										借或贷	余额									
月	日			千	百	十	万	千	百	十	元	角	分	千	百	十	万	千	百	十	元	角	分		千	百	十	万	千	百	十	元	角	分

表 2-2-245

2015年		凭证号	摘要	借方金额									贷方金额									借或贷	余额								
月	日			千	百	十	万	千	百	十	元	角	分	千	百	十	万	千	百	十	元	角	分		千	百	十	万	千	百	十	元	角	分

表 2-2-246

2015年		凭证号	摘要	借方金额									贷方金额									借或贷	余额								
月	日			千	百	十	万	千	百	十	元	角	分	千	百	十	万	千	百	十	元	角	分		千	百	十	万	千	百	十	元	角	分

表 2-2-247

2015年		凭证号	摘要	借方金额										贷方金额										借或贷	余额									
月	日			千	百	十	万	千	百	十	元	角	分	千	百	十	万	千	百	十	元	角	分		千	百	十	万	千	百	十	元	角	分

表 2-2-248

2015年		凭证号	摘要	借方金额										贷方金额										借或贷	余额									
月	日			千	百	十	万	千	百	十	元	角	分	千	百	十	万	千	百	十	元	角	分		千	百	十	万	千	百	十	元	角	分

表 2-2-249

2015 年		凭证号	摘要	借方金额										贷方金额										借或贷	余额									
月	日			千	百	十	万	千	百	十	元	角	分	千	百	十	万	千	百	十	元	角	分		千	百	十	万	千	百	十	元	角	分

表 2-2-250

2015 年		凭证号	摘要	借方金额										贷方金额										借或贷	余额									
月	日			千	百	十	万	千	百	十	元	角	分	千	百	十	万	千	百	十	元	角	分		千	百	十	万	千	百	十	元	角	分

2. 编制资产负债表月报（见表 2-2-251）

表 2-2-251　　　　　　　　　　资 产 负 债 表　　　　　　　　　　会事业 01 表
编制单位：　　　　　　　　　　＿＿年＿＿月＿＿日　　　　　　　　　　单位：元

资　产	期末余额	年初余额	负债和净资产	期末余额	年初余额
流动资产：			流动负债：		
货币资金			短期借款		
短期投资			应缴税费		

续表

资　　产	期末余额	年初余额	负债和净资产	期末余额	年初余额
财政应返还额度			应缴国库款		
应收票据			应缴财政专户款		
应收账款			应付职工薪酬		
预付账款			应付票据		
其他应收款			应付账款		
存货			预收账款		
其他流动资产			其他应付款		
流动资产合计			其他流动负债		
非流动资产：			流动负债合计		
长期投资			非流动负债：		
固定资产			长期借款		
固定资产原价			长期应付款		
减：累计折旧			非流动负债合计		
在建工程			负债合计		
无形资产			净资产：		
无形资产原价			事业基金		
减：累计摊销			非流动资产基金		
待处置资产损溢			专用基金		
非流动资产合计			财政补助结转		
			财政补助结余		
			非财政补助结转		
			非财政补助结余		
			1. 事业结余		
			2. 经营结余		
			净资产合计		
资产总计			负债和净资产总计		

第二部分：年终业务账务处理。在月结的基础上办理年终转账并结束旧账，编制年报（资产负债表、收入支出表）。

第一环节：年终转账业务练习。填制年终转账的记账凭证，并登记相应的总账，同时结束旧账（总账账页见第二环节）（见表 2-2-252 至表表 2-2-254）。

表 2-2-252

记 账 凭 证

年 月 日　　　　　　　　　　　　字第　号

摘　要	总账科目	明细科目	借方金额									贷方金额									√
			千	百	十	万	千	百	十	元	角	分	千	百	十	万	千	百	十	元	角	分	
合　计																							

附单据　张

财务主管　　　　　记账　　　　　出纳　　　　　审核　　　　　制单

表 2-2-253

记 账 凭 证

年 月 日　　　　　　　　　　　　字第　号

摘　要	总账科目	明细科目	借方金额									贷方金额									√
			千	百	十	万	千	百	十	元	角	分	千	百	十	万	千	百	十	元	角	分	
合　计																							

附单据　张

财务主管　　　　　记账　　　　　出纳　　　　　审核　　　　　制单

表 2-2-254

记 账 凭 证

年 月 日　　　　　　　　　　　　字第　号

摘　要	总账科目	明细科目	借方金额									贷方金额									√
			千	百	十	万	千	百	十	元	角	分	千	百	十	万	千	百	十	元	角	分	
合　计																							

附单据　张

财务主管　　　　　记账　　　　　出纳　　　　　审核　　　　　制单

第二环节：年报编制练习。根据转账后的各有关总账的余额编制年报，即转账后的资产负债表、收入支出表、财政补助收入支出表（见表 2-2-255 至表表 2-2-257）。

表 2-2-255　　　　　　　　　　资　产　负　债　表　　　　　　　　　　会事业 01 表

编制单位：　　　　　　　　　　　　___年___月___日　　　　　　　　　　单位：元

资　　产	期末余额	年初余额	负债和净资产	期末余额	年初余额
流动资产：			流动负债：		
货币资金			短期借款		
短期投资			应缴税费		
财政应返还额度			应缴国库款		
应收票据			应缴财政专户款		
应收账款			应付职工薪酬		
预付账款			应付票据		
其他应收款			应付账款		
存货			预收账款		
其他流动资产			其他应付款		
流动资产合计			其他流动负债		
非流动资产：			流动负债合计		
长期投资			非流动负债：		
固定资产			长期借款		
固定资产原价			长期应付款		
减：累计折旧			非流动负债合计		
在建工程			负债合计		
无形资产			净资产：		
无形资产原价			事业基金		
减：累计摊销			非流动资产基金		
待处置资产损溢			专用基金		
非流动资产合计			财政补助结转		
			财政补助结余		
			非财政补助结转		
			非财政补助结余		
			1. 事业结余		
			2. 经营结余		
			净资产合计		
资产总计			负债和净资产总计		

表 2-2-256　　　　　　　　　收 入 支 出 表　　　　　　　会事业 02 表

编制单位：　　　　　　　　　　___年___月　　　　　　　　　　单位：元

项　目	本月数	本年累计数
一、本期财政补助结转结余		
财政补助收入		
减：事业支出（财政补助支出）		
二、本期事业结转结余		
（一）事业类收入		
1. 事业收入		
2. 上级补助收入		
3. 附属单位上缴收入		
4. 其他收入		
其中：捐赠收入		
减：（二）事业类支出		
1. 事业支出（非财政补助支出）		
2. 上缴上级支出		
3. 对附属单位补助支出		
4. 其他支出		
三、本期经营结余		
经营收入		
减：经营支出		
四、弥补以前年度亏损后的经营结余		
五、本年非财政补助结转结余		
减：非财政补助结转		
六、本年非财政补助结余		
减：应缴企业所得税		
减：提取专用基金		
七、转入事业基金		

负责人：　　　　　　　　　　制表：

表 2-2-257　　　　　　　　　　财政补助收入支出表　　　　　　　　会事业 03 表
编制单位：　　　　　　　　　　　　___年度　　　　　　　　　　　　　单位：元

项　目	本年数	上年数
一、年初财政补助结转结余		
（一）基本支出结转		
1. 人员经费		
2. 日常公用经费		
（二）项目支出结转		
××项目		
（三）项目支出结余		
二、调整年初财政补助结转结余		
（一）基本支出结转		
1. 人员经费		
2. 日常公用经费		
（二）项目支出结转		
××项目		
（三）项目支出结余		
三、本年归集调入财政补助结转结余		
（一）基本支出结转		
1. 人员经费		
2. 日常公用经费		
（二）项目支出结转		
××项目		
（三）项目支出结余		
四、本年上缴财政补助结转结余		
（一）基本支出结转		
1. 人员经费		
2. 日常公用经费		
（二）项目支出结转		
××项目		
（三）项目支出结余		
五、本年财政补助收入		
（一）基本支出		
1. 人员经费		

续表

项　　目	本年数	上年数
2. 日常公用经费		
（二）项目支出		
××项目		
六、本年财政补助支出		
（一）基本支出		
1. 人员经费		
2. 日常公用经费		
（二）项目支出		
××项目		
七、年末财政补助结转结余		
（一）基本支出结转		
1. 人员经费		
2. 日常公用经费		
（二）项目支出结转		
××项目		
（三）项目支出结余		

负责人：　　　　　　　　　　　　制表：

第三部分

民间非营利组织会计实训

第一节 民间非营利组织会计业务分类实例

一、模拟单位基本情况

（一）单位名称：华夏基金会

（二）业务范围：扶贫助教、教育培训、体育保健、科技普及、文学艺术等

（三）经费来源：会费收入、捐赠收入、其他收入等，基金会成员不在基金会领报酬

（四）开户银行：工商银行海韵市南区支行

账号 20034450124923

（五）财务人员：

财务负责人：熊涛

会计：刘一秋

出纳：文秀

（六）仓库保管：刘雁

（七）各账户年初数及至11月末发生额和余额见表2-3-1（单位：万元）：

表2-3-1

科目名称	年初数	至11月末累计发生额		11月末余额	科目名称	年初数	至11月末累计发生额		11月末余额
		借方	贷方				借方	贷方	
现金	0.02	120.00	118.80	1.20	捐赠收入（非限定）			85.00	85.00
银行存款	14.98	640.00	597.00	43.00	会费收入（非限定）			34.00	34.00
存货	23.00	59.00	51.20	7.80	商品销售收入（非限定）			16.00	16.00
固定资产原值	86.00	100.00		100.00	限定性净资产	12.00		12.00	12.00
累计折旧	15.00		20.00	20.00（贷）	非限定性净资产	100.00		100.00	100.00

续表

科目名称	年初数	至11月末累计发生额		11月末余额	科目名称	年初数	至11月末累计发生额		11月末余额
		借方	贷方				借方	贷方	
管理费用		12.00		12.00					
筹资费用		13.00		13.00					
业务活动成本(非限定)		90.00		90.00					
合计	112.00	1034	787.00	247.00		112.00		247.00	247.00

二、业务分类实例

（一）收入业务

1. 收入简介

收入是民间非营利组织开展业务活动取得的、导致本期净资产增加的经济利益或者服务潜力的流入。收入按其来源可分为捐赠收入、会费收入、商品销售收入、提供劳务收入、政府补助收入、投资收益等主要业务活动收入和其他收入。

民间非营利组织的收入，按其来源有以下几种：

（1）捐赠收入，是指民间非营利组织接受其他单位或个人捐赠所取得的收入。收到捐赠的资金和物资时，记借：现金（或银行存款、固定资产、存货、短期投资）等，贷：捐赠收入——非限定性收入（或限定性收入）。年终将捐赠收入全额从借方转出，记借：捐赠收入——非限定性收入（或限定性收入），贷：非限定性净资产（或限定性净资产），转账后本科目无余额。

（2）会费收入，是指民间非营利组织根据章程等的规定向会员收取的会费。收取会员会费时，记借：现金（或银行存款、应收账款）等，贷：会费收入——非限定性收入（或限定性收入）。年终将会费收入全额从借方转出，记借：会费收入——非限定性收入（或限定性收入），贷：非限定性净资产（或限定性净资产），转账后本科目无余额。

（3）提供服务收入，是指民间非营利组织根据章程等的规定向服务对象提供服务收取的收入。取得服务收入时，记借：银行存款等，贷：提供服务收入——限定性收入（或非限定性收入）。年终将提供服务收入转入限定性或非限定性净资产科目，记借：提供服务收入——限定性收入（或非限定性收入），贷：限定性净资产（或非限定性净资产），转账后本科目无余额。

（4）政府补助收入，是指民间非营利组织接受政府拨款或政府机构给予的补助而获得的收入。接受政府补助时，记借：银行存款，贷：政府补助收入——非限定性收入（或限定性收入）。年终将政府补助收入全额从借方转出，记借：政府补助收入——非限定性收入（或限定性收入），贷：非限定性净资产（或限定性净资产），转账后本科目无余额。

（5）商品销售收入，是指民间非营利组织销售商品等形成的收入。取得商品销售收入时，记借：银行存款等科目，贷：商品销售收入——限定性收入（或非限定性收入）。年终将商品销售收入科目的全年累计余额转入"限定性净资产"或"非限定性净资产"账户，记借：商品销售收入——限定性收入（或非限定性收入），贷：限定性净资产（或非限定性净资产），转账后本科目无余额。

（6）投资收益，指民间非营利组织因对外投资取得的投资净损益。取得投资收益时，记借：有关科目，贷：投资收益。年终将投资收益全额转入非限定性净资产（或限定性净资产），转账后本科目无余额。

（7）其他收入，指民间非营利组织除上述收入以外的收入，如固定资产处置净收入、无形资产处置净收入、存款利息收入、现金（或存货、固定资产）盘盈等。如发生现金、存货、固定资产的盘盈，记借：现金（或存货、固定资产），贷：其他收入——非限定性收入（或限定性收入）；发生固定资产处置净收入，记借：固定资产清理，贷：其他收入；发生无形资产处置净收入，记借：银行存款，贷：无形资产和其他收入（实际取得价款大于该项无形资产账面价值的差）。年终，将其他收入科目的全年累计数转入限定性净资产或非限定性净资产科目。

由于民间非营利组织类型较多，业务内容各不相同，不方便一一介绍，此处主要介绍基金会的会计业务及其账务处理。

2. 基本业务处理

业 务 一

1. 原始凭证（2张）（见表2-3-2、表2-3-3）

表2-3-2　　　　　　　中国工商银行**进账单**（收账通知）

2015年12月1日

支票号码：5527　　　　　　　　　　　　　　　　　　　　3

收款人	全 称	华夏基金会								
	账 号	20034450124923								
	开户银行	工商银行海韵市南区支行								
人民币			千	百	十	万	千	百	十	元 角 分
					￥	2	0	0	0	0 00
出票人	全 称	华丰集团								
	账 号	50008448775216								
	开户银行	建设银行大理支行								
票据种类	转	票据张数						1		

收款人开户银行盖章　　中国工商银行
　　　　　　　　　　　　转（357159）讫
　　　　　　　　　　　　海韵市南区支行

表2-3-3　　　　　　　××基金会收款收据　　　　　　　　　5928386

2015年12月1日　　（2004）

今收到	华丰集团	系付	2015年12月份会费
人民币（大写）贰万元整			￥20 000.00

收款单位（公章）　华夏基金会财务专用章　　会计（章）　　收款人（章）文秀

第三联：记账凭证

2. 业务内容

上述原始凭证表示：华夏基金会收到单位会员华丰集团交来 12 月份会费 20 000.00 元，开出收款收据。

3. 账务处理

（1）根据原始凭证填记账凭证，将原始凭证附于记账凭证后，并注明张数，见表 2-3-4。

表 2-3-4

记 账 凭 证

2015 年 12 月 2 日　　　　　　　　　　　　　　　　　　　　　　　第 1 号

摘　要	科　目		借方金额									贷方金额									附原始凭证2张
	总账科目	明细科目	千	百	十	万	千	百	十	元	角	分	千	百	十	万	千	百	十	元	角	分	
收到华夏集团	银行存款				2	0	0	0	0	0	0											
12月份会费	会费收入	非限定性收入													2	0	0	0	0	0	0
	合　　　　计		￥		2	0	0	0	0	0	0	￥		2	0	0	0	0	0	0

会计主管：　　　　记账：　　　　出纳：　　　　复核：　　　　制单：刘一秋

（2）根据记账凭证登记有关总账，见表 2-3-5，表 2-3-6。

表 2-3-5

银 行 存 款

2015年		凭证号	摘　要	借方金额									贷方金额									借或贷	余　额								
月	日			千	百	十	万	千	百	十	元	角	分	千	百	十	万	千	百	十	元	角	分		千	百	十	万	千	百	十	元	角	分
11	30		本月止累计			6	4	0	0	0	0	0	0			5	9	7	0	0	0	0	0	借				4	3	0	0	0	0	0
12	2	1	收华丰集团会费				2	0	0	0	0	0	0											借				4	5	0	0	0	0	0

表 2-3-6

会 费 收 入

2015年		凭证号	摘　要	借方金额									贷方金额									借或贷	余　额								
月	日			千	百	十	万	千	百	十	元	角	分	千	百	十	万	千	百	十	元	角	分		千	百	十	万	千	百	十	元	角	分
11	30		本月止累计													3	4	0	0	0	0	0	0	贷				3	4	0	0	0	0	0
12	2	1	收华丰集团会费														2	0	0	0	0	0	0	贷				3	6	0	0	0	0	0

业务二

1. 原始凭证（5张）（见表2-3-7至表2-3-11）

表2-3-7　　　　　　　　　华夏基金会收款收据　　　　　　　　　5928387

2015年12月2日　　（2004）

今收到　王凡　　　　　　　　　　　系付　2015年12月份会费

人民币（大写）壹仟元整　　　　　　　　　　¥1 000.00

收款单位（公章）　华夏基金会财务专用章　　会计（章）　　收款人（章）文秀

第三联：记账凭证

表2-3-8　　　　　　　　　华夏基金会收款收据　　　　　　　　　5928388

2015年12月2日　　（2004）

今收到　李雪　　　　　　　　　　　系付　2015年12月份会费

人民币（大写）贰仟元整　　　　　　　　　　¥2 000.00

收款单位（公章）　华夏基金会财务专用章　　会计（章）　　收款人（章）文秀

第三联：记账凭证

表2-3-9　　　　　　　　　华夏基金会收款收据　　　　　　　　　5928389

2015年12月2日　　（2004）

今收到　张旭　　　　　　　　　　　系付　2015年12月份会费

人民币（大写）贰仟元整　　　　　　　　　　¥2 000.00

收款单位（公章）　华夏基金会财务专用章　　会计（章）　　收款人（章）文秀

第三联：记账凭证

表2-3-10　　　　　　　　华夏基金会收款收据　　　　　　　　　5928390

2015年12月2日　　（2004）

今收到　赵爽　　　　　　　　　　　系付　2015年12月份会费

人民币（大写）叁仟元整　　　　　　　　　　¥3 000.00

收款单位（公章）　华夏基金会财务专用章　　会计（章）　　收款人（章）文秀

第三联：记账凭证

表 2 - 3 - 11　　　　　　　中国工商银行现金交款单　　　　　　　No. 0096631

账别：　　　　　　　　　　　2015 年 12 月 2 日

交款单位	王凡、李雪、张旭、赵爽							收款单位				华夏基金会						
款项来源	12 月份会费							账号	20034450124923			开户银行			工商银行海韵南区支行			
大写金额	人民币捌仟元整							十亿	千	百	十	万	千	百	十	元	角	分
												¥	8	0	0	0	0	0
券别	壹佰元	伍拾元	贰拾元	拾元	伍元	贰元	壹元	伍角	贰角	壹角	伍分	贰分	壹分	合计金额		收款银行盖章　年　月　日			
整把券																			
零张券																			

客户须知　1. 提交本凭证前，请客户确认填写内容完整、无误。
　　　　　2. 客户保证所交款项来源合法。　　　　　　　复核：　　　　　经办：

第一联：银行盖章后退收款单位

2. 业务内容

上述原始凭证表示：12 月 2 日，基金会收到王凡、李雪、张旭、赵爽等个人会员交来会费（现金）共计 8 000.00 元，开出收据，并填现金交款单将现金送存银行。

3. 账务处理

（1）根据原始凭证填记账凭证，将原始凭证附于记账凭证后，并注明张数，见表 2 - 3 - 12。

表 2 - 3 - 12　　　　　　　　　　记　账　凭　证

2015 年 12 月 3 日　　　　　　　　　　　　　　　　　　　　第 2 号

摘要	科　目		借方金额									贷方金额								
	总账科目	明细科目	千	百	十	万	千	百	十	元	角	分	千	百	十	万	千	百	十	元	角	分
收个人会费送	银行存款					8	0	0	0	0	0										
存银行	会费收入	非限定性收入														8	0	0	0	0	0
合　计			¥			8	0	0	0	0	0	¥			8	0	0	0	0	0

会计主管：　　　记账：　　　出纳：　　　复核：　　　制单：刘一秋

附原始凭证 5 张

（2）根据记账凭证登记有关总账，见表 2 - 3 - 13 和表 2 - 3 - 14。

表 2-3-13　　　　　　　　　　　　银 行 存 款

2015年		凭证号	摘要	借方金额										贷方金额										借或贷	余额									
月	日			千	百	十	万	千	百	十	元	角	分	千	百	十	万	千	百	十	元	角	分		千	百	十	万	千	百	十	元	角	分
11	30		本月止累计			6	4	0	0	0	0	0	0				5	9	7	0	0	0	0	借				4	3	0	0	0	0	0
12	2	1	收华丰集团会费					2	0	0	0	0	0											借				4	5	0	0	0	0	0
	3	2	收个人会费						8	0	0	0	0											借				4	5	8	0	0	0	0

表 2-3-14　　　　　　　　　　　　会 费 收 入

2015年		凭证号	摘要	借方金额										贷方金额										借或贷	余额									
月	日			千	百	十	万	千	百	十	元	角	分	千	百	十	万	千	百	十	元	角	分		千	百	十	万	千	百	十	元	角	分
11	30		本月止累计														3	4	0	0	0	0	0	贷				3	4	0	0	0	0	0
12	2	1	收华丰集团会费															2	0	0	0	0	0	贷				3	6	0	0	0	0	0
	3	2	收个人会费																8	0	0	0	0	贷				3	6	8	0	0	0	0

业 务 三

1. 原始凭证（3张）（见表 2-3-15 至表 2-3-17）

表 2-3-15　　　　　　　　　　　捐 款 协 议 书

甲方（捐赠人）：李明先生

乙方（受赠人）：华夏基金会

为支持红安革命老区教育事业的发展，甲方自愿向乙方捐款人民币伍拾万元，用于红安县红苗小学建设。经双方协商，达成如下协议：

一、甲方捐赠人民币伍拾万元（500 000.00），在本协议签字生效后5个工作日内，将捐赠款一次性汇入华夏基金会账户。账号如下：

账号名称：华夏基金会

人民币开户行：中国工商银行海韵市南区支行

人民币账号：20034450124923

二、乙方负责向甲方开具具有法律效力的捐赠票据。

三、甲方所捐资金委托乙方负责管理和使用。乙方依照甲方意愿，专款专用，不得挪用，并将使用情况通报甲方。

四、甲方享有以下权利：根据《国家财政部、国家税务总局关于纳税人向农村义务教育捐赠有关所得税政策的通知》精神，企事业单位、社会团体和个人等社会力量通过非营利的社会团体和国家机关向农村义务教育的捐赠，准予在缴纳企业所得税前的所得额中全额扣除。

甲方：　　　　　　　　　乙方：

代表（签字）　李明　　　代表（签字）　方文　　　（华夏基金会 盖章）

2015 年 11 月 29 日　　　2015 年 11 月 29 日

表 2－3－16　　　　中国工商银行进账单（收账通知）

2015 年 12 月 3 日

支票号码：3306　　　　　　　　　　　　　　　3

收款人	全称	华夏基金会
	账号	20034450124923
	开户银行	工商银行海韵市南区支行

人民币	千	百	十	万	千	百	十	元	角	分
	¥	5	0	0	0	0	0	0	0	0

出票人	全称	李明
	账号	75215084004876
	开户银行	建设银行朱城支行

票据种类	转	票据张数	1

收款人开户银行盖章　　中国工商银行海韵市南区支行 转（357159）讫

表 2－3－17　　　　××省事业接受捐赠统一收据　　　No. 0160399

2015 年 12 月 3 日　　　　　　　　　支票号 3306

捐赠者：李明

捐赠项目：

捐赠金额（实物价值）大写 伍拾万元整

货币种类　小写 500 000.00

收款单位（签章）：华夏基金会 财务专用章　　　经手人：文秀

2. 业务内容

上述原始凭证表示：华夏基金会于 12 月 3 日如期收到李明先生的捐款（支票）500 000.00 元，按协议规定开给捐赠票据。

3. 账务处理

（1）根据原始凭证填记账凭证，将原始凭证附于记账凭证后，并注明张数，见表 2－3－18。

表 2-3-18　　　　　　　　　　　　　记　账　凭　证

2015 年 12 月 4 日　　　　　　　　　　　　　　　第 3 号

摘　要	科　目		借方金额	贷方金额	
	总账科目	明细科目	千百十万千百十元角分	千百十万千百十元角分	
收到李先生捐款	银行存款		5 0 0 0 0 0 0 0		附原始凭证 3 张
	捐赠收入	限定性收入		5 0 0 0 0 0 0 0	
	合　　计		¥　　5 0 0 0 0 0 0 0	¥　　5 0 0 0 0 0 0 0	

会计主管：　　　　　记账：　　　　　出纳：　　　　　复核：　　　　　制单：刘一秋

（2）根据记账凭证登记有关总账，见表 2-3-19、表 2-3-20。

表 2-3-19　　　　　　　　　　　　　银　行　存　款

2015 年		凭证号	摘　要	借方金额	贷方金额	借或贷	余　额
月	日			千百十万千百十元角分	千百十万千百十元角分		千百十万千百十元角分
11	30		本月止累计	6 4 0 0 0 0 0 0	5 9 7 0 0 0 0 0	借	4 3 0 0 0 0 0
12	2	1	收华丰集团会费	2 0 0 0 0 0 0		借	4 5 0 0 0 0 0 0
	3	2	收个人会费	8 0 0 0 0 0		借	4 5 8 0 0 0 0 0
	3	3	收到李明先生捐款	5 0 0 0 0 0 0 0		借	9 5 8 0 0 0 0 0

表 2-3-20　　　　　　　　　　　　　捐　赠　收　入

2015 年		凭证号	摘　要	借方金额	贷方金额	借或贷	余　额
月	日			千百十万千百十元角分	千百十万千百十元角分		千百十万千百十元角分
11	30		本月止累计		8 5 0 0 0 0 0 0	贷	8 5 0 0 0 0 0 0
12	3	3	收到李明先生捐款		5 0 0 0 0 0 0 0	贷	1 3 5 0 0 0 0 0 0

业 务 四

1. 原始凭证（3张）（见表2-3-21至表2-3-23）

表2-3-21　　　　　　　　　××省增值税普通发票　　　　（普三）010231421051
　　　　　　　　　　　　　　　　发 票 联　　　　　　　　　　No. 02469027
　　　　　　　　　　　　　　　　　　　　　　　　　　　　　　2015年11月25日

品名及规格	货款或劳务	单 位	数 量	单 价	金 额
商祺 N260-160		台	60	3 000.00	180 000.00
金额合计（大写）壹拾捌万元整					¥180 000.00
备注：					

单位盖章　用友科技有限公司　　复核人：　　收款人：徐莉　　开票人：杨华
　　　　　发票专用章

② 付款方报销凭证

表2-3-22　　　　　　　　　××省事业接受捐赠统一收据　　　　No.0160399
　　　　　　　　　　　　　　2015年12月5日　　　　　　　　支票号

捐赠者 __新世纪公司（捐赠电脑一批）__
捐赠项目 _____
捐赠金额（实物价值）大写壹拾捌万元整
货币种类　小写　180 000.00

收款单位（签章）　华夏基金会　　　　　　经手人：文秀
　　　　　　　　　财务专用章

第二联：财务

表2-3-23　　　　　　　　　　入 库 单
　　　　　　　　　　　　　　2015年12月5日　　　　　　　　字第56号

货物来源：新世纪公司捐赠　　　　　　　　　　发票：02469027

编号	货物名称	规格	送验数量	实收数量	单位	单价	金 额								
							百	十	万	千	百	十	元	角	分
	商祺 N260-160		60	60	台	3 000.00		1	8	0	0	0	0	0	0
备注	验收人盖章　刘雁					合计 ¥180 000.00									

会计：　　出纳：　　复核：　　记账：　　制单：刘雁

2. 业务内容

上述原始凭证表示：华夏基金会收到新世纪公司捐赠的60台电脑（附购货发票），货款为180 000.00元。

3. 账务处理

（1）根据原始凭证填记账凭证，将原始凭证附于记账凭证后，并注明张数，见表2-3-24。

表 2-3-24

记 账 凭 证

2015 年 12 月 6 日　　　　　　　　　　　　　　　　　　　第 4 号

摘要	科目		借方金额	贷方金额
	总账科目	明细科目	千百十万千百十元角分	千百十万千百十元角分
收到新世纪公司捐赠的电脑	存货		1 8 0 0 0 0 0 0	
	捐赠收入	非限定性收入		1 8 0 0 0 0 0 0
合　　　计			￥1 8 0 0 0 0 0 0	￥1 8 0 0 0 0 0 0

会计主管：　　　　记账：　　　　出纳：　　　　复核：　　　　制单：刘一秋

附原始凭证 3 张

（2）根据记账凭证登记有关总账，见表 2-3-25、表 2-3-26。

表 2-3-25　　　　　　　　　　　　　存　　　货

2015 年		凭证号	摘要	借方金额	贷方金额	借或贷	余额
月	日			千百十万千百十元角分	千百十万千百十元角分		千百十万千百十元角分
11	30		本月止累计	5 9 0 0 0 0 0 0	5 1 2 0 0 0 0 0	借	7 8 0 0 0 0 0
12	6	4	收到新世纪公司捐赠的电脑	1 8 0 0 0 0 0 0		借	2 5 8 0 0 0 0 0

表 2-3-26　　　　　　　　　　　　　捐　赠　收　入

2015 年		凭证号	摘要	借方金额	贷方金额	借或贷	余额
月	日			千百十万千百十元角分	千百十万千百十元角分		千百十万千百十元角分
11	30		本月止累计		8 5 0 0 0 0 0 0	贷	8 5 0 0 0 0 0 0
12	3	3	收到李明先生捐款		5 0 0 0 0 0 0 0	贷	1 3 5 0 0 0 0 0 0
12	6	4	收到新世纪公司捐赠的电脑		1 8 0 0 0 0 0 0	贷	1 5 3 0 0 0 0 0 0

业务 五

1. 原始凭证（3张）（见表2-3-27至表2-3-29）

表2-3-27　　　　　　　　××省增值税普通发票　　　　（普三）021310105142

No. 02279046

发 票 联　　　　　　　　　　　　　　　　2015年12月5日

品名及规格	货款或劳务	单位	数量	单价	金额
HP27 墨盒		个	50	165.00	8 250.00
油印纸		令	100	135.00	13 500.00
旗舰A4复印纸		箱	10	185.00	1 850.00
HP 打印机		台	10	210.00	2 100.00
金额合计（大写）贰万伍仟柒佰元整					￥25 700.00
备注：					

单位盖章　　　复核人：　　　收款人：江萌　　　开票人：杨明

②付款方报销凭证

表2-3-28　　　　　　　××省事业接受捐赠统一收据　　　　No. 0160399

2015年12月7日　　　　　　　　　　　　支票号

捐赠者：__黎康公司__

捐赠项目：__万事达办公用品有限公司 发票专用章__

捐赠金额（实物价值，大写）贰万伍仟元整

货币种类：__小写25 700.00__

收款单位（签章）__华夏基金会 财务专用章__　　　　　经手人：文秀

第二联：财务

表2-3-29　　　　　　　　　入 库 单　　　　　　　　　　字第57号

2015年12月7日

货物来源：黎康公司捐赠　　　　　　　　　发票：02279046

编号	货物名称	规格	送验数量	实收数量	单位	单价	金额 百	十	万	千	百	十	元	角	分
1	HP27 墨盒		50	50	个	165.00				8	2	5	0	0	0
2	油印纸		100	100	令	135.00			1	3	5	0	0	0	0
3	旗舰A4复印纸		10	10	箱	185.00				1	8	5	0	0	0
4	HP 打印机		10	10	台	210.00				2	1	0	0	0	0
备注			验收人 盖章	刘雁		合计￥25 700.00									

会计：　　　出纳：　　　复核：　　　记账：　　　制单：刘雁

2. 业务内容

上述原始凭证表示：华夏基金会收到黎康公司捐赠的办公用品一批（附购货发票），货款为 25 700.00 元。

3. 账务处理

（1）根据原始凭证填记账凭证，将原始凭证附于记账凭证后，并注明张数，见表 2-3-30。

表 2-3-30

记 账 凭 证

2015 年 12 月 8 日　　　　　　　　　　　　　　　　　　第 5 号

摘　要	科　目		借方金额	贷方金额	
	总账科目	明细科目	千百十万千百十元角分	千百十万千百十元角分	
收到黎康公司	存货		2 5 7 0 0 0 0		附原始凭证 3 张
捐赠的办公用品	捐赠收入	非限定性收入		2 5 7 0 0 0 0	
	合　　计		¥ 2 5 7 0 0 0 0	¥ 2 5 7 0 0 0 0	

会计主管：　　　　记账：　　　　出纳：　　　　复核：　　　　制单：刘一秋

（2）根据记账凭证登记有关总账，见表 2-3-31、表 2-3-32。

表 2-3-31

存　货

2015年		凭证号	摘　要	借方金额	贷方金额	借或贷	余　额
月	日			千百十万千百十元角分	千百十万千百十元角分		千百十万千百十元角分
11	30		本月止累计	5 9 0 0 0 0 0	5 1 2 0 0 0 0	借	7 8 0 0 0 0
12	6	4	收到新世纪公司捐赠的电脑	1 8 0 0 0 0 0		借	2 5 8 0 0 0 0
12	8	5	收到黎康公司捐赠的办公用品	2 5 7 0 0 0 0		借	2 8 3 7 0 0 0

表 2-3-32　　　　　　　　　　　　捐　赠　收　入

2015年		凭证号	摘要	借方金额 千 百 十 万 千 百 十 元 角 分	贷方金额 千 百 十 万 千 百 十 元 角 分	借或贷	余额 千 百 十 万 千 百 十 元 角 分
月	日						
11	30		本月止累计		8 5 0 0 0 0 0	贷	8 5 0 0 0 0 0
12	3	3	收到李明先生捐款		5 0 0 0 0 0 0	贷	1 3 5 0 0 0 0 0
12	6	4	收到新世纪公司捐赠的电脑		1 8 0 0 0 0 0	贷	1 5 3 0 0 0 0 0
	8	5	收到黎康公司捐赠的办公用品		2 5 7 0 0 0 0	贷	1 5 5 5 7 0 0 0 0

业　务　六

1. 原始凭证（2张）（见表2-3-33和表2-3-34）

表 2-3-33　　　　　　　　　　　华夏基金会销售发票
2015年12月10日

付款方名称	万达公司				收款方名称	华夏基金会						
摘　要	项目	单位	数量	单价	金　额							
					千	百	十	万	仟	百	十	元 角 分
销售黎康公司	HP27墨盒	个	20	178.00					3	5	6	0 0 0
捐赠的办公用品	旗舰A4复印纸	箱	5	196.00						9	8	0 0 0
	HP打印机	台	5	230.00					1	1	5	0 0 0
合计（大写）伍仟陆佰玖拾元整					¥				5	6	9	0 0 0

开票人：李博　　　　　　收款人：（收款方盖章有效）　华夏基金会发票专用章

第三联：记账

表 2-3-34   中国工商银行 进账单（收账通知）

2015 年 12 月 10 日

支票号码： 8613   3

收款人	全 称	华夏基金会									
	账 号	20034450124923									
	开户银行	工商银行海韵市南区支行									
人民币		千	百	十	万	千	百	十	元	角	分
					¥	5	6	9	0	0	0
出票人	全 称	万达公司									
	账 号	430201197812431									
	开户银行	建设银行清江支行									
票据种类	转	票据张数				1					

收款人开户银行盖章   中国工商银行
                              海韵市南区支行
                              转（357159）讫

2. 业务内容

上述原始凭证表示：华夏基金会将黎康公司捐赠的办公用品进行义卖，万达公司购买了 5 690.00 元产品，收进支票，填进账单交开户银行收款。款已收妥。

3. 账务处理

（1）根据原始凭证填记账凭证，将原始凭证附于记账凭证后，并注明张数，见表 2-3-35。

表 2-3-35   记 账 凭 证

2015 年 12 月 11 日   第 6 号

摘 要	科 目		借方金额										贷方金额									
	总账科目	明细科目	千	百	十	万	千	百	十	元	角	分	千	百	十	万	千	百	十	元	角	分
收万达公司义卖款	银行存款						5	6	9	0	0	0										
	商品销售收入	非限定性收入																5	6	9	0	0	0
合 计						¥	5	6	9	0	0	0				¥	5	6	9	0	0	0

附原始凭证 2 张

会计主管：   记账：   出纳：   复核：   制单：刘一秋

（2）根据记账凭证登记有关总账，见表 2-3-36 和表 2-3-37。

表 2-3-36

银 行 存 款

2015年		凭证号	摘要	借方金额 千 百 十 万 千 百 十 元 角 分	贷方金额 千 百 十 万 千 百 十 元 角 分	借或贷	余 额 千 百 十 万 千 百 十 元 角 分
月	日						
11	30		本月止累计	6 4 0 0 0 0 0 0	5 9 7 0 0 0 0 0	借	4 3 0 0 0 0 0 0
12	2	1	收华丰集团会费	2 0 0 0 0 0 0		借	4 5 0 0 0 0 0 0
	3	2	收个人会费	8 0 0 0 0 0		借	4 5 8 0 0 0 0 0
	3	3	收到李明先生捐款	5 0 0 0 0 0 0		借	9 5 8 0 0 0 0 0
	11	6	收万达公司义卖款	5 6 9 0 0 0		借	9 6 3 6 9 0 0 0

表 2-3-37

商 品 销 售 收 入

2015年		凭证号	摘要	借方金额 千 百 十 万 千 百 十 元 角 分	贷方金额 千 百 十 万 千 百 十 元 角 分	借或贷	余 额 千 百 十 万 千 百 十 元 角 分
月	日						
11	30		本月止累计		1 6 0 0 0 0 0 0	贷	1 6 0 0 0 0 0 0
12	11	6	收万达公司义卖款		5 6 9 0 0 0	贷	1 6 5 6 9 0 0 0

业 务 七

1. 原始凭证（4张）（见表2-3-38至表2-3-41）

表2-3-38　　　　　　　　　　　华夏基金会销售发票
2015年12月12日

付款方名称	刘飞				收款方名称	华夏基金会								
摘　要	项目	单位	数量	单价			金　　额							
						千	百	十	万	仟	百	十	元	角	分
销售黎康公司	HP打印机	台	1	230.00							2	3	0	0	0
捐赠的办公用品															
合计（大写）贰佰叁拾元整										¥	2	3	0	0	0
开户银行			结算方式	现金	备注										
账　号			联系电话												

开票人：李博　　　　　　　　收款人：（收款方盖章有效）　　华夏基金会发票专用章

第三联：记账

表2-3-39　　　　　　　　　　　华夏基金会销售发票
2015年12月12日

付款方名称	丁莉				收款方名称	华夏基金会								
摘　要	项目	单位	数量	单价			金　　额							
						千	百	十	万	仟	百	十	元	角	分
销售黎康公司	HP27墨盒	个	2	178.00							3	5	6	0	0
捐赠的办公用品															
合计（大写）叁佰伍拾陆元整										¥	3	5	6	0	0
开户银行			结算方式	现金	备注										
账　号			联系电话												

开票人：李博　　　　　　　　收款人：（收款方盖章有效）　　华夏基金会发票专用章

第三联：记账

表 2-3-40　　　　　　　　　　华夏基金会销售发票

2015 年 12 月 12 日

付款方名称	周慧				收款方名称			华夏基金会					
摘　要	项　目	单位	数量	单价	金　额								
					千	百	十	万	仟	百	十	元	角	分
销售黎康公司捐赠的办公用品	HP27 墨盒	个	1	178.00					1	7	8	0	0	0
合计（大写）壹佰柒拾捌元整					¥				1	7	8	0	0	0
开户银行			结算方式	现金	备注									
账　号			联系电话											

开票人：李博　　　　　　　　　收款人：（收款方盖章有效）　　华夏基金会发票专用章

第三联：记账

表 2-3-41　　　　　　　　　中国工商银行现金交款单　　　　　　　No.0096632

账别：　　　　　　　　　　　　2015 年 12 月 12 日

交款单位	刘飞、丁莉、周慧								收款单位		华夏基金会				
款项来源	受赠物品义卖款								账号	20034450124923	开户银行	工商银行海韵南区支行			
大写金额	（币种）人民币柒佰陆拾肆元整								十亿	千	百	十	万	千	百	十	元	角	分
														¥	7	6	4	0	0
券别	壹佰元	伍拾元	贰拾元	拾元	伍元	贰元	壹元	伍角	贰角	壹角	伍分	贰分	壹分	合计金额	收款银行盖章 年 月 日
整把券															
零张券															

（加盖：中国工商银行海韵市南区支行 现金讫章 2015.12.12）

第一联：银行盖章后退收款单位

客户须知　1. 提交本凭证前，请客户确认填写内容完整、无误。
　　　　　2. 客户保证所交款项来源合法。

2. 业务内容

上述原始凭证表示：华夏基金会将黎康公司捐赠的办公用品进行义卖，刘飞、丁莉、周慧分别购买了打印机、墨盒，收进现金 764.00 元，当即填现金缴款单送存银行。

3. 账务处理

（1）根据原始凭证填记账凭证，将原始凭证附于记账凭证后，并注明张数，见表 2-3-42。

表 2-3-42

记 账 凭 证

2015 年 12 月 13 日　　　　　　　　　　　　　　　　第 7 号

摘要	科 目		借方金额	贷方金额	
	总账科目	明细科目	千百十万千百十元角分	千百十万千百十元角分	
收到刘飞、丁莉、周慧义卖款	银行存款		7 6 4 0 0		附原始凭证 4 张
	商品销售收入	非限定性收入		7 6 4 0 0	
	合　　　计		¥ 7 6 4 0 0	¥ 7 6 4 0 0	

会计主管：　　　　记账：　　　　出纳：　　　　复核：　　　　制单：刘一秋

（2）根据记账凭证登记有关总账，见表 2-3-43 和表 2-3-44。

表 2-3-43　　　　　　　　　　　银 行 存 款

2015年		凭证号	摘要	借方金额	贷方金额	借或贷	余额
月	日			千百十万千百十元角分	千百十万千百十元角分		千百十万千百十元角分
11	30		本月止累计	6 4 0 0 0 0 0 0	5 9 7 0 0 0 0 0	借	4 3 0 0 0 0 0
12	2	1	收华丰集团会费	2 0 0 0 0 0		借	4 5 0 0 0 0 0
	3	2	收个人会费	8 0 0 0 0		借	4 5 8 0 0 0 0
	3	3	收到李明先生捐款	5 0 0 0 0 0 0		借	9 5 8 0 0 0 0
	11	6	收万达公司义卖款	5 6 9 0 0 0		借	9 6 3 6 9 0 0
	12	7	收刘飞、丁莉、周慧义卖款	7 6 4 0 0		借	9 6 4 4 5 4 0 0

表 2-3-44　　　　　　　　　　商 品 销 售 收 入

2015年		凭证号	摘要	借方金额	贷方金额	借或贷	余额
月	日			千百十万千百十元角分	千百十万千百十元角分		千百十万千百十元角分
11	30		本月止累计		1 6 0 0 0 0 0 0	贷	1 6 0 0 0 0 0 0
12	11	6	收万达公司义卖款		5 6 9 0 0 0	贷	1 6 5 6 9 0 0 0
	12	7	收刘飞、丁莉、周慧义卖款		7 6 4 0 0	贷	1 6 6 4 5 4 0 0

业 务 八

1. 原始凭证（2张）（见表2-3-45和表2-3-46）

表2-3-45　　　　　　　××省事业接受捐赠统一收据　　　　　No. 0160399

2015年12月13日　　　　　　　　　　　　支票号

捐赠者：　饶辉

捐赠项目：

捐赠金额（实物价值）大写 ×拾壹万零仟零佰零拾零元零角零分

货币种类　小写　10 000.00

收款单位（签章）：华夏基金会财务专用章　　　　经手人：文秀

第二联：财务

表2-3-46　　　　　　　　中国工商银行现金交款单　　　　　　No. 0096633

账别：　　　　　　　　　　2015年12月13日

交款单位	饶辉										收款单位	华夏基金会								
款项来源	个人捐款										账号	20034450124923				开户银行	工商银行海韵南区支行			
大写金额	（币种）人民币壹万元整										十亿	千	百	十	万	千	百	十	元	角	分
														￥	1	0	0	0	0	0	0
券别	壹佰元	伍拾元	贰拾元	拾元	伍元	贰元	壹元	伍角	贰角	壹角	伍分	贰分	壹分	合计金额			收款银行盖章				
整把券																					
零张券														年　月　日							

客户须知：
1. 提交本凭证前，请客户确认填写内容完整、无误。
2. 客户保证所交款项来源合法

复核：　　　经办：

第一联：银行盖章后退收款单位

2. 业务内容

上述原始凭证表示：华夏基金会收到饶辉先生个人捐款现金10 000.00元，当即填现金缴款单送存银行。

3. 账务处理

（1）根据原始凭证填记账凭证，将原始凭证附于记账凭证后，并注明张数，见表2-3-47。

表2-3-47　　　　　　　　　　　　记　账　凭　证

2015年12月14日　　　　　　　　　　　　　　　第8号

摘　要	科　目		借方金额								贷方金额							
	总账科目	明细科目	千	百	十	万	千	百	十	元	角	分	千	百	十	万	千	百	十	元	角	分
收到饶辉先生捐款	银行存款				1	0	0	0	0	0	0										
	捐赠收入	非限定性收入													1	0	0	0	0	0	0
合　计			￥	1	0	0	0	0	0	0		￥	1	0	0	0	0	0	0	

会计主管：　　　记账：　　　出纳：　　　复核：　　　制单：刘一秋

附原始凭证2张

（2）根据记账凭证登记有关总账，见表 2-3-48 和表 2-3-49。

表 2-3-48　　　　　　　　　　　银　行　存　款

2015年		凭证号	摘要	借方金额										贷方金额										借或贷	余额									
月	日			千	百	十	万	千	百	十	元	角	分	千	百	十	万	千	百	十	元	角	分		千	百	十	万	千	百	十	元	角	分
11	30		本月止累计			6	4	0	0	0	0	0	0			5	9	7	0	0	0	0	0	借				4	3	0	0	0	0	0
12	2	1	收华丰集团会费				2	0	0	0	0	0	0											借				4	5	0	0	0	0	0
	3	2	收个人会费					8	0	0	0	0	0											借				4	5	8	0	0	0	0
	3	3	收到李明先生捐款				5	0	0	0	0	0	0	0										借				9	5	8	0	0	0	0
	11	6	收万达公司义卖款					5	6	9	0	0	0											借				9	6	3	6	9	0	0
	12	7	收刘飞、丁莉、周慧义卖款						7	6	4	0	0											借				9	6	4	4	5	4	0 0
	14	8	收到饶辉先生捐款					1	0	0	0	0	0											借				9	7	4	4	5	4	0 0

表 2-3-49　　　　　　　　　　　捐　赠　收　入

2015年		凭证号	摘要	借方金额										贷方金额										借或贷	余额									
月	日			千	百	十	万	千	百	十	元	角	分	千	百	十	万	千	百	十	元	角	分		千	百	十	万	千	百	十	元	角	分
11	30		本月止累计														8	5	0	0	0	0	0	贷					8	5	0	0	0	0	0
12	3	3	收到李明先生捐款													5	0	0	0	0	0	0	0	贷				1	3	5	0	0	0	0	0
12	6	4	收到新世纪公司捐赠的电脑													1	8	0	0	0	0	0	0	贷				1	5	3	0	0	0	0	0
	8	5	收到黎康公司捐赠的办公用品														2	5	7	0	0	0	0	贷				1	5	5	5	7	0	0	0
	14	8	收到饶辉先生捐款														1	0	0	0	0	0	0	贷				1	5	6	5	7	0	0	0

（二）费用业务

费用是民间非营利组织为开展业务活动所发生的、导致本期净资产减少的经济利益或者服务潜力的流出，按用途可分为业务活动成本、管理费用、筹资费用和其他费用。

1. 业务简介

（1）业务活动成本，是指民间非营利组织为了实现其业务活动目标、开展其项目活动或提供服务所发生的费用。包括捐赠项目成本、会员服务成本、提供服务成本，商品销售成本、专项补助成本、业务活动成本。发生业务活动费用时，记借：业务活动成本，贷：现金、银行存款、存货、应付账款等；年终业务活动成本全年累计余额转入非限定性净资产，记借：非限定性净资产，贷：业务活动成本。

（2）管理费用，是指民间非营利组织为组织和管理其业务活动所发生的各项费用。包括民间非营利组织董事会经费，行政管理人员的工资、奖金、津贴、福利费、住房公积金、住房补贴，社会保障费，离休退休人员工资与补助，办公费，水电费、邮电费，物业管理费，差旅费，折旧费，修理费，无形资产摊销费，存货盘亏损失，资产减值损失，因预计负债所发生的损失，聘请中介机构费，应返还的受赠资产，其他等。发生业务活动费用时，记借：管理费用，贷：现金、银行存款、其他应收款、应付工资、应交税金、无形资产、无形资产减值准备等；年终将管理费用全年累计余额转入非限定性净资产，记借：非限定性净资产，贷：管理费用。

（3）筹资费用，是指民间非营利组织为筹集业务活动所需资金而发生的费用。包括为获得捐赠资产而发生的费用、借款费用、汇兑损失等。发生筹资费用时，记借：筹资费用，贷：预提费用、银行存款、长期借款等；年终将筹资费用的全年累计余额转入非限定性净资产，记借：非限定性净资产，贷：筹资费用。

（4）其他费用，是指民间非营利组织发生的、无法归属到上述业务活动成本、管理费用、筹资费用中的费用，包括固定资产处置净损失、无形资产处置净损失等。发生其他费用时，记借：其他费用，贷：固定资产清理、无形资产等；年终将其他费用全年累计余额转入非限定性将资产。

2. 基本业务处理（实训资料仍来源于华夏基金会）

业 务 一

1. 原始凭证（3 张）（见表 2-3-50 至表 2-3-52）

表 2-3-50　　　　　　　　特约委托收款凭证（付款通知）

委托日期 2015 年 12 月 13 日

付款人	全 称	华夏基金会		收款人	全 称	××省电力公司海韵市供电公司										
	账号或地址	20034450124923			账 号	9960001470058										
	开 户 行	工商银行海韵市南区支行			开 户 行	民生银行										
委收金额	人民币（大写）	壹仟叁佰肆拾捌元整				亿	千	百	十	万	千	百	十	元	角	分
											¥	1	3	4	8	00
款项性质		电费等		合同号码		55W87471		附寄单证张数				1				
备注	特约 00850407 781254 (85) 高洪营业所		海韵市供电公司 收入户 委托收款 结算专用章		根据协议上列款项已由付款单位账户付出 付款人开户银行盖章 月　　　日												

此联付款人开户银行给付款人付款的通知

单位主管：　　　　　会计：　　　　　复核：　　　　　记账：

表 2-3-51 ××省电力公司电费发票

(第二联：发票)

户号：00840079　　　　　　收款日期 2015 年 12 月 13 日　　　　　客户申请号：18922755554

户名	华夏基金会				地址	南区 512 号	
款项性质	电费						
用电信息及收费详情		平段	峰段	谷段	无功	收费项目	单价	金额
	止码	25489				平段电荷	0.6232	1 246.00
	起码	23489				计费电量		2 000
	倍率	1				还贷基金	0.0200	40.00
	电量	2000				库区基金	0.0020	4.00
						城镇附加	0.0100	20.00
						农网维护	0.0188	37.60
合计金额（大写）壹仟叁佰肆拾捌元整					合计金额（小写）¥1 348.00		

收费专用章：××省电力公司海韵供电公司发票专用章　　收款人：0024　　开票人：0024　　合同号：55W87471

第二联：付款方报销凭证

表 2-3-52

```
中国工商银行
转账支票存根

科    目 _____
对方科目 _____
出票日期 2015 年 12 月 14 日
收 款 人：市供电公司
金    额：1 348.00
用    途：电费
```

2. 业务内容

上述原始凭证表示：华夏基金会收到银行转来供电公司开出的特约委托收款凭证和电费收据，支付电费 1 348.00 元。

3. 账务处理

（1）根据原始凭证填记账凭证，将原始凭证附于记账凭证后，并注明张数，见表 2-3-53。

表2-3-53

记账凭证

2015年12月15日　　　　　　　　　　　　　　　　　　　　第9号

摘要	科目		借方金额									贷方金额									
	总账科目	明细科目	千	百	十	万	千	百	十	元	角	分	千	百	十	万	千	百	十	元	角	分
付电费	管理费用	水电费					1	3	4	8	0	0										
	银行存款																1	3	4	8	0	0
	合计						¥	1	3	4	8	0	0					¥	1	3	4	8	0	0

附原始凭证3张

会计主管：　　　　　记账：　　　　　出纳：　　　　　复核：　　　　　制单：刘一秋

（2）根据记账凭证登记有关总账

表2-3-54

管理费用

2015年		凭证号	摘要	借方金额										贷方金额										借或贷	余额									
月	日			千	百	十	万	千	百	十	元	角	分	千	百	十	万	千	百	十	元	角	分		千	百	十	万	千	百	十	元	角	分
11	30		本月止累计				1	2	0	0	0	0	0											借				1	2	0	0	0	0	0
12	15	9	付水电费					1	3	4	8	0	0											借				1	2	1	3	4	8	0	0

表2-3-55

银行存款

2015年		凭证号	摘要	借方金额										贷方金额										借或贷	余额									
月	日			千	百	十	万	千	百	十	元	角	分	千	百	十	万	千	百	十	元	角	分		千	百	十	万	千	百	十	元	角	分
11	30		本月止累计			6	4	0	0	0	0	0	0			5	9	7	0	0	0	0	0	借			2	3	0	0	0	0	0	0
12	2	1	收华丰集团会费				2	0	0	0	0	0	0											借			2	5	0	0	0	0	0	0
	3	2	收个人会费					8	0	0	0	0	0											借			2	5	8	0	0	0	0	0
	3	3	收到李明先生捐款				5	0	0	0	0	0	0											借				7	5	8	0	0	0	0
	11	6	收万达公司义买款					5	6	9	0	0	0											借				7	6	3	6	9	0	0
	12	7	收刘飞、丁莉、周慧义买款						7	6	4	0	0												借				7	6	4	4	5	4	0	0
	14	8	收到饶辉先生捐款					1	0	0	0	0	0											借				7	7	4	4	5	4	0	0
	15	9	付水电费															1	3	4	8	0	0	借				7	7	3	1	0	6	0	0

业务二

1. 原始凭证（5张）（见表2-3-56至表2-3-60）

表2-3-56　　　　　　　　电 脑 捐 赠 协 议 书

甲方（捐赠人）：华夏基金会

乙方（受赠人）：广西壮族自治区百色市田阳县巴别乡中心学校

为了改善乙方教学办公条件，甲方自愿向乙方捐赠电脑，供田阳县巴别乡中心学校全体师生使用。为规范捐赠和受赠行为，保护捐赠人、受赠人和受益人的合法权益，本着依法保护公益捐赠品的完整完善、合理充分发挥其作用的原则，按照《中华人民共和国公益事业捐赠法》之有关规定，特签订协议如下：

一、甲方捐赠物品：商祺N260-160电脑30台。

二、捐赠意向：捐赠器材仅供田阳县巴别乡中心学校学生、老师学习、教学、办公使用。其他单位、个人不得以任何理由、任何方式将捐赠电脑挪用和侵占。

三、甲方所捐赠的物资系甲方合法所有的财产，捐赠行为属自愿且无偿的。捐赠物品由甲方负责办理运输手续并承担相关费用。货物于协议签订后5日内运出。

四、受赠人（乙方）接受捐赠后，应当向甲方出具合法、有效的收据，将受赠电脑立账，记入学校公共财产。乙方应妥善保管和维护受赠电脑，不得擅自改变受赠电脑的用途。如果确需改变用途的，应事先征得甲方同意。乙方有义务向甲方反馈捐赠电脑的使用和管理情况。

五、本协议一式三份，具同等法律效力。甲、乙方各存一份，田阳县教育局存一份以便监督执行。本协议自签订之日起生效，并受中华人民共和国公益事业捐赠法及其他有关法律的保护。

甲方：方文　（华夏基金会）　　　　　乙方：刘凯

日期：2015年12月7日　　　　　　　　日期：2015年12月7日

表2-3-57　　　　　　　　　出 库 单

提货部门：　　　　　　　　2015年12月9日　　　　　　　字第38号

编号	名称	规格	单位	应发数量	实发数量	单价	总金额 百	十	万	千	百	十	元	角	分	附注
	电脑	商祺N260-160	台	30	30	3 000.00		9	0	0	0	0	0	0		③财务
	合计						¥	9	0	0	0	0	0	0		

会计：　　　　出纳：　　　　复核：　　　　记账：　　　　制单：刘雁

表 2-3-58

货　票

计划号码或运输单号码 001006　　　　　　　××铁路局　　　　丙联　　　承运及收款凭证：发站→托运

发站	海韵	到站	百色	车种车号		货车标重			
经由			货物运到期限	10	施封号码或铁路篷布号码				
运价里程	1 100	集装箱箱型		保价金额	50 000	现付费用			
						费别	金额	费别	金额
托运人名称及地址	华夏基金会					运费	260.00		
收货人名称及地址	百色市田阳县巴别乡中心学校					基金1			
货物品名	品名代码	件数	货物重量	计费重量	运价号	运费率	基金2		
电脑	商祺 N260-160	30	1 200	1 200	24	0.15	保价费	100.00	
合计		30	1 200	1 200				360.00	
保价 50 000 元，保价费率 2‰						合计	360.00		

| 自检 | 潘辉 | 互检 | | 总检 | |

发站承运日期　2015 年 12 月 9 日

经办人章　潘辉

表 2-3-59

中国工商银行
转账支票存根

科　　目＿＿＿＿＿＿

对方科目＿＿＿＿＿＿

出票日期 2015 年 12 月 9 日

收　款　人：海韵车站

金　　额：360.00

用　　途：运费

表 2-3-60　　　　　　　　　　　　　　收　据
2015 年 12 月 14 日

今收到　华夏基金会捐赠商祺 N260-160 电脑 30 台

人民币（大写）　　玖万元整　　　　　　￥90 000.00

单位公章　[巴别乡中心学校 财务专用章]　　会计：（章）　　　　经手人：（章）　吴明

2. 业务内容

上述原始凭证表示：华夏基金会将受赠的电脑 30 台捐赠给广西壮族自治区百色市田阳县巴别乡中心学校，电脑成本 90 000.00 元，发生运费等 360.00 元，货物已如期安全到达。

3. 账务处理

（1）根据原始凭证填记账凭证，将原始凭证附于记账凭证后，并注明张数，见表 2-3-61。

表 2-3-61　　　　　　　　　　　　记　账　凭　证
2015 年 12 月 17 日　　　　　　　　　　　　　　第 10 号

摘要	科目		借方金额	贷方金额
	总账科目	明细科目	千百十万千百十元角分	千百十万千百十元角分
向巴别乡中心学校捐赠电脑	业务活动成本	捐赠项目成本	9 0 3 6 0 0 0	
	银行存款			3 6 0 0 0
	存货			9 0 0 0 0 0 0
合　　计			￥　9 0 3 6 0 0 0	￥　9 0 3 6 0 0 0

附原始凭证 4 张

会计主管：　　　记账：　　　出纳：　　　复核：　　　制单：刘一秋

（2）根据记账凭证登记有关总账，见表 2-3-62 至表 2-3-64。

表 2-3-62　　　　　　　　　　　　业务活动成本

2015 年		凭证号	摘要	借方金额	贷方金额	借或贷	余额
月	日			千百十万千百十元角分	千百十万千百十元角分		千百十万千百十元角分
11	30		本月止累计	9 0 0 0 0 0 0		借	9 0 0 0 0 0 0
12	17	10	向巴别乡中心学校捐赠电脑 30 台	9 0 3 6 0 0 0		借	9 9 0 3 6 0 0 0

表 2-3-63

银 行 存 款

2015年		凭证号	摘要	借方金额									贷方金额									借或贷	余额								
月	日			千	百	十	万	千	百	十	元	角	分	千	百	十	万	千	百	十	元	角	分		千	百	十	万	千	百	十	元	角	分
11	30		本月止累计				6	4	0	0	0	0	0				5	9	7	0	0	0	0	0	借				4	3	0	0	0	0	0
12	2	1	收华丰集团会费					2	0	0	0	0	0											借				4	5	0	0	0	0	0
	3	2	收个人会费						8	0	0	0	0											借				4	5	8	0	0	0	0
	3	3	收到李明先生捐款					5	0	0	0	0	0											借				9	5	8	0	0	0	0
	11	6	收万达公司义买款					5	6	9	0	0	0											借				9	6	3	6	9	0	0
	12	7	收刘飞、丁莉、周慧义买款						7	6	4	0	0											借				9	6	4	4	5	4	0
	14	8	收到饶辉先生捐款					1	0	0	0	0	0											借				9	7	4	4	5	4	0
	15	9	付水电费																1	3	4	8	0	0	借				9	7	3	1	0	6	0
	17	10	向巴别乡中心学校捐赠电脑30台运费																	3	6	0	0	0	借				9	7	3	4	6	6	0

表 2-3-64

存 货

2015年		凭证号	摘要	借方金额									贷方金额									借或贷	余额								
月	日			千	百	十	万	千	百	十	元	角	分	千	百	十	万	千	百	十	元	角	分		千	百	十	万	千	百	十	元	角	分
11	30		本月止累计					5	9	0	0	0	0						5	1	2	0	0	0	借					7	8	0	0	0	0
12	6	4	收到新世纪公司捐赠的电脑					1	8	0	0	0	0											借					2	5	8	0	0	0
12	8	5	收到黎康公司捐赠的办公用品						2	5	7	0	0											借					2	8	3	7	0	0
	17	10	向巴别乡中心学校捐赠电脑30台																9	0	0	0	0	0	借					1	9	3	7	0	0

业务 三

1. 原始凭证（2张）（见表2-3-65和表2-3-66）

表2-3-65

中国工商银行
现金支票存根

科　　目＿＿＿＿＿＿＿＿
对方科目＿＿＿＿＿＿＿＿
出票日期 2015 年 12 月 17 日
收 款 人：华夏基金会
金　　额：500.00
用　　途：业务活动餐费

表2-3-66

海韵市饮食业统一发票
（第二联：发票联）

No. 20210084
2015 年 12 月 17 日

经营项目	单位	数量	单价	金额 万 千 百 十 元 角 分
餐费				5 0 0 0 0
	红玫瑰餐厅 财务专用章			
金额（大写）万仟伍佰零拾零元零角零分				¥ 5 0 0 0 0
备　注				

此联为报销凭证

2. 业务内容

上述原始凭证表示：华夏基金会开展业务活动发生餐费500.00元，提现支付。

3. 账务处理

（1）根据原始凭证填记账凭证，将原始凭证附于记账凭证后，并注明张数，见表2-3-67。

表2-3-67

记 账 凭 证
2015 年 12 月 18 日
第 11 号

摘要	科目		借方金额	贷方金额
	总账科目	明细科目	千 百 十 万 千 百 十 元 角 分	千 百 十 万 千 百 十 元 角 分
业务活动餐费	业务活动成本	业务活动费	5 0 0 0 0	
	银行存款			5 0 0 0 0
合　　计			¥ 5 0 0 0 0	¥ 5 0 0 0 0

附原始凭证2张

会计主管：　　　　记账：　　　　出纳：　　　　复核：　　　　制单：刘一秋

(2) 根据记账凭证登记有关总账，见表 2-3-68 和表 2-3-69。

表 2-3-68　　　　　　　　　　　业务活动成本

2015年		凭证号	摘要	借方金额									贷方金额									借或贷	余额								
月	日			千	百	十	万	千	百	十	元	角	分	千	百	十	万	千	百	十	元	角	分		千	百	十	万	千	百	十	元	角	分
11	30		本月止累计				9	0	0	0	0	0	0											借				9	0	0	0	0	0	0
12	17	10	向巴别乡中心学校捐赠电脑30台					9	0	3	6	0	0											借			9	9	0	3	6	0	0
	18	11	业务活动餐费						5	0	0	0	0											借			9	9	0	8	6	0	0

表 2-3-69　　　　　　　　　　　银　行　存　款

2015年		凭证号	摘要	借方金额									贷方金额									借或贷	余额								
月	日			千	百	十	万	千	百	十	元	角	分	千	百	十	万	千	百	十	元	角	分		千	百	十	万	千	百	十	元	角	分
11	30		本月止累计			6	4	0	0	0	0	0	0			5	9	7	0	0	0	0	0	借				4	3	0	0	0	0	0
12	2	1	收华丰集团会费					2	0	0	0	0	0											借				4	5	0	0	0	0	0
	3	2	收个人会费						8	0	0	0	0											借				4	5	8	0	0	0	0
	3	3	收到李明先生捐款					5	0	0	0	0	0											借				9	5	8	0	0	0	0
	11	6	收万达公司义买款						5	6	9	0	0											借				9	6	3	6	9	0	0
	12	7	收刘飞、丁莉、周慧义买款							7	6	4	0	0										借				9	6	4	4	5	4	0	0
	14	8	收到饶辉先生捐款					1	0	0	0	0	0											借				9	7	4	4	5	4	0	0
	15	9	付水电费																1	3	4	8	0	0	借				9	7	3	1	0	6	0	0
	17	10	向巴别乡中心学校捐赠电脑30台运费																		3	6	0	0	0	借				9	7	3	4	6	6	0	0
	18	11	付业务活动餐费																	5	0	0	0	0	借				9	7	2	2	4	6	0	0

业 务 四

1. 原始凭证（3张）（见表2-3-70至表2-3-72）

表2-3-70 海韵市宏图文化用品商店零售发票

（第二联：发票联）　　　　2015年12月15日

品　称	规格	单位	数量	单价	金额 万 千 百 十 元 角 分
宣传用品					7 0 0 0 0
金额（大写） 万币仟柒佰零拾零元零角零分					¥ 　7 0 0 0 0
备注					

（海韵市宏图文化用品商店 发票专用章）

此联为报销凭证

复核人：　　　　　　　售货人：周涛

表2-3-71

中国工商银行
现金支票存根

科　　目＿＿＿＿＿
对方科目＿＿＿＿＿
出票日期 2015年12月17日
收 款 人：华夏基金会
金　　额：150 700.00
用　　途：奖学金及宣传费

表2-3-72 华夏基金会2015年度奖学金发放表

2015年12月17日

获奖者姓名	单位	奖励金额	受奖者签字
高波	科技大学	5 000.00	高波
晏霞	师范大学	5 000.00	晏霞
刘圳	农业大学	3 000.00	刘圳
……		……	……
合　计		150 000.00	

2. 业务内容

上述原始凭证表示：经仔细考核，华夏基金会决定对高波等一批品学兼优的学生发放奖学金，共计150 000.00元，同时为举行颁奖仪式发生宣传费700.00元，提现支付。

3. 账务处理

（1）根据原始凭证填记账凭证，将原始凭证附于记账凭证后，并注明张数，见表2-3-73。

表2-3-73　　　　　　　　　　记　账　凭　证
2015年12月18日　　　　　　　　　　　　　　　第12号

摘要	科目		借方金额									贷方金额									附原始凭证3张
	总账科目	明细科目	千	百	十	万	千	百	十	元	角	分	千	百	十	万	千	百	十	元	角	分	
发放奖学金	业务活动成本	捐赠项目成本			1	5	0	7	0	0	0	0											
	银行存款														1	5	0	7	0	0	0	0	
	合　　计		¥		1	5	0	7	0	0	0	0	¥		1	5	0	7	0	0	0	0	

会计主管：　　　记账：　　　出纳：　　　复核：　　　制单：刘一秋

（2）根据记账凭证登记有关总账，见表2-3-74和表2-3-75。

表2-3-74　　　　　　　　　　业务活动成本

2015年		凭证号	摘要	借方金额										贷方金额										借或贷	余　　额									
月	日			千	百	十	万	千	百	十	元	角	分	千	百	十	万	千	百	十	元	角	分		千	百	十	万	千	百	十	元	角	分
11	30		本月止累计				9	0	0	0	0	0	0											借				9	0	0	0	0	0	0
12	17	10	向巴别乡中心学校捐赠电脑30台					9	0	3	6	0	0											借				9	9	0	3	6	0	0
	18	11	业务活动餐费						5	0	0	0	0											借				9	9	0	8	6	0	0
	18	12	支付奖学金及宣传费			1	5	0	7	0	0	0	0											借			1	1	4	1	5	6	0	0

表2-3-75　　　　　　　　　　银　行　存　款

2015年		凭证号	摘要	借方金额										贷方金额										借或贷	余　　额									
月	日			千	百	十	万	千	百	十	元	角	分	千	百	十	万	千	百	十	元	角	分		千	百	十	万	千	百	十	元	角	分
11	30		本月止累计			6	4	0	0	0	0	0	0			5	9	7	0	0	0	0	0	借				4	3	0	0	0	0	0
12	2	1	收华丰集团会费					2	0	0	0	0	0											借				4	5	0	0	0	0	0
	3	2	收个人会费						8	0	0	0	0											借				4	5	8	0	0	0	0

续表

2015年		凭证号	摘要	借方金额 千百十万千百十元角分	贷方金额 千百十万千百十元角分	借或贷	余额 千百十万千百十元角分
月	日						
	3	3	收到李明先生捐款	5 0 0 0 0 0 0 0		借	9 5 8 0 0 0 0 0
	11	6	收万达公司义买款	5 6 9 0 0 0		借	9 6 3 6 9 0 0 0
	12	7	收刘飞、丁莉、周慧义买款	7 6 4 0 0		借	9 6 4 4 5 4 0 0
	14	8	收到饶辉先生捐款	1 0 0 0 0 0 0		借	9 7 4 4 5 4 0 0
	15	9	付水电费		1 3 4 8 0 0	借	9 7 3 1 0 6 0 0
	17	10	向巴别乡中心学校捐赠电脑30台运费		3 6 0 0 0	借	9 7 3 4 6 6 0 0
	18	11	付业务活动餐费		5 0 0 0 0	借	9 7 2 2 4 6 0 0
	18	12	支付奖学金及宣传费		1 5 0 7 0 0 0 0	借	8 2 1 5 4 6 0 0

业 务 5

1. 原始凭证（2张）（见表2-3-76和表2-3-77）

表2-3-76

中国工商银行
现金支票存根

科　　目　_____

对方科目　_____

出票日期 2015年12月18日

收 款 人：华夏基金会

金　　额：160 000.00

用　　途：资助贫困学生

表 2-3-77　　　　　　　　　　　　华夏基金会助学捐款情况表
2015 年 12 月 18 日

受资助者姓名	单 位	金 额	受资助者签字
魏敏	交通大学	5 000.00	魏敏
张亢	医科大学	5 000.00	张亢
刘佳明	工业大学	5 000.00	刘佳明
……		……	……
合 计		160 000.00	

2. 业务内容

上述原始凭证表示：华夏基金会向贫困大学生捐款 160 000.00 元，提现支付。

3. 账务处理

（1）根据原始凭证填记账凭证，将原始凭证附于记账凭证后，并注明张数，见表 2-3-78。

表 2-3-78　　　　　　　　　　　记 账 凭 证
2015 年 12 月 19 日　　　　　　　　　　　　　　　　　　　　　　　　　　第 13 号

摘 要	科 目		借方金额	贷方金额	附原始凭证2张
	总账科目	明细科目	千百十万千百十元角分	千百十万千百十元角分	
向贫困学生捐款	业务活动成本	捐赠项目成本	１６０００００		
	银行存款			１６０００００	
合　　计			¥　　１６０００００	¥　　１６０００００	

会计主管：　　　　记账：　　　　出纳：　　　　复核：　　　　制单：刘一秋

（2）根据记账凭证登记有关总账，见表 2-3-79 和表 2-3-80。

表 2-3-79　　　　　　　　　　　　　业 务 活 动 成 本

2015 年		凭证号	摘 要	借方金额	贷方金额	借或贷	余 额
月	日			千百十万千百十元角分	千百十万千百十元角分		千百十万千百十元角分
11	30		本月止累计	９０００００００		借	９０００００００
12	17	10	向巴别乡中心学校捐赠电脑30台	９０３６０００		借	９９０３６０００
	18	11	业务活动餐费	５０００００		借	９９０８６０００
	18	12	支付奖学金及宣传费	１５０７０００		借	１１４１５６０００
	19	13	向贫困学生捐款	１６０００００		借	１３０１５６０００

表 2-3-80　　　　　　　　　　　银　行　存　款

2015年		凭证号	摘要	借方金额 千百十万千百十元角分	贷方金额 千百十万千百十元角分	借或贷	余额 千百十万千百十元角分
月	日						
11	30		本月止累计	6 4 0 0 0 0 0 0	5 9 7 0 0 0 0 0	借	4 3 0 0 0 0 0 0
12	2	1	收华丰集团会费	2 0 0 0 0 0 0		借	4 5 0 0 0 0 0 0
	3	2	收个人会费	8 0 0 0 0 0		借	4 5 8 0 0 0 0 0
	3	3	收到李明先生捐款	5 0 0 0 0 0 0 0		借	9 5 8 0 0 0 0 0
	11	6	收万达公司义买款	5 6 9 0 0 0		借	9 6 3 6 9 0 0 0
	12	7	收刘飞、丁莉、周慧义买款	7 6 4 0 0		借	9 6 4 4 5 4 0 0
	14	8	收到饶辉先生捐款	1 0 0 0 0 0 0		借	9 7 4 4 5 4 0 0
	15	9	付水电费		1 3 4 8 0 0	借	9 7 3 1 0 6 0 0
	17	10	向巴别乡中心学校捐赠电脑30台运费		3 6 0 0 0	借	9 7 3 4 6 6 0 0
	18	11	付业务活动餐费		5 0 0 0 0	借	9 7 2 2 4 6 0 0
	18	12	支付奖学金及宣传费		1 5 0 7 0 0 0 0	借	8 2 1 5 4 6 0 0
	19	13	向贫困学生捐款		1 6 0 0 0 0 0 0	借	6 6 1 5 4 6 0 0

业　务　七

1. 原始凭证（3张）（见表2-3-81至表2-3-83）

表 2-3-81

```
      中国工商银行
      转账支票存根

科    目 _____
对方科目 _____
出票日期 ××年 12 月 19 日
收 款 人：东埔印刷厂
金    额：1 200.00
用    途：募款宣传资料印刷费
```

表 2-3-82　　　　　　　　　××省增值税普通发票　　　　　　（普三）105021423101
　　　　　　　　　　　　　　　　　发 票 联　　　　　　　　　　　　No. 02462790
　　　　　　　　　　　　　　　　　　　　　　　　　　　　　　　　2015 年 12 月 19 日

品名及规格	货款或劳务	单位	数量	单价	金额
宣传资料	印刷费	份	2 000	0.60	1 200.00
金额合计（大写）壹仟贰佰元整					￥1 200.00
备注：					

② 付款方报销凭证

单位盖章：东浦印刷厂发票专用章　　复核人：　　　收款人：卢森　　　开票人：卢森

表 2-3-83　　　　　　　　　　　　入　库　单
　　　　　　　　　　　　　　　　2015 年 12 月 19 日　　　　　　　　　　　　字第 58 号

货物来源：本会印刷　　　　　　　　　　　发票：02462790

编号	货物名称	规格	送验数量	实收数量	单位	单价	金额 百 十 万 千 百 十 元 角 分
	募款宣传资料		2 000	2 000	份	0.60	1 2 0 0 0 0
备注		验收人盖章		刘雁		合计 ￥1 200.00	

会计：　　　出纳：　　　复核：　　　记账：　　　制单：刘雁

2. 业务内容

上述原始凭证表示：华夏基金会支付募款宣传资料印刷费 1 200.00 元，资料验收入库。

3. 账务处理

（1）根据原始凭证填记账凭证，将原始凭证附于记账凭证后，并注明张数，见表 2-3-84。

表 2-3-84

记 账 凭 证

2015 年 12 月 20 日　　　　　　　　　　　　　　第 14 号

摘　要	科　目		借方金额	贷方金额	
	总账科目	明细科目	千百十万千百十元角分	千百十万千百十元角分	
支付募款资料	存货		1 2 0 0 0 0		附原始凭证3张
印刷费，印刷品	银行存款			1 2 0 0 0 0	
验收入库					
	合　计		￥　　　1 2 0 0 0 0	￥　　　1 2 0 0 0 0	

会计主管：　　　　记账：　　　　出纳：　　　　复核：　　　　制单：刘一秋

（2）根据记账凭证登记有关总账，见表 2-3-85 和表 2-3-86。

表 2-3-85　　　　　　　　　　**存　　货**

2015 年		凭证号	摘　要	借方金额	贷方金额	借或贷	余　额
月	日			千百十万千百十元角分	千百十万千百十元角分		千百十万千百十元角分
11	30		本月止累计	5 9 0 0 0 0 0	5 1 2 0 0 0 0	借	7 8 0 0 0 0
12	6	4	收到新世纪公司捐赠的电脑	1 8 0 0 0 0 0		借	2 5 8 0 0 0 0
12	8	5	收到黎康公司捐赠的办公用品	2 5 7 0 0 0 0		借	2 8 3 7 0 0 0
17	10		向巴别乡中心学校捐赠电脑30台		9 0 0 0 0 0	借	1 9 3 7 0 0 0
20	14		印刷募款宣传资料入库	1 2 0 0 0 0		借	1 9 4 9 0 0 0

表 2-3-86　　　　　　　　　　　　　银 行 存 款

2015年 月	2015年 日	凭证号	摘要	借方金额 千百十万千百十元角分	贷方金额 千百十万千百十元角分	借或贷	余额 千百十万千百十元角分
11	30		本月止累计	6 4 0 0 0 0 0 0	5 9 7 0 0 0 0 0	借	4 3 0 0 0 0 0 0
12	2	1	收华丰集团会费	2 0 0 0 0 0 0		借	4 5 0 0 0 0 0 0
	3	2	收个人会费	8 0 0 0 0 0		借	4 5 8 0 0 0 0 0
	3	3	收到李明先生捐款	5 0 0 0 0 0 0 0		借	9 5 8 0 0 0 0 0
	11	6	收万达公司义买款	5 6 9 0 0 0		借	9 6 3 6 9 0 0 0
	12	7	收刘飞、丁莉、周慧义买款	7 6 4 0 0		借	9 6 4 4 5 4 0 0
	14	8	收到饶辉先生捐款	1 0 0 0 0 0 0		借	9 7 4 4 5 4 0 0
	15	9	付水电费		1 3 4 8 0 0	借	9 7 3 1 0 6 0 0
	17	10	向巴别乡中心学校捐赠电脑30台运费		3 6 0 0 0	借	9 7 2 7 4 6 0 0
	18	11	付业务活动餐费		5 0 0 0 0	借	9 7 2 2 4 6 0 0
	18	12	支付奖学金及宣传费		1 5 0 7 0 0 0	借	8 2 1 5 4 6 0 0
	19	13	向贫困学生捐款		1 6 0 0 0 0 0	借	6 6 1 5 4 6 0 0
	20	14	付募款宣传资料印刷费		1 2 0 0 0	借	6 6 0 3 4 6 0 0

业 务 八

1. 原始凭证（3张）（见表2-3-87至表2-3-89）

表 2-3-87　　　　　　　　　　　　　出 库 单

提货部门：　　　　　　　　　2015年12月22日　　　　　　　　　字第39号

编号	名称	规格	单位	应发数量	实发数量	单价	总金额 百十万千百十元角分	附注
	募款宣传资料		份	1 000	1 000	0.60	6 0 0 0 0	
	合计						6 0 0 0 0	

会计：　　　出纳：　　　复核：　　　记账：　　　制单：刘雁

③ 财务

表 2-3-88

```
中国工商银行
现金支票存根

科    目 _____
对方科目 _____
出票日期 2015 年 12 月 23 日
收 款 人：华夏基金会
金    额：100.00
用    途：募款活动餐费
```

表 2-3-89　　　　　　　　　　海韵市饮食业统一发票　　　　　　　　No.10020428
　　　　　　　　　　　　　　　　（第二联：发票联）　　　　　　　　2015 年 12 月 23 日

经营项目	单位	数量	单价	金额 万 千 百 十 元 角 分	
餐费				1 0 0 0 0	此联为报销凭证
		快乐餐厅 财务专用章			
金额（大写）万币仟壹佰零拾零元零角零分				￥　　1 0 0 0 0	
备注					

2. 业务内容

上述原始凭证表示：基金会为募款领用宣传资料 1 000 份，成本 600.00 元，发生餐费 100.00 元，提现支付。

3. 账务处理

（1）根据原始凭证填记账凭证，将原始凭证附于记账凭证后，并注明张数。

表 2-3-90　　　　　　　　　　　记 账 凭 证
　　　　　　　　　　　　　　　2015 年 12 月 24 日　　　　　　　　　　　第 15 号

摘要	科目		借方金额	贷方金额	
	总账科目	明细科目	千百十万千百十元角分	千百十万千百十元角分	
募款活动领宣	筹资费用		7 0 0 0 0		附原始凭证3张
传资料、发生餐费	银行存款			1 0 0 0 0	
	存货			6 0 0 0 0	
	合计		￥　　7 0 0 0 0	￥　　7 0 0 0 0	

会计主管：　　　　　记账：　　　　　出纳：　　　　　复核：　　　　　制单：刘一秋

（2）根据记账凭证登记有关总账，见表2-3-91至表2-3-93。

表2-3-91　　　　　　　　　　　筹　资　费　用

2015年		凭证号	摘要	借方金额									贷方金额									借或贷	余　额								
月	日			千	百	十	万	千	百	十	元	角	分	千	百	十	万	千	百	十	元	角	分		千	百	十	万	千	百	十	元	角	分
11	30		本月止累计				1	3	0	0	0	0	0											借				1	3	0	0	0	0	0
12	24	15	募款宣传费、餐费					7	0	0	0	0												借				1	3	0	7	0	0	0

表2-3-92　　　　　　　　　　　存　　货

2015年		凭证号	摘要	借方金额										贷方金额										借或贷	余　额									
月	日			千	百	十	万	千	百	十	元	角	分	千	百	十	万	千	百	十	元	角	分		千	百	十	万	千	百	十	元	角	分
11	30		本月止累计				5	9	0	0	0	0	0				5	1	2	0	0	0	0	借					7	8	0	0	0	0
12	6	4	收到新世纪公司捐赠的电脑				1	8	0	0	0	0	0											借				2	5	8	0	0	0	0
12	8	5	收到黎康公司捐赠的办公用品					2	5	7	0	0	0											借				2	8	3	7	0	0	0
	17	10	向巴别乡中心学校捐赠电脑30台															9	0	0	0	0	0	借				1	9	3	7	0	0	0
	20	14	印刷募款宣传资料入库					1	2	0	0	0	0											借				1	9	4	9	0	0	0
	24	15	募款领用宣传资料																	6	0	0	0	借				1	9	4	3	0	0	0

表 2-3-93　　　　　　　　　　　银　行　存　款

2015年 月	2015年 日	凭证号	摘要	借方金额 千	借方金额 百	借方金额 十	借方金额 万	借方金额 千	借方金额 百	借方金额 十	借方金额 元	借方金额 角	借方金额 分	贷方金额 千	贷方金额 百	贷方金额 十	贷方金额 万	贷方金额 千	贷方金额 百	贷方金额 十	贷方金额 元	贷方金额 角	贷方金额 分	借或贷	余额 千	余额 百	余额 十	余额 万	余额 千	余额 百	余额 十	余额 元	余额 角	余额 分
11	30		本月止累计		6	4	0	0	0	0	0	0	0		5	9	7	0	0	0	0	0	0	借			4	3	0	0	0	0	0	0
12	2	1	收华丰集团会费				2	0	0	0	0	0	0											借			4	5	0	0	0	0	0	0
	3	2	收个人会费					8	0	0	0	0	0											借			4	5	8	0	0	0	0	0
	3	3	收到李明先生捐款				5	0	0	0	0	0	0											借			9	5	8	0	0	0	0	0
	11	6	收万达公司义买款					5	6	9	0	0	0											借			9	6	3	6	9	0	0	0
	12	7	收刘飞、丁莉、周慧义买款						7	6	4	0	0											借			9	6	4	4	5	4	0	0
	14	8	收到饶辉先生捐款				1	0	0	0	0	0	0											借			9	7	4	4	5	4	0	0
	15	9	付水电费															1	3	4	8	0	0	借			9	7	3	1	0	6	0	0
	17	10	向巴别乡中心学校捐赠电脑30台运费																3	6	0	0	0	借			9	7	3	4	6	6	0	0
	18	11	付业务活动餐费																5	0	0	0	0	借			9	7	2	2	4	6	0	0
	18	12	支付奖学金及宣传费														1	5	0	7	0	0	0	借			8	2	1	5	4	6	0	0
	19	13	向贫困学生捐款														1	6	0	0	0	0	0	借			6	6	1	5	4	6	0	0
	20	14	付募款宣传资料印刷费															1	2	0	0	0	0	借			6	6	0	3	4	6	0	0
	24	15	募款餐费																1	0	0	0	0	借			6	6	0	2	4	6	0	0

（三）月末、年终及会计报表业务

1. 月末业务

月末业务主要是对本月业务进行清理，将本月发生的已发生的经济业务全部登记入账，并进行账账、账证、账实核对，在核对一致的基础上，进行月度结账，结出"本月合计"、"本月止累计"，并以"本月止累计"数为依据编制月报。民间非营利组织月报主要有资产负债表、业务活动表。

（1）结账，结出各有关账户的"本月合计"和"本月止累计"数，见表2-3-94至表2-3-101。

表 2-3-94   筹资费用

2015年		凭证号	摘要	借方金额 千百十万千百十元角分	贷方金额 千百十万千百十元角分	借或贷	余额 千百十万千百十元角分
月	日						
11	30		本月止累计	1 3 0 0 0 0 0 0		借	1 3 0 0 0 0 0 0
12	24	15	募款宣传费、餐费	7 0 0 0 0		借	1 3 0 7 0 0 0 0
			本月合计	7 0 0 0 0		借	7 0 0 0 0
			本月止累计	1 3 0 7 0 0 0 0		借	1 3 0 7 0 0 0 0

表 2-3-95   业务活动成本

2015年		凭证号	摘要	借方金额 千百十万千百十元角分	贷方金额 千百十万千百十元角分	借或贷	余额 千百十万千百十元角分
月	日						
11	30		本月止累计	9 0 0 0 0 0 0 0		借	9 0 0 0 0 0 0 0
12	17	10	向巴别乡中心学校捐赠电脑30台	9 0 3 6 0 0 0		借	9 9 0 3 6 0 0 0
12	18	11	业务活动餐费	5 0 0 0 0		借	9 9 0 8 6 0 0 0
12	18	12	支付奖学金及宣传费	1 5 0 7 0 0 0 0		借	1 1 4 1 5 6 0 0 0
12	19	13	向贫困学生捐款	1 6 0 0 0 0 0 0		借	1 3 0 1 5 6 0 0 0
			本月合计	4 0 1 5 6 0 0 0		借	4 0 1 5 6 0 0 0
			本月止累计	1 3 0 1 5 6 0 0 0		借	1 3 0 1 5 6 0 0 0

表 2-3-96   银行存款

2015年		凭证号	摘要	借方金额 千百十万千百十元角分	贷方金额 千百十万千百十元角分	借或贷	余额 千百十万千百十元角分
月	日						
11	30		本月止累计	6 4 0 0 0 0 0 0	5 9 7 0 0 0 0 0	借	4 3 0 0 0 0 0 0
12	2	1	收华丰集团会费	2 0 0 0 0 0 0		借	4 5 0 0 0 0 0 0
12	3	2	收个人会费	8 0 0 0 0 0		借	4 5 8 0 0 0 0 0
12	3	3	收到李明先生捐款	5 0 0 0 0 0 0 0		借	9 5 8 0 0 0 0 0

续表

2015年		凭证号	摘要	借方金额									贷方金额									借或贷	余额								
月	日			千	百	十	万	千	百	十	元	角	分	千	百	十	万	千	百	十	元	角	分		千	百	十	万	千	百	十	元	角	分
12	11	6	收万达公司义卖款				5	6	9	0	0	0	0											借			9	6	3	6	9	0	0	0
	12	7	收刘飞、丁莉、周慧义卖款					7	6	4	0	0	0											借			9	6	4	4	5	4	0	0
	14	8	收到饶辉先生捐款				1	0	0	0	0	0	0											借			9	7	4	4	5	4	0	0
	15	9	付水电费															1	3	4	8	0	0	借			9	7	3	1	0	6	0	0
	17	10	向巴别乡中心学校捐赠电脑30台运费																3	6	0	0	0	借			9	7	2	7	4	6	0	0
	18	11	付业务活动餐费																	5	0	0	0	借			9	7	2	6	9	6	0	0
	18	12	支付奖学金及宣传费														1	5	0	7	0	0	0	借			8	2	1	9	9	6	0	0
	19	13	向贫困学生捐款														1	6	0	0	0	0	0	借			6	6	1	9	9	6	0	0
	20	14	付募款宣传资料印刷费																1	2	0	0	0	借			6	6	0	7	9	6	0	0
	24	15	募款餐费																	1	0	0	0	借			6	6	0	6	9	6	0	0
			本月合计				5	4	4	5	4	0	0				3	1	4	2	0	8	0				2	3	0	2	4	6	0	0
			本月止累计				6	9	4	4	5	4	0	0			6	2	8	4	2	0	8	借			6	6	0	2	4	6	0	0

表2-3-97   存　　货

2015年		凭证号	摘要	借方金额										贷方金额										借或贷	余额									
月	日			千	百	十	万	千	百	十	元	角	分	千	百	十	万	千	百	十	元	角	分		千	百	十	万	千	百	十	元	角	分
11	30		本月止累计				5	9	0	0	0	0	0				5	1	2	0	0	0	0	借				7	8	0	0	0	0	0
12	6	4	收到新世纪公司捐赠的电脑				1	8	0	0	0	0	0											借				2	5	8	0	0	0	0
12	8	5	收到黎康公司捐赠的办公用品					2	5	7	0	0	0											借				2	8	3	7	0	0	0
	17	10	向巴别乡中心学校捐赠电脑30台														9	0	0	0	0	0	0	借				1	9	3	7	0	0	0

续表

2015年		凭证号	摘要	借方金额 千百十万千百十元角分	贷方金额 千百十万千百十元角分	借或贷	余额 千百十万千百十元角分
月	日						
12	20	14	印刷募款宣传资料入库	1 2 0 0 0 0		借	1 9 4 9 0 0 0 0
	24	15	募款领用宣传资料		6 0 0 0 0	借	1 9 4 3 0 0 0 0
			本月合计				
			本月止累计				

表2-3-98　　　　　　　　　　　捐　赠　收　入

2015年		凭证号	摘要	借方金额 千百十万千百十元角分	贷方金额 千百十万千百十元角分	借或贷	余额 千百十万千百十元角分
月	日						
11	30		本月止累计		8 5 0 0 0 0 0	贷	8 5 0 0 0 0 0
12	3	3	收到李明先生捐款		5 0 0 0 0 0	贷	1 3 5 0 0 0 0 0
12	6	4	收到新世纪公司捐赠的电脑		1 8 0 0 0 0 0	贷	1 5 3 0 0 0 0 0
	8	5	收到黎康公司捐赠的办公用品		2 5 7 0 0 0	贷	1 5 5 5 7 0 0 0
	14	8	收到饶辉先生捐款		1 0 0 0 0 0	贷	1 5 6 5 7 0 0 0
			本月合计		7 1 5 7 0 0 0	贷	7 1 5 7 0 0 0
			本月止累计		1 5 6 5 7 0 0 0	贷	1 5 6 5 7 0 0 0

表2-3-99　　　　　　　　　　　商　品　销　售　收　入

2015年		凭证号	摘要	借方金额 千百十万千百十元角分	贷方金额 千百十万千百十元角分	借或贷	余额 千百十万千百十元角分
月	日						
11	30		本月止累计		1 6 0 0 0 0 0	贷	1 6 0 0 0 0 0
12	11	6	收万达公司义买款		5 6 9 0 0 0	贷	1 6 5 6 9 0 0 0

续表

2015年		凭证号	摘要	借方金额 千百十万千百十元角分	贷方金额 千百十万千百十元角分	借或贷	余额 千百十万千百十元角分
月	日						
12	12	7	收刘飞、丁莉、周慧义买款		7 6 4 0 0	贷	1 6 6 4 5 4 0 0
			本月合计		6 4 5 4 0 0	贷	6 4 5 4 0 0
			本月止累计		1 6 6 4 5 4 0 0	贷	1 6 6 4 5 4 0 0

表 2-3-100　　　　　　　　　　会 费 收 入

2015年		凭证号	摘要	借方金额 千百十万千百十元角分	贷方金额 千百十万千百十元角分	借或贷	余额 千百十万千百十元角分
月	日						
11	30		本月止累计		3 4 0 0 0 0 0 0	贷	3 4 0 0 0 0 0 0
12	2	1	收华丰集团会费		2 0 0 0 0 0 0	贷	3 6 0 0 0 0 0 0
	3	2	收个人会费		8 0 0 0 0	贷	3 6 0 8 0 0 0 0
			本月合计		2 8 0 0 0 0 0	贷	2 8 0 0 0 0 0
			本月止累计		3 6 8 0 0 0 0 0	贷	3 6 8 0 0 0 0 0

表 2-3-101　　　　　　　　　　管 理 费 用

2015年		凭证号	摘要	借方金额 千百十万千百十元角分	贷方金额 千百十万千百十元角分	借或贷	余额 千百十万千百十元角分
月	日						
11	30		本月止累计	1 2 0 0 0 0 0 0		借	1 2 0 0 0 0 0 0
12	15	9	付水电费	1 3 4 8 0 0		借	1 2 1 3 4 8 0 0
			本月合计	1 3 4 8 0 0		借	1 3 4 8 0 0
			本月止累计	1 2 1 3 4 8 0 0		借	1 2 1 3 4 8 0 0

(2) 编制月报, 见表 2-3-102 至表 2-3-103。

表 2-3-102　　　　　　　　　　　资　产　负　债　表

编制单位：华夏基金会　　　　　　　　2015 年 12 月 31 日　　　　　　　　单位：元

资产	年初数	期末数	负债和净资产	年初数	期末数
流动资产：			流动负债：		
货币资金	160 000.00	672 246.00	短期借款		
短期投资			应付款项		
应收款项			应付工资		
预付款项			应交税金		
存　货	250 000.00	194 300.00	预收账款		
待摊费用			预提费用		
一年内到期的长期债权投产			预计负债		
其他流动资产			一年内到期的长期负债		
流动资产合计	410 000.00	866 546.00	其他流动负债		
			流动负债合计		
长期投资：					
长期股权投资			长期负债		
长期债权投资			长期借款		
长期投资合计			长期应付款		
			其他长期负债		
固定资产：			长期负债合计		
固定资产原价	860 000.00	1 000 000.00			
减：累计折旧	150 000.00	200 000.00	受托代理负债：		
固定资产净值	710 000.00	800 000.00	受托代理负债		
在建工程			负债合计		
文物文化资产					
固定资产清理					
固定资产合计	710 000.00	800 000.00	净资产：		
			非限定性净资产	120 000.00	166 546.00
无形资产：			限定性净资产	1 000 000.00	1 500 000.00
无形资产			净资产合计	1 120 000.00	1 666 546.00
受托代理资产：					
受托代理资产					
资产总计	1 120 000.00	1 666 546.00	负债和净资产总计	1 120 000.00	1 666 546.00

表 2-3-103　　　　　　　　　业 务 活 动 表

编制单位：华夏基金会　　　　　2015 年 12 月 31 日　　　　　　　　　　　　　　单位：元

项　目	本　月　数			本 年 累 计 数		
	非限定性	限定性	合计	非限定性	限定性	合计
一、收入						
其中：捐赠收入	215 700.00	500 000.00	715 700.00	1 065 700.00	500 000.00	1 565 700.00
会费收入	28 000.00			368 000.00		368 000.00
提供服务收入						
商品销售收入	6 454.00			166 454.00		166 454.00
政府补助收入						
投资收益						
其他收入						
收入合计	250 154.00	500 000.00	715 700.00	1 600 154.00	500 000.00	2 100 154.00
二、费用						
（一）业务活动成本	401 560.00		401 560.00	1 301 560.00		1 301 560.00
其中：						
（二）管理费用	1 348.00		1 348.00	121 348.00		121 348.00
（三）筹资费用	700.00		700.00	130 700.00		130 700.00
（四）其他费用						
费用合计	403 608.00		403 608.00	1 553 608.00		1 553 608.00
三、限定性净资产转为非限定性净资产						
四、净资产变动额（若为净资产减少额，以"-"号填列）	-153 454.00	500 000.00	398 546.00	46 546.00	500 000.00	546 546.00

2. 年终业务

民间非营利组织的年终业务包括年终清理、年终结账、编制年报三个方面的内容。

（1）年终清理，是对单位全年收支活动进行全面清理、核对、整理，以保证报表数字真实、内容完整、报送及时的一项基础工作。

（2）年终结账，年终清理完毕，在账目核对相符的基础上进行年终结账。年终结账工作，一般分为三个步骤，即：年终转账、结清旧账和记入新账。

①年终转账。账目核对无误后，首先计算出各账户借方、贷方的 12 月份合计数的全年累计数，结出 12 月末的余额；其次根据各总账账户 12 月末的余额编制 12 月份的"资产负债表"、"业务活动表"；最后填制 12 月 31 日的记账凭证（无原始凭证）办理年终转账，将各项收入、费用分别转入限定性净资产和非限定性净资产，并登记入账。

a. 结账，方法见月末业务。

b. 编制 12 月份的"资产负债表"、"业务活动表"（见月末业务）。

c. 直接填制记账凭证，办理年终转账，并登记总账，见表 2-3-104 至表 2-3-106。

表 2-3-104

记 账 凭 证

2015 年 12 月 31 日　　　　　　　　　　　　第 16 号

摘要	科目		借方金额	贷方金额	附原始凭证　张
	总账科目	明细科目	千百十万千百十元角分	千百十万千百十元角分	
结转非限定性收入	捐赠收入	非限定性收入	1 0 6 5 7 0 0 0 0		
	会员收入	非限定性收入	3 6 8 0 0 0 0 0		
	商品销售收入	非限定性收入	1 6 6 4 5 4 0 0 0		
	非限定性净资产			1 6 0 0 1 5 4 0 0	
	合　　计		¥ 1 6 0 0 1 5 4 0 0	¥ 1 6 0 0 1 5 4 0 0	

会计主管：　　　　　记账：　　　　　出纳：　　　　　复核：　　　　　制单：刘一秋

表 2-3-105

记 账 凭 证

2015 年 12 月 31 日　　　　　　　　　　　　第 17 号

摘要	科目		借方金额	贷方金额	附原始凭证　张
	总账科目	明细科目	千百十万千百十元角分	千百十万千百十元角分	
结转非限定性费用	非限定性净资产		1 5 5 3 6 0 8 0 0		
	管理费用			1 2 1 3 4 8 0 0	
	筹资费用			1 3 0 7 0 0 0 0	
	业务活动成本			1 3 0 1 5 6 0 0 0	
	合　　计		¥ 1 5 5 3 6 0 8 0 0	¥ 1 5 5 3 6 0 8 0 0	

会计主管：　　　　　记账：　　　　　出纳：　　　　　复核：　　　　　制单：刘一秋

表 2-3-106

记 账 凭 证

2015 年 12 月 31 日　　　　　　　　　　　　第 18 号

摘要	科目		借方金额	贷方金额	附原始凭证　张
	总账科目	明细科目	千百十万千百十元角分	千百十万千百十元角分	
结转限定性收入	捐赠收入	限定性收入	5 0 0 0 0 0 0 0		
	限定性净资产			5 0 0 0 0 0 0 0	
	合　　计		¥ 　　5 0 0 0 0 0 0 0	¥ 　　5 0 0 0 0 0 0 0	

会计主管：　　　　　记账：　　　　　出纳：　　　　　复核：　　　　　制单：刘一秋

②结清旧账。将转账后无余额的账户结出"全年累计"数，然后在下面划双红线，表示本账户全部结清。对年终有余额的账户，在"本月止累计"数下行的"摘要"栏内注明"结转下年"字样，再在下面划双红线，表示年终余额转入新账，结束旧账，见表 2-3-107 至表 2-3-116。

表 2-3-107　　　　　　　　　　　捐 赠 收 入

2015年		凭证号	摘要	借方金额 千 百 十 万 千 百 十 元 角 分	贷方金额 千 百 十 万 千 百 十 元 角 分	借或贷	余额 千 百 十 万 千 百 十 元 角 分
月	日						
11	30		本月止累计		8 5 0 0 0 0 0 0	贷	8 5 0 0 0 0 0 0
12	3	3	收到李明先生捐款		5 0 0 0 0 0 0 0	贷	1 3 5 0 0 0 0 0 0
12	6	4	收到新世纪公司捐赠的电脑		1 8 0 0 0 0 0 0	贷	1 5 3 0 0 0 0 0 0
	8	5	收到黎康公司捐赠的办公用品		2 5 7 0 0 0 0	贷	1 5 5 5 7 0 0 0 0
	14	8	收到饶辉先生捐款		1 0 0 0 0 0 0 0	贷	1 6 5 5 7 0 0 0 0
			本月合计		7 1 5 7 0 0 0 0	贷	7 1 5 7 0 0 0 0
			本月止累计		1 5 6 5 7 0 0 0 0	贷	1 5 6 5 7 0 0 0 0
	31	16	结转非限定性收入	1 0 6 5 7 0 0 0 0		贷	5 0 0 0 0 0 0 0
	31	18	结转限定性收入	5 0 0 0 0 0 0 0		贷	0 0 0
			全年累计	1 5 6 5 7 0 0 0 0	1 5 6 5 7 0 0 0 0	平	0 0 0

表 2-3-108　　　　　　　　　　商 品 销 售 收 入

2015年		凭证号	摘要	借方金额 千 百 十 万 千 百 十 元 角 分	贷方金额 千 百 十 万 千 百 十 元 角 分	借或贷	余额 千 百 十 万 千 百 十 元 角 分
月	日						
11	30		本月止累计		1 6 0 0 0 0 0 0	贷	1 6 0 0 0 0 0 0
12	11	6	收万达公司义买款		5 6 9 0 0 0	贷	1 6 5 6 9 0 0 0
12		7	收刘飞、丁莉、周慧义买款		7 6 4 0 0	贷	1 6 6 4 5 4 0 0
			本月合计		6 4 5 4 0 0	贷	6 4 5 4 0 0
			本月止累计		1 6 6 4 5 4 0 0	贷	1 6 6 4 5 4 0 0
	31	16	结转非限定性收入	1 6 6 4 5 4 0 0		平	0 0 0
			全年累计	1 6 6 4 5 4 0 0	1 6 6 4 5 4 0 0	平	0 0 0

表 2-3-109　　　　　会 费 收 入

2015年		凭证号	摘要	借方金额 千百十万千百十元角分	贷方金额 千百十万千百十元角分	借或贷	余额 千百十万千百十元角分
月	日						
11	30		本月止累计		3 4 0 0 0 0 0 0	贷	3 4 0 0 0 0 0 0
12	2	1	收华丰集团会费		2 0 0 0 0 0 0	贷	3 6 0 0 0 0 0 0
	3	2	收个人会费		8 0 0 0 0 0	贷	3 6 8 0 0 0 0 0
			本月合计		2 8 0 0 0 0 0	贷	2 8 0 0 0 0 0
			本月止累计		3 6 8 0 0 0 0 0	贷	3 6 8 0 0 0 0 0
	31	16	结转非限定性收入	3 6 8 0 0 0 0 0		平	0 0 0
			全年累计	3 6 8 0 0 0 0 0	3 6 8 0 0 0 0 0	平	0 0 0

表 2-3-110　　　　　管 理 费 用

2015年		凭证号	摘要	借方金额 千百十万千百十元角分	贷方金额 千百十万千百十元角分	借或贷	余额 千百十万千百十元角分
月	日						
11	30		本月止累计	1 2 0 0 0 0 0 0		借	1 2 0 0 0 0 0 0
12	15	9	付水电费	1 3 4 8 0 0		借	1 2 1 3 4 8 0 0
			本月合计	1 3 4 8 0 0		借	1 3 4 8 0 0
			本月止累计	1 2 1 3 4 8 0 0		借	1 2 1 3 4 8 0 0
	31	17	结转非限定性费用		1 2 1 3 4 8 0 0	平	0 0 0
			全年累计	1 2 1 3 4 8 0 0	1 2 1 3 4 8 0 0	平	0 0 0

表 2-3-111　　　　　筹 资 费 用

2015年		凭证号	摘要	借方金额 千百十万千百十元角分	贷方金额 千百十万千百十元角分	借或贷	余额 千百十万千百十元角分
月	日						
11	30		本月止累计	1 3 0 0 0 0 0		借	1 3 0 0 0 0 0
12	24	15	募款宣传费、餐费	7 0 0 0 0		借	1 3 0 7 0 0 0 0
			本月合计	7 0 0 0 0		借	7 0 0 0 0
			本月止累计	1 3 0 7 0 0 0 0		借	1 3 0 7 0 0 0 0
	31	17	结转非限定性费用		1 3 0 7 0 0 0 0	平	0 0 0
			全年累计	1 3 0 7 0 0 0 0	1 3 0 7 0 0 0 0	平	0 0 0

表 2-3-112　　业务活动成本

2015年		凭证号	摘要	借方金额									贷方金额									借或贷	余额								
月	日			千	百	十	万	千	百	十	元	角	分	千	百	十	万	千	百	十	元	角	分		千	百	十	万	千	百	十	元	角	分
11	30		本月止累计				9	0	0	0	0	0	0											借				9	0	0	0	0	0	0
12	17	10	向巴别乡中心学校捐赠电脑30台					9	0	3	6	0	0											借				9	9	0	3	6	0	0
	18	11	业务活动餐费						5	0	0	0	0											借				9	9	0	8	6	0	0
	18	12	支付奖学金及宣传费					1	5	0	7	0	0											借			1	1	4	1	5	6	0	0
	19	13	向贫困学生捐款					1	6	0	0	0	0											借			1	3	0	1	5	6	0	0
			本月合计					4	0	1	5	6	0											借				4	0	1	5	6	0	0
			本月止累计				1	3	0	1	5	6	0											借			1	3	0	1	5	6	0	0
	31	17	结转非限定性费用														1	3	0	1	5	6	0	0	平								0	0	0
			全年累计				1	3	0	1	5	6	0			1	3	0	1	5	6	0	0	平								0	0	0

表 2-3-113　　银行存款

2015年		凭证号	摘要	借方金额										贷方金额										借或贷	余额									
月	日			千	百	十	万	千	百	十	元	角	分	千	百	十	万	千	百	十	元	角	分		千	百	十	万	千	百	十	元	角	分
11	30		本月止累计			6	4	0	0	0	0	0	0			5	9	7	0	0	0	0	0	借				4	3	0	0	0	0	0
12	2	1	收华丰集团会费					2	0	0	0	0	0											借				4	5	0	0	0	0	0
	3	2	收个人会费						8	0	0	0	0	0											借				4	5	8	0	0	0	0
	3	3	收到李明先生捐款					5	0	0	0	0	0												借				9	5	8	0	0	0	0
	11	6	收万达公司义买款						5	6	9	0	0												借				9	6	3	6	9	0	0
	12	7	收刘飞、丁莉、周慧义买款							7	6	4	0	0											借				9	6	4	4	5	4	0	0
	14	8	收到饶辉先生捐款						1	0	0	0	0	0											借				9	7	4	4	5	4	0	0
	15	9	付水电费																	1	3	4	8	0	0	借				9	7	3	1	0	6	0
	17	10	向巴别乡中心学校捐赠电脑30台运费																		3	6	0	0	0	借				9	7	2	7	4	6	0	0

续表

2015年		凭证号	摘要	借方金额	贷方金额	借或贷	余额
月	日			千百十万千百十元角分	千百十万千百十元角分		千百十万千百十元角分
12	18	11	付业务活动餐费		5 0 0 0 0	借	9 7 2 2 4 6 0 0
	18	12	支付奖学金及宣传费		1 5 0 7 0 0 0 0	借	8 2 1 5 4 6 0 0
	19	13	向贫困学生捐款		1 6 0 0 0 0 0 0	借	6 6 1 5 4 6 0 0
	20	14	付募款宣传资料印刷费		1 2 0 0 0 0	借	6 6 0 3 4 6 0 0
	24	15	募款餐费		1 0 0 0 0	借	6 6 0 2 4 6 0 0
			本月合计	5 4 4 5 4 0 0	3 1 4 2 0 8 0 0	借	2 3 0 2 4 6 0 0
			本月止累计	6 9 4 4 5 4 0 0	6 2 8 4 2 0 8 0 0	借	6 6 0 2 4 6 0 0
			结转下年		6 6 0 2 4 6 0 0	平	0 0 0

表2-3-114　　　　　　　　存　货

2015年		凭证号	摘要	借方金额	贷方金额	借或贷	余额
月	日			千百十万千百十元角分	千百十万千百十元角分		千百十万千百十元角分
11	30		本月止累计	5 9 0 0 0 0 0	5 1 2 0 0 0 0	借	7 8 0 0 0 0
12	6	4	收到新世纪公司捐赠的电脑	1 8 0 0 0 0 0		借	2 5 8 0 0 0 0
12	8	5	收到黎康公司捐赠的办公用品	2 5 7 0 0 0 0		借	2 8 3 7 0 0 0
	17	10	向巴别乡中心学校捐赠电脑30台		9 0 0 0 0 0	借	1 9 3 7 0 0 0
	20	14	印刷募款宣传资料入库	1 2 0 0 0 0		借	1 9 4 9 0 0 0
	24	15	募款领用宣传资料		6 0 0 0 0	借	1 9 4 3 0 0 0
			本月合计	2 0 6 9 0 0 0	9 0 6 0 0 0	借	1 1 6 3 0 0 0
			本月止累计	7 9 6 9 0 0 0	6 0 2 6 0 0 0	借	1 9 4 3 0 0 0
			结转下年		1 9 4 3 0 0 0	平	0 0 0

表 2-3-115　　　　　　　　　　非限定性净资产

2015年		凭证号	摘要	借方金额	贷方金额	借或贷	余额
月	日			千百十万千百十元角分	千百十万千百十元角分		千百十万千百十元角分
1	1		上年结转		1 0 0 0 0 0 0 0 0	贷	1 0 0 0 0 0 0 0 0
12	31	16	结转非限定性收入		1 6 0 0 1 5 4 0 0	贷	2 6 0 0 1 5 4 0 0
	31	17	结转非限定性费用	1 5 5 3 6 0 8 0 0		贷	1 0 4 6 5 4 6 0 0
			本月合计	1 5 5 3 6 0 8 0 0	1 6 0 0 1 5 4 0 0	贷	4 6 5 4 6 0 0
			本月止累计	1 5 5 3 6 0 8 0 0	2 6 0 0 1 5 4 0 0	贷	
			结转下年	1 0 4 6 5 4 6 0 0		平	0 0 0

表 2-3-116　　　　　　　　　　限定性净资产

2015年		凭证号	摘要	借方金额	贷方金额	借或贷	余额
月	日			千百十万千百十元角分	千百十万千百十元角分		千百十万千百十元角分
1	1		上年结转		1 2 0 0 0 0 0 0	贷	1 2 0 0 0 0 0 0
12	31	16	结转限定性收入		5 0 0 0 0 0 0 0	贷	6 2 0 0 0 0 0 0
			本月合计		5 0 0 0 0 0 0 0	贷	5 0 0 0 0 0 0 0
			本月止累计		6 2 0 0 0 0 0 0	贷	6 2 0 0 0 0 0 0
			结转下年	6 2 0 0 0 0 0 0		贷	0 0 0

③记入新账。将有余额的账户的余额,不编制记账凭证,直接记入新年度相应账户的第一行,并在"摘要"栏内注明"上年结转"字样,以区别新年度发生数(略)。

(3)编制年报。民间非营利组织年报包括资产负债表、业务活动表、现金流量表。年报中的资产负债表、业务活动表与12月份月报中的资产负债表、业务活动表相同,一般情况下,12月份的月报可由年报代替,现金流量表的编制方法略。

第二节　民间非营利组织会计业务综合实训

一、实训目的与要求

实训资料来自于黄河青少年基金会。通过综合实训,使学生熟悉民间非营利组织会计账务处理的全过程,增强处理会计实务的能力。具体要求如下:

第一，根据给出的原始凭证，先写出经济业务的内容，然后填制记账凭证；

第二，登记总账，总账登记完毕进行账证核对，核对一致后进行月度结账；

第三，编制 12 月份的资产负债表、业务活动表；

第四，办理年终转账并结束旧账。

二、账务处理实训练习

（一）基本资料

第一，实训资料来源于黄河青少年基金会，该基金会的基本情况如下：

黄河青少年基金会的业务涉及面广，其宗旨是促进青少年教育、科技、文化、体育、卫生和环境保护事业的发展，业务活动资金主要来源于会员交纳的会费和社会捐赠。

开户银行：中国建设银行中原支行

账号：011234865900356

会计：甘露

出纳：李波

仓库保管员：赵高

第二，各账户"年初数"、"11 月末累计余额"见表 2-3-117。

表 2-3-117　　　　　　　　　　　　　　　　　　　　　　　　　　　　　　　　单位：万元

科目名称	年初数	至11月末累计发生额及余额			科目名称	年初数	至11月末累计发生额及余额		
		借方	贷方	余额			借方	贷方	余额
现金	0.01	132.00	130.68	1.32	捐赠收入（非限定）			93.50	93.50
银行存款	20.00	704.00	656.70	47.30	会费收入（非限定）			37.40	37.40
存货	18.00	64.90	56.32	8.58	其他收入（非限定）			7.20	7.20
固定资产原值	130.00	148.011		148.011	商品销售收入（非限定）			10.40	10.40
累计折旧	26.00		27.00	（贷）27.00	限定性净资产	32.00		35.20	35.20
管理费用		13.20		13.20	非限定性净资产	110.01		121.011	121.011
筹资费用		14.30		14.30					
业务活动成本（非限定）		99.00		99.00					
合　计	142.01	1 175.411	870.70	304.711	合　计	142.01		304.711	304.711

（二）经济业务及账务处理实训练习

第一部分：月度业务账务处理练习

第一环节：记账凭证填制练习。根据下列原始凭证，先写出经济业务的内容，然后填制记账凭证。

业　务　一

1. 原始凭证（2 张）（见表 2-3-118 至表 2-3-119）

表 2-3-118　　　　　　　中国建设银行　进账单（收账通知）

2015 年 12 月 1 日

支票号码：3368　　　　　　　　　　　　　　　　　　3

收款人	全　称	黄河青少年基金会									
	账　号	011234865900356									
	开户银行	建设银行中原支行									
人民币		千	百	十	万	千	百	十	元	角	分
				¥	3	0	0	0	0	0	0
出票人	全　称	长城烟草集团									
	账　号	01125648953220									
	开户银行	交通银行中原支行									
票据种类	转	票据张数				1					

收款人开户银行盖章　　　　中国建设银行
　　　　　　　　　　　　转（1201）讫
　　　　　　　　　　　　中原支行

表 2-3-119　　　　　　黄河青少年基金会收款收据　　　　　　　4326884

2015 年 12 月 1 日　　　（2015）

今收到　长城烟草集团　　　　　系付 12 月份会费

人民币（大写）　叁万元整　　　　　　¥30 000.00

收款单位（公章）：　黄河青少年基金会财务专用章　　　会计（章）：　　　收款人（章）：李波

第三联：记账凭证

2. 业务内容

上述原始凭证表示：

3. 根据原始凭证填记账凭证，将原始凭证附于记账凭证后，并注明张数，见表 2-3-120。

表 2-3-120　　　　　　　　　记　账　凭　证

年　月　日　　　　　　　　　　　　　　　第　号

摘要	科目		借方金额									贷方金额									
	总账科目	明细科目	千	百	十	万	千	百	十	元	角	分	千	百	十	万	千	百	十	元	角	分
合计																						

附原始凭证　张

会计主管：　　　记账：　　　出纳：　　　复核：　　　制单：

业 务 二

1. 原始凭证（3 张）（见表 2-3-121 至表 2-3-123）。

表 2-3-121　　　　黄河青少年基金会收款收据　　　　4326885

2015 年 12 月 2 日　　（2015）

今收到　李鸿　　　系付　12 月份会费

人民币（大写）　伍佰元整　　　　¥ 500.00

收款单位（公章）：黄河青少年基金会财务专用章　　会计（章）：　　收款人（章）：李波

第三联：记账凭证

表 2-3-122　　　　黄河青少年基金会收款收据　　　　4326886

2015 年 12 月 2 日　　（2015）

今收到　陈瑶　　　系付　12 月份会费

人民币（大写）　叁佰元整　　　　¥ 300.00

收款单位（公章）：黄河青少年基金会财务专用章　　会计（章）：　　收款人（章）：李波

第三联：记账凭证

表 2-3-123　　　　中国建设银行现金交款单　　　　No. 0063196

账别：

2015 年 12 月 2 日

交款单位	李鸿、陈瑶	收款单位	黄河青少年基金会									
款项来源	会费	账号	011234865900356	开户银行	建设银行中原支行							
大写金额	（币种）人民币捌佰元整			十亿	千	百	十万	千	百	十	元	角	分
								¥	8	0	0	0	0
券别	壹佰元	伍拾元	贰拾元	拾元	伍元	贰元	壹元	伍角	贰角	壹角	伍分	贰分	壹分	合计金额
整把券													
零张券													

收款银行盖章　年 月 日

（中国建设银行中原支行　现金讫章　2015.12.02）

客户须知：
1. 提交本凭证前，请客户确认填写内容完整、无误。
2. 客户保证所交款项来源合法。

复核：　　经办：

第一联：银行盖章后退收款单位

2. 业务内容

上述原始凭证表示：

3. 根据原始凭证填记账凭证,将原始凭证附于记账凭证后,并注明张数,见表 2-3-124。

表 2-3-124

记 账 凭 证

年 月 日　　　　　　　　　　　　　　　　　　第　号

摘　要	科　目		借方金额										贷方金额										
	总账科目	明细科目	千	百	十	万	千	百	十	元	角	分	千	百	十	万	千	百	十	元	角	分
合　计																							

附原始凭证　　张

会计主管:　　　　记账:　　　　出纳:　　　　复核:　　　　制单:

业　务　三

1. 原始凭证(3 张)(见表 2-3-125 至表 2-3-127)。

表 2-3-125　　　　　　　黄河青少年基金会收款收据　　　　　　4326887

2015 年 12 月 3 日　　(2015)

今收到　刘涛　　　　　　　　系付　12 月份会费

人民币(大写)　叁佰元整　　　　　　　￥300.00

收款单位:(公章)　黄河青少年基金会财务专用章　　会计:(章)　　收款人:(章)　李波

第三联:记账凭证

表 2-3-126　　　　　　　黄河青少年基金会收款收据　　　　　　4326888

2015 年 12 月 3 日　　(2015)

今收到　方媛　　　　　　　　系付　12 月份会费

人民币(大写)　叁佰元整　　　　　　　￥300.00

收款单位:(公章)　黄河青少年基金会财务专用章　　会计:(章)　　收款人:(章)　李波

第三联:记账凭证

表 2-3-127　　　　　　　中国建设银行现金交款单　　　　　No. 0063197

账别：　　　　　　　　　　2015 年 12 月 3 日

交款单位	刘涛、方媛		收款单位	黄河青少年基金会
款项来源	会费	账号	011234865900356	开户银行 建设银行中原支行

			十亿	千	百	十	万	千	百	十	元	角	分
大写金额	（币种）人民币							￥	6	0	0	0	0

券别	壹佰元	伍拾元	贰拾元	拾元	伍元	贰元	壹元	伍角	贰角	壹角	伍分	贰分	壹分	合计金额	收款银行盖章 年 月 日
整把券															
零张券															

客户　1. 提交本凭证前，请客户确认填写内容完整、无误。
须知　2. 客户保证所交款项来源合法。　　　　　复核：　　　经办：

第一联：银行盖章后退收款单位

（盖章：中国建设银行中原支行 现金讫章 2015.12.03）

2. 业务内容

上述原始凭证表示：

3. 根据原始凭证填记账凭证，将原始凭证附于记账凭证后，并注明张数，见表 2-3-128。

表 2-3-128　　　　　　　　　记　账　凭　证

年　月　日　　　　　　　　　　　　　　　　　　　　第　　号

摘要	科　目		借方金额	贷方金额
	总账科目	明细科目	千百十万千百十元角分	千百十万千百十元角分
	合　计			

会计主管：　　　记账：　　　出纳：　　　复核：　　　制单：

附原始凭证　　张

业　务　四

1. 原始凭证（3 张）（见表 2-3-129 至表 2-3-131）。

表 2-3-129　　　　　　　　　捐　款　协　议　书

甲方（捐赠人）：鹏达公司

乙方（受赠人）：黄河青少年基金会

为支持贫困地区教育事业的发展，甲方自愿向乙方捐款人民币捌拾万元，用于陕西贫困地区"希望小学"建设。经双方协商，达成如下协议：

一、甲方捐赠人民币捌拾万元（800 000.00），在本协议签字生效后 10 个工作日内，将捐赠款一次性汇入黄河青少年基金会账户。账号如下：

账号名称：黄河青少年基金会

人民币开户行：中国建设银行中原支行
人民币账号：011234865900356

二、乙方负责向甲方开具具有法律效力的捐赠票据。

三、甲方所捐资金委托乙方负责管理和使用。乙方依照甲方意愿，专款专用，不得挪用，并将使用情况通报甲方。

四、甲方享有以下权利：根据《国家财政部、国家税务总局关于纳税人向农村义务教育捐赠有关所得税政策的通知》精神，企事业单位、社会团体和个人等社会力量通过非营利的社会团体和国家机关向农村义务教育的捐赠，准予在缴纳企业所得税前的所得额中全额扣除。

甲方：张威 （腾达公司公章）   乙方：罗刚 黄河青少年基金会
代表（签字）   代表（签字）
2015 年 11 月 27 日   2015 年 11 月 27 日

表 2-3-130　　　　　中国建设银行　进账单（收账通知）
2015 年 12 月 3 日
支票号码：6239　　　　　　　　　　　　　　3

收款人	全称	黄河青少年基金会									
	账号	011234865900356									
	开户银行	建设银行中原支行									
人民币		千	百	十	万	千	百	十	元	角	分
		¥	8	0	0	0	0	0	0	0	0
出票人	全称	鹏达公司									
	账号	23940125440023									
	开户银行	民生银行									
票据种类	转	票据张数			1						

收款人开户银行盖章　　中国建设银行 转（1201）讫 中原支行

表 2-3-131　　　　　××省事业接受捐赠统一收据
2015 年 12 月 3 日　　　　　　　　　　　No 0316099
　　　　　　　　　　　　　　　　　　　支票号 6239

捐赠者　鹏达公司

捐赠项目　"希望小学"建设

捐赠金额（实物价值）大写 捌零拾零万零仟零佰零拾零元零角零分

货币种类 人民币　小写 800 000.00

收款单位：（公章）（黄河青少年基金会财务专用章）　　　经手人：李波

2. 业务内容

上述原始凭证表示：

3. 根据原始凭证填记账凭证，将原始凭证附于记账凭证后，并注明张数，见表 2 – 3 – 132。

表 2 – 3 – 132

记 账 凭 证

年 月 日　　　　　　　　　　　　　　　第　号

摘　要	科　目		借方金额	贷方金额
	总账科目	明细科目	千百十万千百十元角分	千百十万千百十元角分
	合　计			

会计主管：　　　记账：　　　出纳：　　　复核：　　　制单：

附原始凭证　　张

业 务 五

1. 原始凭证（2 张）（见表 2 – 3 – 133 和表 2 – 3 – 134）

表 2 – 3 – 133

中国建设银行
转账支票存根

科　目 _____
对方科目 _____
出票日期 2015 年 12 月 6 日
收 款 人：赵庄希望小学
金　额：800 000.00
用　途：建校

表 2 – 3 – 134　　　　××省行政事业单位收款收据　　　　5698013

2015 年 12 月 6 日　　（2015）

今收到　黄河青少年基金会　　　　　　　系付建校款（捐赠）

人民币（大写）　捌拾万元整　　　　　　￥800 000.00

收款单位（公章）　赵庄希望小学财务专用章　　会计（章）　　收款人（章）胡芳

第三联：记账凭证

说明：本收据用于行政事业单位之间、系统内部及单位与个人之间非经营性往来款项的结算。

本收据禁止用于收取行政事业性收费、政府性基金。

2. 业务内容

上述原始凭证表示：

3. 根据原始凭证填记账凭证，将原始凭证附于记账凭证后，并注明张数，见表2-3-135。

表2-3-135

记 账 凭 证

年 月 日　　　　　　　　　　　　　第　　号

摘　要	科　目		借方金额	贷方金额	
	总账科目	明细科目	千百十万千百十元角分	千百十万千百十元角分	附原始凭证　　张
	合　计				

会计主管：　　　　　记账：　　　　　出纳：　　　　　复核：　　　　　制单：

业　务　六

1. 原始凭证（3张）（见表2-3-136至表2-3-138）

表2-3-136　　　　　　　××省增值税普通发票　　　　（普三）314010221510

发　票　联　　　　　　　　　　　No. 00272469

2015年11月28日

品名及规格	货款或劳务	单　位	数　量	单　价	金　额
图书		册	3 000		24 600.00

金额合计（大写）贰万肆仟陆佰元整	￥24 600.00
备注：	

单位盖章：　中原新华书店　　　　复核人：　　　　收款人：吴明　　　　开票人：吴明
　　　　　　财务专用章

表2-3-137　　　　　　　××省事业接受捐赠统一收据

2015年12月6日　　　　　　　　　　No.0316100

支票号

捐赠者　中原科技大学
捐赠项目　希望书库
捐赠金额（实物价值）大写贰万肆仟陆佰零拾零元零角零分
货币种类人民币　小写　24 600.00　（图书）

收款单位（签章）：黄河青少年基金会财务专用章　　　　　　　　经手人：李波

第二联：财务

表 2-3-138

入 库 单

2015 年 12 月 6 日

字第 61 号

货物来源：中原科技大学　　　　　　　　　　　　发票：00272469

编号	货物名称	规格	送验数量	实收数量	单位	单价	金　额 百 十 万 千 百 十 元 角 分
	图书		3 000	3 000	册		¥ 2 4 6 0 0 0 0
备注		验收人盖章	赵高			合计贰万肆仟陆佰元整	

会计：　　　　出纳：　　　　复核：　　　　记账：　　　　制单：赵高

2. 业务内容

上述原始凭证表示：

3. 根据原始凭证填记账凭证，将原始凭证附于记账凭证后，并注明张数，见表 2-3-139。

表 2-3-139

记 账 凭 证

年 月 日

第　　号

摘要	科　目		借方金额	贷方金额
	总账科目	明细科目	千 百 十 万 千 百 十 元 角 分	千 百 十 万 千 百 十 元 角 分
合　计				

会计主管：　　　　记账：　　　　出纳：　　　　复核：　　　　制单：

附原始凭证　张

业 务 七

1. 原始凭证（3 张）（见表 2-3-140 至表 2-3-142）

表 2-3-140　　　　　××省事业接受捐赠统一收据

2015 年 12 月 7 日

№ 0316101
支票号

捐赠者　一位曾经失学的人

捐赠项目

捐赠金额（实物价值）大写柒佰零拾零元零角零分

货币种类　小写 700.00

收款单位（签章）：黄河青少年基金会财务专用章　　　　　经手人：李波

第二联：财务

表 2-3-141　　　　　　　××省事业接受捐赠统一收据

2015 年 12 月 7 日　　　　　　　　　　　№ 0316102
　　　　　　　　　　　　　　　　　　　支票号

捐赠者　 一位退休工人
捐赠项目　
捐赠金额（实物价值）大写 叁佰零拾零元零角零分
货币种类　小写 300.00

第二联：财务

收款单位（签章）：[黄河青少年基金会 财务专用章]　　　经手人：李波

表 2-3-142　　　　　　　中国建设银行现金交款单　　　　№ 0063198

账别：　　　　　　　　　2015 年 12 月 7 日

交款单位	失学者、退休工人	收款单位	黄河青少年基金会										
款项来源	捐赠	账号	011234865900356	开户银行	建设银行中原支行								
大写金额	（币种）人民币壹仟元整			十亿	千	百	十万	千	百	十	元	角	分
								¥ 1	0	0	0	0	0
券别	壹佰元	伍拾元	贰拾元	拾元	伍元	贰元	壹元	伍角	贰角	壹角	伍分	贰分	壹分	合计金额	收款银行盖章　年　月　日
整把券															
零张券															

第一联：银行盖章后退收款单位

[中国建设银行中原支行 现金讫章 2015.12.07]

客户须知　1. 提交本凭证前，请客户确认填写内容完整、无误。
　　　　　2. 客户保证所交款项来源合法。　　　复核：　　经办：

2. 业务内容

上述原始凭证表示：

3. 根据原始凭证填记账凭证，将原始凭证附于记账凭证后，并注明张数，见表 2-3-143。

表 2-3-143　　　　　　　　　记 账 凭 证

年　月　日　　　　　　　　　　　　　　　第　号

摘要	科目		借方金额									贷方金额								
	总账科目	明细科目	千	百	十	万	千	百	十	元	角	分	千	百	十	万	千	百	十	元	角	分
合计																						

附原始凭证　张

会计主管：　　记账：　　出纳：　　复核：　　制单：

业 务 八

1. 原始凭证（2 张）（见表 2-3-144 和表 2-3-145）。

表 2-3-144

出 库 单

2015 年 12 月 9 日　　　　　　　　　　　　　字第 69 号

提货部门：

编号	名称	规格	单位	应发数量	实发数量	单价	总金额 百十万千百十元角分	附注
	图书		册	1 200	1 200		1 0 0 5 3 0 0	
	合计						1 0 0 5 3 0 0	

会计：　　　　出纳：　　　　复核：　　　　记账：　　　　制单：赵高

③ 财务

表 2-3-145

收 据

2015 年 12 月 9 日

今收到　黄河青少年基金会捐赠图书 1 200 册

人民币（大写）　壹万零伍拾叁元整　　　　￥10 053.00

单位公章：赵庄希望小学财务专用章　　　会计（章）：　　　经手人（章）：杨艳

2. 业务内容

上述原始凭证表示：

3. 根据原始凭证填记账凭证，将原始凭证附于记账凭证后，并注明张数，见表 2-3-146。

表 2-3-146

记 账 凭 证

年 月 日　　　　　　　　　　　　　第　　号

摘要	科目		借方金额 千百十万千百十元角分	贷方金额 千百十万千百十元角分
	总账科目	明细科目		
	合　计			

会计主管：　　记账：　　出纳：　　复核：　　制单：

附原始凭证　　张

业 务 九

1. 原始凭证（2 张）（见表 2-3-147 和表 2-3-148）。

表 2-3-147　　　　　　　　　　出　库　单

提货部门：　　　　　　　　　　2015 年 12 月 9 日　　　　　　　　　　字第 70 号

编号	名称	规格	单位	应发数量	实发数量	单价	总金额 百 十 万 千 百 十 元 角 分	附注
	图书		册	1 500	1 500		1 0 5 4 1 0 0	③财务
	合计						1 0 5 4 1 0 0	

会计：　　　　　　出纳：　　　　　　复核：　　　　　　记账：　　　　　　制单：赵高

表 2-3-148　　　　　　　　　　收　据

2015 年 12 月 9 日

今收到　黄河青少年基金会捐赠图书 1 500 册

人民币（大写）　壹万零伍佰肆拾壹元整　　　　　￥10 541.00

单位公章：华云希望小学财务专用章　　　　会计（章）：　　　　经手人（章）：刘苡

2. 业务内容

上述原始凭证表示：

3. 根据原始凭证填记账凭证，将原始凭证附于记账凭证后，并注明张数，见表 2-3-149。

表 2-3-149　　　　　　　　　　记　账　凭　证

年　月　日　　　　　　　　　　第　　号

摘要	科　目		借方金额	贷方金额	附原始凭证张
	总账科目	明细科目	千百十万千百十元角分	千百十万千百十元角分	
	合计				

会计主管：　　　　记账：　　　　出纳：　　　　复核：　　　　制单：

业　务　十

1. 原始凭证（2 张）（见表 2-3-150 和表 2-3-151）。

表 2-3-150　　　　　　　××省事业接受捐赠统一收据　　　　　No.0316103
　　　　　　　　　　　　　　2015年12月11日　　　　　　　　　　支票号

捐赠者　斐雯
捐赠项目
捐赠金额（实物价值）大写 伍仟零佰零拾零元零角零分
货币种类 人民币　　小写 5 000.00

收款单位（签章）：黄河青少年基金会财务专用章　　　　经手人：李波

第二联：财务

表 2-3-151　　　　　　　中国建设银行现金交款单　　　　　　No.0063199
　　　　　　　　　　　　　　2015年12月7日
账别：

交款单位	斐雯		收款单位	黄河青少年基金会		
款项来源	捐赠		账号	011234865900356	开户银行	建设银行中原支行
大写金额	（币种）人民币伍仟元整			十亿千百十万千百十元角分 ¥ 5 0 0 0 0 0		

券别	壹佰元	伍拾元	贰拾元	拾元	伍元	贰元	壹元	伍角	贰角	壹角	伍分	贰分	壹分	合计金额	收款银行盖章 年 月 日
整把券														中国建设银行中原支行 现金讫章 2015.12.07	
零张券															

客户须知：
1. 提交本凭证前，请客户确认填写内容完整、无误。
2. 客户保证所交款项来源合法。

复核：　　　　经办：

第一联：银行盖章后退收款单位

2. 业务内容
上述原始凭证表示：
3. 根据原始凭证填记账凭证，将原始凭证附于记账凭证后，并注明张数，见表 2-3-152。

表 2-3-152　　　　　　　　　　记　账　凭　证
　　　　　　　　　　　　　　　　年　月　日　　　　　　　　　　　第　　号

摘要	科目		借方金额	贷方金额
	总账科目	明细科目	千百十万千百十元角分	千百十万千百十元角分
	合　计			

会计主管：　　记账：　　出纳：　　复核：　　制单：

附原始凭证　张

业务十一

1. 原始凭证（3张）（见表2-3-153至表2-3-155）

表2-3-153　　　　　　　　**特约委托收款凭证**（付款通知）

委托日期 2015 年 12 月 13 日

付款人	全称	黄河青少年基金会	收款人	全称	中原市供电公司
	账号或地址	011234865900356		账号	5248900023312
	开户行	建设银行中原支行		开户行	交通银行中原支行西街办事处

委收金额	人民币（大写）	陆佰柒拾肆元整	亿	千	百	十	万	千	百	十	元	角	分
									6	7	4	0	0

款项性质	电费等	合同号码	6261311	附寄单证张数	1

备注：特约 254781	中原市供电公司收入户 委托收款 结算专用章	根据协议上列款项已由付款单位账户付出 付款人开户银行盖章 月　日
（63）西街营业所		

单位主管：　　　　　会计：　　　　　复核：　　　　　记账：

表2-3-154　　　　　　　**××省电力公司电费发票**

（第二联：发票）

户号：00008749　　　　收款日期 2015 年 12 月 13 日　　　　客户申请号：27189555542

户名	黄河青少年基金会				地址	蔡锷路125号	
款项性质	电费						
用电信息及收费详情	平段	峰段	谷段	无功	收费项目	单价	金额
	止码 4489				平段电荷	0.6232	623.20
	起码 3489				计费电量		1 000
	倍率 1				还贷基金	0.0200	20.00
	电量 1 000				库区基金	0.0020	2.00
					城镇附加	0.0100	10.00
					农网维护	0.0188	18.80

合计金额（大写）陆佰柒拾肆元整　　　合计金额（小写）￥674.00

收费专用章：　中原市供电公司发票专用章　　收款人：0062　　开票人：0062　　合同号：6261311

第二联：付款方报销凭证

表 2-3-155

```
中国建设银行
转账支票存根

科    目＿＿＿＿＿＿＿＿
对方科目＿＿＿＿＿＿＿＿
出票日期 2015 年 12 月 14 日
收 款 人：中原市供电公司
金    额：674.00
用    途：电费
```

2. 业务内容

上述原始凭证表示：

3. 根据原始凭证填记账凭证，将原始凭证附于记账凭证后，并注明张数，见表 2-3-156。

表 2-3-156

记 账 凭 证

年 月 日   第 号

摘要	科　目		借方金额	贷方金额	附原始凭证　张
	总账科目	明细科目	千百十万千百十元角分	千百十万千百十元角分	
	合　计				

会计主管：　　　　记账：　　　　出纳：　　　　复核：　　　　制单：

业 务 十 二

1. 原始凭证（2 张）（见表 2-3-157 和表 2-3-158）

表 2-3-157

```
中国建设银行
现金支票存根

科    目＿＿＿＿＿＿＿＿
对方科目＿＿＿＿＿＿＿＿
出票日期 2015 年 12 月 16 日
收 款 人：品味堂酒楼
金    额：310.00
用    途：环保宣传活动餐费
```

表2-3-158　　　　　　　中原市饮食业统一发票　　　　　No.21840002
　　　　　　　　　　　　　（第二联：发票联）　　　　　　2015年12月15日

经营项目	单位	数量	单价	金额							
				万	千	百	十	元	角	分	
餐费					3	1	0	0	0	0	
	品味堂酒楼										
	财务专用章										
金额（大写）叁佰壹拾零元零角零分				¥	3	1	0	0	0	0	
备　注											

此联为报销凭证

2. 业务内容

上述原始凭证表示：

3. 根据原始凭证填记账凭证，将原始凭证附于记账凭证后，并注明张数，见表2-3-159。

表2-3-159　　　　　　　　　记　账　凭　证
　　　　　　　　　　　　　　　年　月　日　　　　　　　　　　　　第　号

摘要	科目		借方金额									贷方金额									
	总账科目	明细科目	千	百	十	万	千	百	十	元	角	分	千	百	十	万	千	百	十	元	角	分
合计																						

附原始凭证　张

会计主管：　　　　记账：　　　　出纳：　　　　复核：　　　　制单：

业务十三

1. 原始凭证（2张）（见表2-3-160和表2-3-161）

表2-3-160　　　　　　　中原芳菲文化用品商店零售发票
　　　　　　　　　　　　　（第二联：发票联）　　　　　　2015年12月16日

品称	规格	单位	数量	单价	金额						
					万	千	百	十	元	角	分
宣传用品							5	0	0	0	0
	中原芳菲文化用品商店										
	发票专用章										
金额（大写）　伍佰零拾零元零角零分					¥		5	0	0	0	0
备注											

此联为报销凭证

复核人：　　　　　　　售货人：赵丽丽

表 2-3-161

```
         中国建设银行
         现金支票存根

    科   目 _____
    对方科目 _____
    出票日期 2015 年 12 月 17 日
    收 款 人：黄河青少年基金会
    金    额：500.00
    用    途：募款宣传费
```

2. 业务内容

上述原始凭证表示：

3. 根据原始凭证填记账凭证，将原始凭证附于记账凭证后，并注明张数，见表 2-3-162。

表 2-3-162

记 账 凭 证

年 月 日　　　　　　　　　　第 号

摘要	科　目		借方金额	贷方金额	附原始凭证　张
	总账科目	明细科目	千百十万千百十元角分	千百十万千百十元角分	
合　计					

会计主管：　　　记账：　　　出纳：　　　复核：　　　制单：

业务十四

1. 原始凭证（4 张）（见表 2-3-163 至表 2-3-166）

表 2-3-163

```
         中国建设银行
         现金支票存根


    科   目 _____
    对方科目 _____
    出票日期 2015 年 12 月 18 日
    收 款 人：黄河青少年基金会
    金    额：180 600.00
    用    途：奖学金、助学金及宣传费
```

表2-3-164　　　　　　　　　星火文化用品商店零售发票
　　　　　　　　　　　　　（第二联：发票联）　　　　　2015年12月17日

品　称	规　格	单　位	数　量	单　价	金　额							
					万	千	百	十	元	角	分
宣传用品	星火文化用品商店 发票专用章					6	0	0	0	0	
金额（大写）　陆佰零拾零元零角零分					¥	6	0	0	0	0	
备注											

复核人：　　　　　　　　售货人：刘芬

此联为报销凭证

表2-3-165　　　　黄河青少年基金会2015年度奖学金发放情况表
　　　　　　　　　　　　2015年12月18日

获奖者姓名	单　位	金　额	受奖者签字
刘畅	理工大学	6 000.00	刘畅
毛明	财经大学	5 000.00	毛明
张波	师范大学	3 000.00	张波
……		……	……
合　计		120 000.00	

表2-3-166　　　　黄河青少年基金会2015年度助学金发放情况表
　　　　　　　　　　　　2015年12月18日

受资助者姓名	单　位	金　额	受资助者签字
周娟	赵庄小学	1 000.00	周娟
龙姗	半坡小学	800.00	龙姗
庞伟	李集小学	500.00	庞伟
……		……	……
合　计		60 000.00	

2. 业务内容

上述原始凭证表示：

3. 根据原始凭证填记账凭证，将原始凭证附于记账凭证后，并注明张数，见表2-3-167。

表2-3-167　　　　　　　　　　　　记　账　凭　证
　　　　　　　　　　　　　　　　　　年　月　日　　　　　　　　　　　　　　　第　号

摘　要	科　目		借方金额										贷方金额										
	总账科目	明细科目	千	百	十	万	千	百	十	元	角	分	千	百	十	万	千	百	十	元	角	分
合　计																						

附原始凭证　张

会计主管：　　　　记账：　　　　出纳：　　　　复核：　　　　制单：

业务十五

1. 原始凭证（3 张）（见表 2-3-168 至表 2-3-170）

表 2-3-168

```
中国建设银行
转账支票存根

科    目 _____
对方科目 _____
出票日期 2015 年 12 月 19 日
收 款 人：鹏飞印刷厂
金    额：3 000.00
用    途：募款宣传资料印刷费
```

表 2-3-169

××省增值税普通发票

发 票 联

（普三）105021423101
No. 02462790
2015 年 12 月 19 日

品名及规格	货款或劳务	单 位	数 量	单 价	金 额
宣传资料	印刷费	册	2 000	1.50	3 000.00

金额合计（大写）叁仟元整　　　　　　　　　　　　　¥ 3 000.00

备注：

单位盖章：鹏飞印刷厂发票专用章　　复核人：　　收款人：孙函　　开票人：孙函

② 付款方报销凭证

表 2-3-170

入 库 单

2015 年 12 月 19 日　　　　　　　　　字第 62 号

货物来源：本会印刷　　　　　　　　发票：02462790

编号	货物名称	规 格	送验数量	实收数量	单位	单价	金 额 百十万千百十元角分
	募款宣传资料		2 000	2 000	份	1.50	3 0 0 0 0 0

备注：　　验收人盖章：　　赵高　　　　　　合计 ¥ 3 000.00

会计：　　　出纳：　　　复核：　　　记账：　　　制单：赵高

2. 业务内容

上述原始凭证表示：

3. 根据原始凭证填记账凭证，将原始凭证附于记账凭证后，并注明张数，见表 2-3-171。

表 2-3-171

记 账 凭 证

年 月 日   第   号

摘要	科 目		借方金额									贷方金额									附原始凭证 张
	总账科目	明细科目	千	百	十	万	千	百	十	元	角	分	千	百	十	万	千	百	十	元	角	分	
合 计																								

会计主管：   记账：   出纳：   复核：   制单：

业 务 十 六

1. 原始凭证（1张）

表 2-3-172   （存款）利息清单

币别：人民币   2015年12月20日   流水号：6441032818097

账号 011234865900365		户名 黄河青少年基金会			
计息项目	起息日	结息日	本金/积数	利率	利息
存款利息	2015/9/21	2015/12/20	78 632 000.00	0.72000%	1 572.64
合计（大写）	人民币壹仟伍佰柒拾贰元陆角肆分				RMB 1 572.64
上列 存 款利息已照 转 你单位 011234865900365 账户			中国建设银行 转（42659）讫 中原支行	银行盖章	

会计主管：   授权：   复核：   录入：3421059768

2. 业务内容

上述凭证表示：

3. 根据原始凭证填记账凭证，将原始凭证附于记账凭证后，并注明张数，见表 2-3-173。

表 2-3-173

记 账 凭 证

年 月 日   第   号

摘要	科 目		借方金额									贷方金额									附原始凭证 张
	总账科目	明细科目	千	百	十	万	千	百	十	元	角	分	千	百	十	万	千	百	十	元	角	分	
合 计																								

会计主管：   记账：   出纳：   复核：   制单：

业务十七

1. 原始凭证（3张）（见表2-3-174至表2-3-176）

表2-3-174

出 库 单

2015年12月23日

提货部门：　　　　　　　　　　　　　　　　　　　　　　　　　字第41号

编号	名称	规格	单位	应发数量	实发数量	单价	总金额 百	十万	千	百	十	元	角	分	附注
	募款宣传资料		份	2 000	2 000	1.50			3	0	0	0	0	0	
	合　计						¥		3	0	0	0	0	0	

③财务

会计：　　　　出纳：　　　　复核：　　　　记账：　　　　制单：赵高

表2-3-175

中国建设银行
现金支票存根

科　　目＿＿＿＿＿＿＿
对方科目＿＿＿＿＿＿＿
出票日期 2015 年 12 月 25 日
收　款　人：黄河青少年基金会
金　　额：100.00
用　　途：募款宣传活动餐费

表2-3-176

中原市饮食业统一发票

（第二联：发票联）

No. 2042800

2015 年 12 月 24 日

经营项目	单位	数量	单价	金额 万	千	百	十	元	角	分
餐费						1	0	0	0	0
		阿明餐厅 财务专用章								
金额（大写）壹佰零拾零元零角零分				¥		1	0	0	0	0
备　　注										

此联为报销凭证

2. 业务内容

上述原始凭证表示：

3. 根据原始凭证填记账凭证，将原始凭证附于记账凭证后，并注明张数，见表2-3-177。

表 2-3-177   记 账 凭 证

年 月 日   第 号

摘要	科目		借方金额									贷方金额								
	总账科目	明细科目	千	百	十	万	千	百	十	元	角	分	千	百	十	万	千	百	十	元	角	分
合 计																						

附原始凭证 张

会计主管：   记账：   出纳：   复核：   制单：

业 务 十 八

1. 原始凭证（2 张）（见表 2-3-178 和表 2-3-179）

表 2-3-178

中国建设银行
现金支票存根

科　目 _____
对方科目 _____
出票日期 2015 年 12 月 28 日
收 款 人：黄河青少年基金会
金　　额：2 000.00
用　　途：会员培训费、餐费

表 2-3-179   中原市饮食业统一发票   No. 20428095
                        （第二联：发票联）   2015 年 12 月 25 日

经营项目	单位	数量	单价	金 额						
				万	千	百	十	元	角	分
餐费					6	0	0	0	0	0
		阿明餐厅 财务专用章								
金额（大写）陆佰零拾零元零角零分				¥	6	0	0	0	0	0
备注										

此联为报销凭证

表 2-3-180　　　　　　　　　会员培训课酬支付单

姓　名	课酬金额	签　字
高军	600.00	高军
刘杰	400.00	刘杰
王敏	400.00	王敏
合　计	1 400.00	

2. 业务内容

上述原始凭证表示：

3. 根据原始凭证填记账凭证，将原始凭证附于记账凭证后，并注明张数，见表 2-3-181。

表 2-3-181　　　　　　　　　　　记　账　凭　证

年　月　日　　　　　　　　　　　　　　　　　　　　　第　号

摘　要	科　目		借方金额										贷方金额										附原始凭证　张
	总账科目	明细科目	千	百	十	万	千	百	十	元	角	分	千	百	十	万	千	百	十	元	角	分	
合　计																							

会计主管：　　　　　　记账：　　　　　　出纳：　　　　　　复核：　　　　　　制单：

第二环节：账簿登记练习。根据记账凭证登记总账，总账登记完毕进行月度结账，见表 2-3-182 至表 2-3-189。

表 2-3-182

2015年		凭证号	摘要	借方金额										贷方金额										借或贷	余　额									
月	日			千	百	十	万	千	百	十	元	角	分	千	百	十	万	千	百	十	元	角	分		千	百	十	万	千	百	十	元	角	分

表 2-3-183

2015年		凭证号	摘要	借方金额										贷方金额										借或贷	余额									
月	日			千	百	十	万	千	百	十	元	角	分	千	百	十	万	千	百	十	元	角	分		千	百	十	万	千	百	十	元	角	分

表 2-3-184

2015年		凭证号	摘要	借方金额										贷方金额										借或贷	余额									
月	日			千	百	十	万	千	百	十	元	角	分	千	百	十	万	千	百	十	元	角	分		千	百	十	万	千	百	十	元	角	分

表 2-3-185

2015年		凭证号	摘要	借方金额										贷方金额										借或贷	余额									
月	日			千	百	十	万	千	百	十	元	角	分	千	百	十	万	千	百	十	元	角	分		千	百	十	万	千	百	十	元	角	分

表 2-3-186

2015年		凭证号	摘要	借方金额										贷方金额										借或贷	余额									
月	日			千	百	十	万	千	百	十	元	角	分	千	百	十	万	千	百	十	元	角	分		千	百	十	万	千	百	十	元	角	分

表 2-3-187

2015年		凭证号	摘要	借方金额									贷方金额									借或贷	余额								
月	日			千	百	十	万	千	百	十	元	角	分	千	百	十	万	千	百	十	元	角	分		千	百	十	万	千	百	十	元	角	分

表 2-3-188

2015年		凭证号	摘要	借方金额									贷方金额									借或贷	余额								
月	日			千	百	十	万	千	百	十	元	角	分	千	百	十	万	千	百	十	元	角	分		千	百	十	万	千	百	十	元	角	分

表 2-3-189

2015年		凭证号	摘要	借方金额									贷方金额									借或贷	余额								
月	日			千	百	十	万	千	百	十	元	角	分	千	百	十	万	千	百	十	元	角	分		千	百	十	万	千	百	十	元	角	分

第三环节：会计报表编制练习。根据各有关总账的期末累计余额，编制结账前的资产负债表，见表2-3-190。

表2-3-190　　　　　　　　　　　　资产负债表

编制单位：　　　　　　　　　　　　　年　月　日　　　　　　　　　　　　　　单位：元

资产	年初数	期末数	负债和净资产	年初数	期末数
流动资产：			流动负债：		
货币资金			短期借款		
短期投资			应付款项		
应收款项			应付工资		
预付款项			应交税金		
存　货			预收账款		
待摊费用			预提费用		
一年内到期的长期债权投资			预计负债		
其他流动资产			一年内到期的长期负债		
流动资产合计			其他流动负债		
			流动负债合计		
长期投资：					
长期股权投资			长期负债：		
长期债权投资			长期借款		
长期投资合计			长期应付款		
			其他长期负债		
固定资产：			长期负债合计		
固定资产原价					
减：累计折旧			受托代理负债：		
固定资产净值			受托代理负债		
在建工程			负债合计		
文物文化资产					
固定资产清理					
固定资产合计			净资产：		
			非限定性净资产		
无形资产：			限定性净资产		
无形资产			净资产合计		
受托代理资产：					
受托代理资产					
资产总计			负债和净资产总计		

第二部分：年终业务账务处理练习

第一环节：年终转账业务练习。填制年终转账的记账凭证，并登记相应的总账，同时结束旧账（总账账页见月度业务的第二环节），见表 2-3-191 至表 2-3-193。

表 2-3-191　　　　　　　　　　　记　账　凭　证

年　月　日　　　　　　　　　　　　　　　　　　　　　　　　　第　号

摘　要	科　目		借方金额	贷方金额	
	总账科目	明细科目	千百十万千百十元角分	千百十万千百十元角分	附原始凭证　　张
	合　　计				

会计主管：　　　　　记账：　　　　　出纳：　　　　　复核：　　　　　制单：

表 2-3-192　　　　　　　　　　　记　账　凭　证

年　月　日　　　　　　　　　　　　　　　　　　　　　　　　　第　号

摘　要	科　目		借方金额	贷方金额	
	总账科目	明细科目	千百十万千百十元角分	千百十万千百十元角分	附原始凭证　　张
	合　　计				

会计主管：　　　　　记账：　　　　　出纳：　　　　　复核：　　　　　制单：

表 2-3-193　　　　　　　　　　　记　账　凭　证

年　月　日　　　　　　　　　　　　　　　　　　　　　　　　　第　号

摘　要	科　目		借方金额	贷方金额	
	总账科目	明细科目	千百十万千百十元角分	千百十万千百十元角分	附原始凭证　　张
	合　　计				

会计主管：　　　　　记账：　　　　　出纳：　　　　　复核：　　　　　制单：

第二环节：编制年报练习。根据转账后的各有关总账的余额编制年报，即转账后的资产负债表、业务活动表，见表 2-3-194 和表 2-3-195。

表 2-3-194　　　　　　　　　　　　　资　产　负　债　表

编制单位：　　　　　　　　　　　　　　　年　月　日　　　　　　　　　　　　　　　单位：元

资　产	年初数	期末数	负债和净资产	年初数	期末数
流动资产：			流动负债：		
货币资金			短期借款		
短期投资			应付款项		
应收款项			应付工资		
预付款项			应交税金		
存　货			预收账款		
待摊费用			预提费用		
一年内到期的长期债权投产			预计负债		
其他流动资产			一年内到期的长期负债		
流动资产合计			其他流动负债		
			流动负债合计		
长期投资：					
长期股权投资			长期负债：		
长期债权投资			长期借款		
长期投资合计			长期应付款		
			其他长期负债		
固定资产：			长期负债合计		
固定资产原价					
减：累计折旧			受托代理负债：		
固定资产净值			受托代理负债		
在建工程			负债合计		
文物文化资产					
固定资产清理					
固定资产合计			净资产：		
			非限定性净资产		
无形资产：			限定性净资产		
无形资产			净资产合计		
受托代理资产：					
受托代理资产					
资产总计			负债和净资产总计		

表 2-3-195　　　　　　　　　　　业 务 活 动 表

编制单位：　　　　　　　　　　　　年　月　日　　　　　　　　　　　　　　单位：元

项　　目	本　月　数			本 年 累 计 数		
	非限定性	限定性	合计	非限定性	限定性	合计
一、收入						
其中：捐赠收入						
会费收入						
提供服务收入						
商品销售收入						
政府补助收入						
投资收益						
其他收入						
收入合计						
二、费用						
（一）业务活动成本						
其中：						
（二）管理费用						
（三）筹资费用						
（四）其他费用						
费用合计						
三、限定性净资产转为非限定性净资产						
四、净资产变动额（若为净资产减少额，以"-"号填列）						